El discurso histórico

Alianza Universidad

Jorge Lozano

El discurso histórico

Alianza
Editorial

INDICE

A Sol, a Juan

INTRODUCCION

Pudiera pertenecer este libro a la difusa, y excesiva, categoría de *metahistoria* si por ello se entendiere un estudio, descripción o análisis de la historia misma.

No disponiendo de dos palabras en castellano —en alemán se distinguen «Geschichte» e «Historie», en inglés «history» y «story»— que diferencien (el estudio de) los hechos pretéritos del relato de esos mismos hechos, se acentúa en la palabra historia la unión de dos acepciones, *historiam rerum gestarum* y *res gestas*. Más que casualidad externa, recordaba Hegel, tamaña unión significa que la narración aparece simultáneamente con los hechos y los acontecimientos (hoy se puede sostener que el estatuto histórico de un hecho lo decide su pertenencia a una narración).

En cuanto discurso, el discurso histórico debe obedecer a reglas propias que lo diferencien de otros y poder así incluirlo, en su especificidad, dentro de una posible tipología discursiva: recurrente anhelo de toda la tratadística semiótica actual que guía su imparable avance y que, sin embargo, no está exento de graves dificultades. Por ejemplo, no siempre sabe el analista evitar el incurrir en los propios defectos que critica: el describir un discurso partiendo de definiciones contenidistas o dadas *a priori*. Pues ¿qué es, en efecto, y cómo se define un discurso histórico?

En primer lugar, desde la historiografía jónica hasta nuestros días no puede hablarse, en rigor, de un *solo* discurso histórico: cada época establece criterios dominantes —lo que implica que pueden existir criterios diferentes y enfrentados— para establecer «qué es» y «qué no es historia», «qué textos son históricos» y «qué textos no son históricos». Así, ciertos textos considerados «no históricos» son catalogados como míticos, fabulosos, mentirosos, falsos, de ficción, autobiográficos, literarios, crónicas, anales, efemérides, atlas, de memorias, de divulgación, científicos y un largo etcétera.

En segundo lugar, conocemos los esfuerzos de los historiadores a lo largo de la historia de la historiografía por desembarazarse en su relato de la ficción. Desde Heródoto y Tucídides, toda una historia antigua se caracterizó por la proximidad temporal al objeto de investigación histórica: identificando percepción con conocimiento, el historiador antiguo, pero también por poner un ejemplo, el historiador de Indias, podía garantizar la verdad de su relato, puesto que lo que narraba lo había visto. Y así sucederá hasta que los historiadores deciden visitar los archivos.

Ocupándose del pasado, indagando en la validez de técnicas y métodos la posibilidad de aprehender ese pasado que ya ha pasado, el historiador buscará en la investigación la prueba de que lo que cuenta no es producto de la imaginación. Hasta tal punto que todavía en el marco de la historia narrativa se llegó a aspirar, vanamente, a dejar hablar a los hechos por ellos mismos, ausentándose el historiador de la historia, pretendiendo así alcanzar el máximo de objetividad.

Comprobado el fracaso de tan noble empresa, el historiador decidió imitar a la física, buscando leyes generales que dotaran a la vieja *magistra vitae* de rango de ciencia. La consecuencia fue clara: se abandonó la historia narrativa, que fue identificada con historia tradicional, política, basada en acontecimientos. Bien que la historia no podía imitar a la física y su nivel de explicación no iba más allá de tímidos *explanatory sketches,* lo que, ciertamente, la incapacitaba para entrar con honor en la enciclopedia de las ciencias «exactas» si podía, empero, hermanarse con otras ciencias sociales, diseñando una historia económico-social ajena a lo efímero del acontecimiento y preocupada por estructuras de larga duración. Se abandonó la narración y con ella, otra vez, la historia basada en acontecimientos.

Si el siglo XIX consolidó una revolución en el tratamiento y análisis del documento, a lo largo de nuestro siglo se denuncia tanto el fetichismo de los hechos como el fetichismo de los documentos, se inaugura un sumarísimo proceso al documento y aparece el historiador-detective, el historiador que a través de indicios puede descubrir lo que ciertos documentos callan. Un documento verdaderamente excepcional, estadísticamente infrecuente, se dice, puede ser mucho más revelador que mil documentos estereotipados: así se concibe la microhistoria.

En ese panorama se revisa el eclipse de la narración histórica. *¿Retorna la narración?* es la pregunta-síntoma que en los últimos años ha ocupado espacio en revistas que siguen haciendo autoridad, como *Past and Present*. Uno de los defensores de la vuelta a la narración, el profesor de Princenton Lewis Stone, sostiene que la narración es un modo de escribir la historia, pero también es un modo que afecta y se ve afectada por el contenido y por el método.

Más que como escritura de la historia, a la narración se la puede observar como principio de inteligibilidad que afecta tanto a la producción del texto histórico como a su recepción.

Al intentar descubrir lo específico del discurso histórico, parece inevitable oponerlo al texto de ficción. Aquél posee una vocación de contar lo verdadero que éste, por definición, no tiene. Mas ni la oposición es tan nítida como quisieran los historiadores ni la homología es tan próxima como quisieran primitivos análisis impresionistas. Lo que acaso los una es la operación de construcción de discursos diferentes, sí, pero quizá sólo porque sus efectos de sentido pretenden ser diferentes.

Muchas son las personas que a lo largo de estos años me han ayudado en la elaboración de este trabajo. Sobre todo quiero subrayar mi máximo agradecimiento a José Luis López Aranguren, director de mi tesis doctoral, origen de este libro, que recibió con agrado el ambicioso tema de investigación y aceptó, con la enorme generosidad que le caracteriza, la dirección del mismo. Es más que probable que sugerencias y críticas que me ha dirigido no hayan sido recogidas suficientemente.

Umberto Eco y Paolo Fabbri, con los que desde mi estancia en la Universidad de Bolonia he compartido entusiasmo por la semiótica, me convencieron para observar la historia *sub specie semioticae*. Paolo Fabbri, además, me enseñó el conocimiento empírico del análisis textual; de su colaboración nacieron varios proyectos de semiótica de la historia —en un momento en que varios centros internacionales se ocupan en construir una historia de la semiótica— que ambos presentamos en el último congreso de la International Association for Semiotic Studies, celebrado en Palermo (Italia).

Con Gonzalo Abril y Cristina Peña-Marín he mantenido desde hace años una prolongada y apasionada discusión sobre *análisis del discurso* que me animó a acercarme al texto histórico. Muchas ideas que guían el trabajo son debidas a tan estrecha colaboración.

Magdalena Mora leyó con perspicacia —y severidad— el comienzo del trabajo, sugiriéndome la lectura de tantos textos que, si bien no fueron recogidos totalmente, me ayudaron a paliar parcialmente mi ignorancia en temas de su especialidad.

Gracias también a Emilio Lledó, Carlos García Gual, Javier Muguerza, Walter Mignolo, Jesús Ibáñez, Félix Valbuena y Carmen García Nieto.

Los cursos de verano del Centro Internazionale di Linguistica e di Semiotica, de Urbino, me permitieron establecer contacto con autores citados en el trabajo, especialmente M. de Certau, C. Ginzburg y K. Pomian, cuyas propuestas he seguido con interés.

El departamento de Teoría General de la Información, y especialmente sus directores, don Angel Benito y don Félix Valbuena, haciendo gala de libertad de cátedra y atentos a la interdisciplinariedad, me prestaron todo tipo de facilidades para la elaboración de mi tesis doctoral.

Especial agradecimiento debo al Centro Ortega y Gasset y a su director académico, José Varela. Allí he encontrado todo tipo de ayuda, desde el uso de la biblioteca hasta las utilísimas discusiones con historiadores como los profesores Cacho Viu, Juan Pablo Fusi, Ezequiel Gallo, etc. Gracias también, por supuesto, a Iris Arce.

J. L.

Madrid, julio 1986.

Capítulo I

SOBRE LA OBSERVACION HISTORICA

«Y podréis decir: Yo estuve allí.»
GOETHE

1. El historiador como testigo

Una de las muchas acepciones de la palabra *historia* la presenta, según ciertas etimologías, como *conocimiento, saber, estudio,* sobre datos acumulados.

El historiador será, pues, de acuerdo con esta consideración, aquel que *indaga,* que *investiga.* En palabras de Shotwell (1982: 21), era el historiador el indagador crítico.

Desde su nacimiento en Occidente, tradicionalmente situada en la antigüedad griega, bajo la influencia del pensamiento jonio [1], la

---

[1] «En el pensamiento jónico está el origen de la historiografía griega» (Momigliano, 1984: 98). Por su parte, Vernant (1982), refiriéndose a *La formación del pensamiento positivo en la Grecia arcaica,* nos dice que «el pensamiento racional tiene una fecha civil; se conoce su fecha y su lugar de nacimiento. Es en el siglo VI antes de nuestra era, en las ciudades griegas de Asia Menor, donde surge una nueva forma de reflexión totalmente positiva sobre la naturaleza». Burnet menciona la opinión corriente cuando señala a este respecto: 'Los filósofos jonios han franqueado la vía que la ciencia, a partir de este momento, no ha tenido más que seguir.' El nacimiento de la filosofía en Grecia determinaría, en consecuencia, los inicios del pensamiento científico; se podría decir del pensamiento sin más. En la escuela de Mileto, por primera vez el *logos* se había liberado del mito de igual modo que las escamas se desprenden de los ojos del ciego. Más que de un cambio de actitud intelectual, de una mutación mental, se trataría de una revelación decisiva y definitiva: el descubrimiento de la razón. Es por lo que sería vano escudriñar en el pasado los orígenes del pensamiento racional. El verdadero pensamiento no podría tener otro

disciplina histórica se define respecto a una realidad sobre la que se *indaga*, se *testimonia*. En ese sentido se manifestó en el siglo v a.d.C. Heródoto de Halicarnaso, si no el primer historiador, al menos —y así fue considerado por Cicerón[2]—, el padre de la Historia. En el prefacio a sus nueve libros —número que coincide con el de las Musas— el sustantivo *historia* es traducido por investigación. Allí se lee: «He aquí la exposición de las investigaciones de Heródoto de Halicarnaso para que ni los hechos de los hombres con el tiempo queden olvidados, ni las grandes y maravillosas hazañas realizadas así por griegos como por bárbaros queden sin gloria; y entre otras cosas, las causas por las cuales guerrearon entre sí»[3].

Es aceptado que la investigación que conformaría la disciplina histórica no se puede basar en la *experimentación*, cual es el caso de, por ejemplo, la física y la química, en las que el investigador «puede incluso crear la morfología que quiere estudiar o, al menos, puede intervenir en modo más o menos radical en su desarrollo —es el caso de la biología—, sino en la *observación*»[4].

En efecto, el concepto de historia más comúnmente admitido está relacionado con el conocimiento perceptivo. Así se reconoce en la síntesis de filosofía de la historia de W. H. Walsh, quien sostiene que la tarea esencial del historiador es descubrir hechos individuales acerca del pasado, así como la tarea esencial de la percepción, dice, es descubrir hechos individuales acerca del presente (Walsh, 1978: 13).

El conocimiento histórico, se reconoce, está relacionado con la observación. No en vano, en la etimología de *istoria* se encuentra su raíz indoeuropea *wid-, *weid- (ver). Según Benveniste (1983: 340),

origen que él mismo. Es exterior a la historia, que no puede explicar en el desarrollo del espíritu sino los obstáculos, los errores y las ilusiones sucesivas. Tal es el sentido del «milagro» griego: a través de la filosofía de los jonios se reconoce, encarnándose en el tiempo, la razón intemporal. El advenimiento del *logos* introduciría, pues, en la historia una discontinuidad radical. Viajero sin equipajes, la filosofía vendría al mundo sin pasado, sin familia; sería un comienzo absoluto. Al mismo tiempo, el hombre griego se encuentra, en esta perspectiva, elevado por encima de todos los otros pueblos, predestinado; en él, el *logos* se hace carne. 'Si ha inventado la filosofía, dice todavía Burnet, es en razón de sus cualidades de inteligencia excepcionales: el espíritu de observación, unido al poder de razonamiento.' Y más allá de la filosofía griega, esta superioridad casi providencial se transmite a todo el pensamiento occidental, salido del helenismo» (Vernant, 1982: 334, 335).

[2] *De legibus*, I, I, 5.

[3] Según la traducción de Jaime Berenguer de *Historias* de Heródoto en la edición que publicara Alma Mater, Barcelona, 1960 (p. 8).

[4] Así lo sostiene René Thom (1980: 4). Elton, a su vez, afirma que «el historiador no puede verificar; él sólo puede descubrir y aspirar a explicar. En el trabajo de descubrimiento tiene la seguridad de que busca algo que existió alguna vez y que, por tanto, en teoría, se puede descubrir» (Elton, 1970: 74).

ístō no significa solamente «que sepa», sino propiamente «que vea».
La raíz *wid-*, dice Benveniste, sobrevive en este empleo en todo su
valor. Se trata de poner a los dioses por testigos del juramento; desde fecha antiquísima el testigo es testigo en tanto que «sabe», pero,
ante todo, en tanto que ha «visto». Esto —aclara el lingüista francés *(loc. cit.)* no es simple conjetura de etimologista. Cuando las
demás lenguas indoeuropeas ofrecen testimonios antiguos y explícitos sobre el sentido de *weid-*, éstos concuerdan con el griego. Así
el sánscrito *vettar,* que tiene el mismo sentido de «testigo», es, en
su grado racial casi, la forma que corresponde al griego *ístō,* «testigo», y significa «el vidente»; gótico *weiwo'ps,* participio perfecto,
es aquel que sabe porque ha visto.

Respecto a la consideración de Benveniste de poner a los dioses
por testigos del juramento, un pasaje de la *Ilíada* (19, 258 y ss.) lo
ejemplifica: «Que Zeus, la Tierra y el Sol lo *sepan.*» Cuando se presta juramento se dirige a los dioses para que sepan, es decir, para que
vean y sean testigos.

Lledó (1978: 93 y ss.) se refiere a dos textos, también de Homero, donde aparece la palabra *ístōr* (*Ilíada,* 18, 497-501; *Ilíada,*
23, 486). En el primero de ellos, en donde se describe el escudo de
Aquiles, se habla de una contienda entre dos hombres que discuten
sobre la pena que ha de pagarse *(poinḗ)* por un homicidio. Ambos
desean solucionar la cuestión con la ayuda de un testigo de vista
(ístōr). Este testigo, por haber visto, es el único que puede dirimir
la contienda [5].

El segundo texto de Homero se refiere a una discusión sobre
cual es el auriga que, a lo lejos, se ve venir en primer lugar. Ayax
se opone a la opinión de Idomeneo diciéndole que su vista no le
ayuda y habla sin saber lo que dice. Idomeneo reclama el testimonio
y juicio de Agamenón —«Hagamos nuestro *ístōr* a Agamenón, hijo
de Atreo»—, que como *testigo presencial* (Lledó, 1978: 95) puede
decidir también sobre ellos.

En la obra de Lledó a que nos estamos refiriendo se recoge la
traducción que Keuk da de *ístōr,* «el que sabe: uno que por haberlo
visto sabe algo, que estuvo presente en algún suceso; uno que, por

---

[5] Benveniste (1983: 341), refiriéndose al mismo pasaje de Homero, dice
que «es difícil comprender que se trate de un testigo, puesto que su presencia habría evitado el debate; se trata de un 'arbiter'. Para nosotros el juez
no es el testigo; esta variación de sentido perjudica el análisis del pasaje. Pero
es precisamente porque *ístōr* es el testigo ocular, el único que zanja el debate, por lo que se ha podido atribuir a *ístōr* el sentido de 'quien zanja mediante un juicio sin apelación sobre una cuestión de buena fe'».

ejemplo, vio cómo A mató a B y, por consiguiente, puede declarar en un juicio; o sea, el testigo».

Desde estas consideraciones podemos, inicialmente, proponer la *investigación* histórica como una observación en la que el investigador es testigo, puede dar cuenta de lo que ha visto, es decir, *sabe* porque *ha visto*.

2. La historia como conocimiento inmediato

2.1. *La observación personal: «yo he visto»*

Al meditar acerca de cómo los griegos concibieron la naturaleza y el valor de la historia, Collingwood sostuvo que, dada su actitud filosófica general, era imposible que la concibieran como científica. En el fondo, dice, «no podían menos de considerarla no como ciencia, sino como un puro agregado de percepciones. ¿Cómo, entonces, concibieron el testimonio histórico? La respuesta es que, de acuerdo con su modo de ver, identificaron el testimonio histórico con los informes que acerca de los hechos daban los *testigos de vista* de esos hechos. El testimonio consiste, pues, en los relatos de esos testigos y el método histórico consiste en aprovecharlos» (Collingwood, 1977: 33) (subrayado nuestro).

Este tipo de investigación, la de los testigos de vista, formaría parte del tipo de historia que Hegel denominaba *inmediata,* distinguiéndola a su vez de las por él llamadas historia *reflexiva* e historia *filosófica* [6].

En la historia *inmediata,* Hegel incluyó a Heródoto y Tucídides «y demás historiógrafos semejantes». Estos historiadores, afirma el filósofo alemán, «vivieron en el espíritu de los acontecimientos por ellos descritos; pertenecieron a dicho espíritu. Trasladaron al terreno de la representación espiritual lo sucedido, los hechos, los acontecimientos y estados *que habían tenido ante los ojos*» (Hegel, 1974: 153) (subrayado nuestro).

Para esa obra de representación, su materia esencial es lo que estaba presente y vivo en el círculo de sus autores; y es que, para Hegel, refiriéndose a estos historiógrafos inmediatos, «la cultura del historiador y la cultura de los sucesos que describe, el espíritu del autor y el espíritu de la acción que narra, son uno y lo mismo» (Hegel, 1974: 154).

---

[6] Según traducción de José Gaos.

En una monografía sobre Tucídides, Hartog sugiere que el saber histórico se funda sobre la *autopsia* (de *opsis,* vista) y se organiza sobre la base de datos que procura: el ojo está en el centro y la historia se hace en presente. Saber históricamente es tener un conocimiento claro y distinto; es también, dice Hartog (1982: 24), *to saphes skopein,* «ver claro», «descubrir con claridad» o, también, *saphôs heurein,* «encontrar claramente».

De lo hasta aquí dicho podemos ir perfilando una concepción de la historia en tiempo presente —el historiador narra sucesos que él mismo ha visto— o se ocupa de un pasado cercanísimo. La fiabilidad y la credibilidad de sus relatos estarán garantizados, puesto que quien lo narra lo ha visto.

Podemos entonces señalar una primera característica de estos relatos historiográficos, a saber: la de acreditar mediante un «yo he visto» o «hemos visto» que lo que se relata efectivamente ha sucedido.

Además, en la propia organización textual, el «he visto» indica, en cuanto manifestación del sujeto de la Enunciación, la imbricación e intervención del narrador en su relato, lo que le concede autoridad, *ethos,* en el proceso de persuasión que conlleva (o pretende) el escribir —o recitar— un texto.

El *yo he visto* se sitúa, entonces, como garante de verdad y como autor fiable tanto de los hechos que cuenta como del decir mismo; no es cualquiera el que habla, sino alguien que fue testigo.

Aún más, desde la instancia de la Enunciación ese *yo he visto* acredita al mismo tiempo un *yo digo,* en la medida en que digo lo que he visto.

2.2. *Las fuentes orales: «yo he oído»*

Si el «yo he visto» no es, o no ha sido posible, se da otro tipo de intervención del narrador en su relato: «yo he oído». Como ha indicado Hartog a este respecto, después de la *opsis, akoe,* no ya he visto, sino he oído.

Se puede suponer que este segundo tipo de relato sería menos creíble al poseer menos fuerza el sujeto de enunciación que transmite algo que él directamente no percibió y ha de basarse en una falible e inventiva memoria.

El oído es infiel y la boca su cómplice. Frágil, la memoria es igualmente engañosa: selecciona, interpreta, reconstruye. Toda relación de un acontecimiento es igualmente sospechosa (Detienne, 1985: 72).

Por eso desconfiaba Tucídides: «Los testigos de cada hecho presentan versiones que varían según su simpatía respecto de unos y otros, y según su memoria» (I, 22, 3).

Si sólo se puede recurrir al «he oído,» sólo la fiabilidad en la transmisión, sujeta a memoria, y la sagaz elección de los testigos directos puede, entonces, proporcionar credibilidad.

Escéptico, Tucídides desconfió sistemáticamente, sin embargo, de los testigos directos:

> En cuanto al relato de los acontecimientos de la guerra, para escribirlo no me he creído obligado a fiarme ni de los datos del primer llegado ni de mis conjeturas personales; hablo únicamente como testigo ocular o después de haber hecho una crítica lo más cuidadosa y completa posible de mis informaciones (I, 22).

¿Cómo no se ha de desacreditar lo que se sabe de oídas, puesto que falsea el presente incluso ante nuestra propia mirada? Es imposible confiar en ello, y mucho menos aún en lo que se refiere a tiempos muy antiguos. Por eso, dice Detienne *(loc. cit.)*, se impone el silencio: conducta que atribuye Tucídides a los atenienses que van a explicarse ante la asamblea espartana sobre las diferencias que les oponen a la gente de Corintio: «Pero para qué hablarles de acontecimientos muy antiguos cuando la prueba de éstos reside más bien en rumores que circulan *(akoai)* y no en haber visto con sus ojos *(opsis)* aquéllos que nos escuchan» (I, 73).

Otra actitud es la de Heródoto: si bien se esforzaba, como iremos viendo, en subrayar el «yo he visto», sin embargo, cuando no había asistido directamente al acontecimiento que contaba, buscaba testigos que sí lo hubieran presenciado. En II, 9, cuando concluye la descripción de la geografía de Egipto y comienza la de su historia, dice Heródoto:

> Hasta aquí he dicho lo que vi, reflexioné y averigüé por mi cuenta, pero a partir de ahora voy a decir lo que cuentan los egipcios, como lo he oído, si bien añadiré algo de lo que he visto.

En II, 148, refiriéndose a un laberinto en Egipto [7], afirma: «Yo lo he visto, y es superior a cuanto pueda decirse.» Tras la descripción [8], dice:

---

[7] «Que se halla un poco más allá del lago Meris, más o menos a la altura de la llamada Ciudad de los Cocodrilos.»

[8] «Comprende doce patios cubiertos, con las puertas frente a frente, seis abiertas hacia el norte y seis hacia el sur, contiguas; y las dos series de salas, unas subterráneas y las otras levantadas del suelo sobre las primeras, en número de tres mil, mil quinientas en cada serie.»

Nosotros mismos hemos recorrido y visto las salas levantadas del suelo y hablamos por lo que nosotros mismos observamos; pero sobre las salas subterráneas nos informamos verbalmente, pues los egipcios encargados de ellas en modo alguno nos las quisieron mostrar, alegando que en ellas se hallan las tumbas de los reyes que empezaron la construcción del laberinto y la de los cocodrilos sagrados. Así, pues, de las salas inferiores *contamos lo que recibimos de oídas; pero vimos con nuestros propios ojos las salas superiores,* que son una obra sobrehumana (subrayado nuestro).

De la propia vista, de la *autopsia,* se tiene certeza. De lo simplemente oído, que sustituye a la percepción directa, si bien sirve como fuente oral, se requiere confirmación, contraste. Así en II, 3, Heródoto dice:

A propósito de la crianza de esos niños, esto es lo que los sacerdotes me contaron. Pero oí también otras cosas en Menfis cuando hablé con los sacerdotes de Hefesto; y me dirigí también a Tebas y a Heliópolis por el mismo motivo, deseoso de saber si estarían de acuerdo con lo que me habían dicho en Menfis; pues los sacerdotes de Heliópolis dícese que son los más sabios de los egipcios [9].

Queda suficientemente claro que Heródoto privilegia la observación directa. Mas acepta en su caso, a diferencia de Tucídides, la información oral, sujeta a duda cuando no a descualificación. Sobre este último punto sirva de ejemplo el siguiente pasaje:

Acerca de las fuentes del Nilo, ninguno de los egipcios, libios o griegos que entraron en conversación conmigo pretendió estar informado, excepto el escriba del toro sagrado de Atenea en la ciudad de Sais en Egipto. Pero ese hombre me pareció que bromeaba cuando dijo que su información era exacta (II, 28).

Heródoto reserva, en todo caso, un lugar importante para lo que ha oído:

Lo que yo me propongo a lo largo de mi relato (*logos*) es poner por escrito (*graphein*), tal como he oído (*akoe*) lo que dicen los unos y los otros.

Y es que Heródoto, como todo viajero, está decididamente comprometido entre lo oral y lo escrito. Caso éste diferente al de Tucídides, decididamente comprometido con la escritura, la escritura con-

---

[9] A continuación dice: «Ahora bien, los relatos que oí referentes a los dioses no estoy dispuesto a exponerlos, porque creo que sobre ellos todos los hombres saben por igual; y si hago alguna mención al respecto, *lo haré obligado por la narración*» (subrayado nuestro).

ceptual, la que permite «ver claro», lo «adquirido para siempre» (*Ktêma es aiei*) (Detienne, 1985: 77).

Con todo, ambos tipos de relato, el basado en la *autopsia* y el basado en lo oral, se encuentran en una concepción de la historia que hace del presente (o del pasado cercanísimo) su característica fundamental. Esta concepción durará mucho tiempo. En palabras del historiógrafo Momigliano (1984: 143), la preeminencia de la observación personal y de las fuentes orales durará hasta que los historiadores decidieron dirigirse a los archivos.

2.3. *La preferencia por la percepción directa*

Sobre la preferencia en Grecia y en Roma por la proximidad temporal del objeto de investigación histórica, Momigliano nos proporciona la siguiente información: «Heródoto escribió sobre las guerras médicas, un acontecimiento de la generación precedente; Tucídides escribió la historia de la guerra contemporánea del Peloponeso; Jenofonte se centró en la hegemonía espartana y tebana (404-362 a.d.C.), de la que había sido testigo; Polibio comenzó a trabajar en serio la segunda guerra púnica (218 a.d.C.) y descendió hasta su tiempo, hasta el 145 a.C., aproximadamente. Lo mismo se puede decir para Salustio, Livio, Tácito (que cubrió los cien años precedentes) y para Amiano Marcelino (que dedicó 13 libros al período 96-352 d.C. y los restantes 18 a la historia de veintiséis años solamente). La misma tendencia hacia los acontecimientos cercanos a lo contemporáneo debía aparecer en otros historiadores de gran reputación, cuyas obras se encuentran ahora perdidas, excepto algunos fragmentos. Teopompo escribió sobre acontecimientos regidos por su contemporáneo Filipo de Macedonia; Eforo trató la historia griega arcaica en diez libros, dedicó otros diez al siglo v a.C. y reservó aproximadamente diez libros a los años 386-340 a.C.; Timeo cubrió la mayor parte de los 38 libros de su historia de los griegos de Occidente —sobre todo sicilianos— con los acontecimientos de su tiempo —más o menos, los años 340-288 a.C.—; Posidonio continuó a Polibio para el último siglo desde el 143 a.C. hasta sus días, en torno al 40 a.C.» (Momigliano, 1984: 47, 48).

Se puede, pues, colegir a la vista de esta información, con el propio Momigliano, que no hay duda de que los historiadores se sentían más seguros al escribir historia cercana a lo contemporáneo. Y que «la interpretación de la historia contemporánea o casi contemporánea cumplió una función insustituible en la sociedad antigua desde el siglo v a.C. hasta el tardo Imperio romano: digamos hasta el siglo vi d.C.».

No se trata, en la preferencia por lo contemporáneo o casi contemporáneo, de incapacidad para analizar fuentes antiguas. Desde el siglo v a.d.C., o sea desde el inicio de la historiografía griega, habían existido métodos, según Momigliano, para obtener información correcta acerca del pasado. Hecateo de Mileto, por ejemplo, había desarrollado métodos para rectificar y racionalizar muchas historias míticas. Se trata de optar por el testimonio directo que concede la vista, único modo de alcanzar la mayor fiabilidad y credibilidad. La vista, en efecto, es el operador de credibilidad más fuerte, como se deduce de una regla del *Satapatha Brāhmana*: «Si ahora dos hombres se disputan (tienen un litigio) diciendo el uno «yo he visto» y el otro «yo he oído», aquél que dice «yo he visto» es al que debemos creer»[10].

La vista, de hecho, fue considerada como instrumento fundamental de conocimiento de los filósofos jónicos a Aristóteles, también para los médicos y los historiadores[11]. En *Metafísica* (980 a 25), Aristóteles es explícito: «Nosotros preferimos la vista al resto. La causa es que la vista es, de todos los sentidos, el que nos hace adquirir más conocimiento y que nos descubre más diferencias.»

Para saber es necesario haber visto, dice Jenófanes[12]. También encontramos esta concepción en Heródoto. En el primer libro (I, 7) cuenta un pasaje del poder real en Lydia, desde los Heraclidas a los Mérmnadas[13]. Refiriéndose a Candaules, el último de los Heraclidas, narra la siguiente historia (I, 8):

Pues bien, este Candaules se enamoró de su mujer, y, enamorado como estaba, creía tener una mujer mucho más hermosa que todas las demás. De modo que, en esta creencia, Candaules, con quien gozaba de gran favor Giges, hijo de Dascilo, uno de sus lanceros, no sólo consultaba con este Giges los más importantes negocios, sino que también le ensalzaba sobremanera la hermosura de su mujer. Y transcurrido no mucho tiempo, pues era fatal que Candaules

[10] Benveniste (1983: 340) cita también a Tito Livio, para quien, por el contrario, ver es menos importante que oír.

[11] Cfr. G. Nenci, «Il motivo dell'autopsia nella storiografia greca», *Studi Classici e orientali,* vol. III, 1953, pp. 14-46. Refiriéndose a Homero: decir en efecto que se ha visto por sus propios ojos es a la vez «probar» lo maravilloso y la verdad: yo lo he visto, es verdadero y es verdad que es maravilloso.

[12] A. Rivier, «Remarques sur les fragments 34 et 35 de Xénophane», *Etudes de litterature grecque,* Ginebra, 1975, p. 344.

[13] «He aquí cómo el poder, que pertenecía a los Heraclidas, pasó a la familia de Creso, llamada a los Mérmnadas. Candaules, a quien los griegos llaman Mirsilo, era tirano de Sardes y descendiente de Alceo, hijo de Heracles. Pues Agrón, hijo de Nino, hijo de Belo, hijo de Alceo, había sido el primero de los Heráclidas que fue rey de Sardes, como Candaules, hijo de Mirso, fue el último» (I, 7).

fuese desgraciado, dijo a Giges lo siguiente: «Giges, como me parece que tú no me crees cuando te hablo de la hermosura de mi mujer (*porque los oídos de los hombres son más incrédulos que sus ojos*) [14], compóntelas para verla desnuda» (subrayado mío).

Es comprensible que Heródoto inaugure sus *Historias* con esta historia, «no solamente porque es la primera de un grandioso conflicto, sino porque es emblemático de toda la historia, de la Historia misma: (...) contar lo que se ha visto» (Marin, 1980: 27).

De la *autopsia,* en fin, hace uso Heródoto, como dice Hartog (1980: 273) para cualificar su propio relato. Sirva otro ejemplo de las nueve *Historias:* «(...) he aquí de lo que me enteré llevando mis averiguaciones (*historeon*) lo más lejos posible, hasta la ciudad de Elefantina, como testigo ocular, y más allá de oídas y preguntando» (II, 29).

Es ésta una actitud de etnólogo, de viajero que se irá encontrando a lo largo de los tiempos. Por poner un ejemplo, siglos más tarde la hallamos en Marco Polo. En «La división del mundo», rúbrica con la que comienza *El Millón,* podemos leer:

Señores emperadores, reyes, duques y marqueses, condes, hijosdalgo y burgueses y gentes que deseáis saber las diferentes generaciones humanas y las diversidades de las regiones del mundo, tomad este libro y mandad que os lo lean, y encontraréis en él todas las grandes maravillas y curiosidades de la gran Armenia y de la Persia, de los tártaros y de la India y varias otras provincias; así os lo expondrá nuestro libro y os lo explicará clara y ordenadamente como lo cuenta Marco Polo, sabio y noble ciudadano de Venecia, *tal como lo vieron sus mortales ojos* (subrayado nuestro).

En este párrafo, junto a la invocación de la *autopsia,* cabe señalar la adecuación que se da entre el orden de la visión y el orden de la exposición: el libro «explicará clara y ordenadamente», «como lo cuenta Marco Polo (...) tal como lo vieron sus mortales ojos». Entre el *ver* y el *decir* (sin hablar incluso de la escritura), ninguna distancia, es el mismo «orden» el que las gobierna (Hartog, 1980: 274).

También nos informa Hartog *(loc. cit.)* de Lescarbot, quien al final del siglo XVI reconoció el valor de la *autopsia* cuando expuso las causas de su viaje a Canadá: «Deseoso no tanto de viajar como de reconocer la tierra ocularmente.»

Saber históricamente, pues, es ver. La historia, desde la historiografía griega, comienza a ser considerada como el relato de aquel

---

[14] En Heráclito 668 (22 B 101 a) Polib., XII 27, se atribuye al filósofo de Efeso el decir «los ojos, en efecto, son testigos más exactos que los oídos», según versión de C. Eggers y V. E. Juliá en *Los filósofos presocráticos,* Ed. Gredos, Madrid, 1978, p. 363.

que puede decir «he visto» o, en su defecto, «he oído» de personas fiables —porque han visto.

2.4. *El exilio en el presente. La historia grecorromana*

Al dar prioridad a la *vista* en el conocimiento histórico, se puede derivar una conclusión, esto es, la identificación del conocimiento con la percepción.

Si como nos ha enseñado Merlau-Ponty, «il n'y a pas d'événements sans quelqu'un à qu'ils adviennent et dont la perspective finie fonde leur individualité» (Merlau-Ponty, 1945: 47), entonces podemos considerar que la captación directa de los acontecimientos históricos sería la característica fundamental del conocimiento histórico, se manifieste en el género que se manifieste.

Así un *diario,* incluso en la época en que es diario íntimo, consagra casi siempre mucho espacio a la descripción de lo que su autor pretende haber visto u oído. De modo análogo al diario, una *crónica* anota también lo que parece haber acaecido en el ambiente que rodea al autor. E incluso las *memorias,* que pueden no diferir del diario, salvo en que aquéllas han sido redactadas no «à chaud mais après coup» (Pomian, 1984: 16).

Sólo importa el hecho, afirma Pomian *(loc. cit.),* que los autores de las crónicas, de las memorias y de los diarios registran con preferencia cosas que están convencidos de haber visto u oído y que al hacerlo así descomponen el tiempo vivido en una serie ordenada de unidades discretas e individualizadas

Mas también, y como señala Hartog refiriéndose a Tucídides, la preeminencia acordada a la *autopsia* en toda forma de investigación *(historie)* tiene una consecuencia en historia propiamente dicha: si se aplica con todo rigor este principio metodológico no hay, en efecto, historia posible que no sea historia contemporánea.

Châtelet, que insistió en afirmar que por razones y causas históricas el pensamiento griego es incapaz de concebir objetivamente la historicidad humana, sostuvo también que «los relatos que expresan con cierta fidelidad lo que ha sucedido se refieren, en general, a acontecimientos que son casi contemporáneos de los autores: solamente a propósito de ellos posee la narración un *mínimo* de objetividad; cuando se trata de los tiempos antiguos se cede el paso a los relatos míticos y a la tradición [15]; cuando estos últimos quedan descartados por insuficientes —así es como procede Tucídides—, no se

---

[15] En el capítulo III nos referiremos a la relación entre «mito» e «historia».

hace ningún esfuerzo resuelto para sustituir el vacío así creado por una interpretación más correcta; el escritor declara entonces que no se puede saber nada sobre tiempos tan lejanos» (Châtelet, 1978: 23).

Para Tucídides, la posición a este respecto es clara: en puridad, la única historia que se puede hacer es una historia contemporánea [16]. La razón —otra— se encuentra en el mejor modo de garantizar la verdad entendida como conformidad con los hechos.

En efecto, para el autor de la *Historia de la guerra del Peloponeso* el trabajo del historiador es búsqueda de la *akribeia,* es decir, la conformidad con los hechos. *Akribes* se dice, por ejemplo, de una armadura que se adapta bien al cuerpo (Hartog, 1981: 24).

La *acribia* es lo que debe, en tanto que posible, transformar el *ver* en *saber,* o en «ver claro»; asegurar la adecuación entre el relato y lo real, hacer que el relato «se pegue» a lo real; diga, sea, lo real. En suma, dice Hartog *(loc. cit.),* es otro nombre de la verdad, su proceso o desvelamiento. Por ello la historia «verídica» no es ya memorial o *historie,* sino *zetèsis tès alètheia* (XX, 3), búsqueda e investigación de la verdad, es decir, también indagación en el sentido judiciario.

Con esa actitud, Tucídides [17] escribía la verdad de los hechos, que, según Alsina, son hechos que «hablan por sí mismos, son objetivados por el historiador y sólo en muy escasa medida Tucídides hace observaciones sobre el curso de los acontecimientos» (Alsina, 1981: 41) [18].

Acaso puede encontrarse en su observación rigurosa —de aquellos hechos que ha presenciado o sobre los que ha podido averiguar interrogando a los testigos directos, de los que, como ya hemos dicho, no obstante desconfiaba— una influencia de los médicos.

Tucídides e Hipócrates son coetáneos; y por el relato de la peste de Atenas en el libro II se le advierte conocimiento en materia de síntomas y de diagnósticos (Romilly, 1980: 82).

En palabras del autor de *Thucydides and the Science of History,* Cochrane, «las *Historias* de Tucídides representan una tentativa de aplicar al estudio de la vida social los métodos empleados por Hipócrates en el arte de la medicina y —añade Cochrane— son un para-

---

[16] Para escribir historia en serio, dice Momigliano, era necesario ser contemporáneo de los hechos en discusión y conseguir comprender lo que decía la gente. La historia seria, según Tucídides, no se ocupaba del pasado, sino del presente (Momigliano, 1984: 37).

[17] El biógrafo de Tucídides, Marcelino, dice que «su propósito [de Tucídides] era escribir la verdad de los hechos».

[18] También Romilly (1980), entre otros, destaca el esfuerzo de Tucídides que, con grosero anacronismo, se diría positivista, por ignorar las opiniones personales, dejando hablar a los hechos mismos.

lelo exacto de las tentativas de los historiadores científicos modernos de aplicar esquemas interpretativos evolucionistas derivados de la ciencia darwiniana» (Cochrane, 1929: 3).

Es más, como hace notar Vernant (1983: 292) citando *Observation et experience chez les médicins de la collection hippocratique*, de L. Bourgey: «La corriente médica empirista sostiene que el verdadero criterio de la verdad médica consiste en captar directamente por los ojos, porque todo lo que existe debe poder ser visto y conocido.» Se encuentra de nuevo aquí, dice Vernant *(loc. cit.)*, la oposición, tradicional en el pensamiento griego, entre cosas visibles y cosas invisibles; las primeras dependen directamente de la *empiria* y las segundas necesitan una intervención diferente, ya se trate de adivinación inspirada o de puro razonamiento.

Cuando se trata del pasado, Tucídides hace Arqueología, en su sentido etimológico [19]. Demuestra que no es posible un conocimiento mediato; sólo a través, precisamente, de «índices» *(semeion, tekmerion)* podrá hacer visible lo invisible, aunque sin poder llegar a un conocimiento perfecto (I, 1).

Su búsqueda de índices lo hace por comparación con el presente (Hartog, 1982: 25), demostrando a su vez la superioridad del presente y la oscura visión del pasado, del que no podemos tener certeza.

Es por todo ello que la veracidad de lo relatado en la narración histórica, el afán de «verdad» que será lo más específico del conocimiento histórico, será confiado en los primeros desarrollos de la historia, como tratamos de exponer, al «he visto», que constituirá, desde que el conocimiento directo sea el más valorado, una respetada marca de historicidad y, en consecuencia, primará la historia contemporánea o, por decirlo con Hegel, la historia inmediata.

Croce, que acuñó el famoso *dictum* «*ogni vera storia é storia contemporanea*», en otro sentido muy diferente, afirmó también que se suele llamar «historia contemporánea» a la historia de un lapso de tiempo que se considera como un pasado cercanísimo: de los últimos cincuenta años, o decenio o años, o mes o día, o, incluso, de la última hora o del último minuto. Mas si queremos hablar o pensar con estricto rigor «contemporánea», debería decirse sólo de aquella historia que nace inmediatamente sobre el acto que se está realizando, como conciencia del acto» (Croce, 1927: 3).

Y en Grecia, nos recuerda Momigliano, del pasado no se ocupan los historiadores, sino los «arqueólogos», los «filósofos», los «gramáticos» o sea estudiosos del pasado (Momigliano, 1984: 101).

---

[19] Como Dionisio de Halicarnaso.

El «exilio en el presente» que caracteriza al historiador antiguo explicará, sin embargo, el fracaso de la *autopsia* al no poderla *justificar* línea a línea. Mas también da pie a una posible tipología.

Pensemos, por ejemplo, en Tácito. Reserva el término *Historiae* a los informes sobre la época que él observó personalmente (69-96 d.C.), mientras que a sus obras sobre el período anterior —desde la toma del poder por Tiberio hasta la muerte de Nerón, período que cubre el año 14 hasta el 68 d.C.— las instituló *Annales*. Lo que nos recuerda las palabras del gramático Mario Vittorino, evocadas por Croce: «Primo annales fuere, post historiae factae sunt.» Acaso pueda encontrarse la oposición tacitiana, aunque sin mencionarse, en Amiano Marcelino.

Shotwell (1980: 339 y 55), al dar cuenta de los *Rerum gestarum libri,* que relatan la historia de Roma desde Nerva hasta la muerte de Valente (96-378 d.C.), escrita por Amiano Marcelino (330-400 d.C.), nos informa que únicamente se han conservado las partes más contemporáneas (libros XIV-XXXV), que abarcan los años 356 a 378 solamente; veinticinco años que preceden a la batalla de Adrianópolis.

Dos explicaciones son posibles según Shotwell: o bien los primeros libros eran relativamente breves y con carácter de introducción, o que los que tenemos forman una sola división de toda la serie, que trata de la historia contemporánea, como había ocurrido, dice Shotwell (*loc. cit.*) entre las *Historias* y los *Anales* de Tácito.

2.5. *La Edad Media. De la percepción a la fe, garantía del conocimiento del pasado*

Si como venimos diciendo, se identifica conocimiento con mirada, entonces el pasado no puede ser conocido. ¿Cómo se puede justificar, pues, un discurso verdadero sobre acontecimientos de los que no se ha sido testigo ocular a causa de un alejamiento temporal y espacial?

En un trabajo sobre la concepción de la historia en la época feudal, P. Rousset [20] sostiene que en dicha época «el pasado no es estu-

---

[20] P. Rousset, «La conception de l'histoire à l'époque féodale», en *Mélanges d'histoire du Moyen Age, dédiés à la mémorie de Louis Halphen,* P. U. F. 1950, pp. 623-33. Le Goff (1980), por su parte, sostiene que la concepción medieval del tiempo bloqueará el presente entre una retroorientación hacia el pasado y un futurotropismo particularmente acentuado en los milenaristas. Stelling-Michaud, a su vez, afirma que los hombres del medioevo han tratado de vivir el presente de modo atemporal, en un instante que es instante de eternidad («Quelques problèmes du temps au Moyen Age», en *Etudes suisses d'histoire générale,* XVII, 1959).

diado en cuanto pasado: es revivido, reconducido al presente». Pero, además, hay que aclarar que en el período de la Edad Media occidental se continúa dando prioridad a lo conocido directamente. En las *Etimologías* de San Isidoro (I, 41) podemos leer: «El nombre de historia deriva en griego de *historein,* que significa «ver» o «conocer». Y es que entre los antiguos no escribía historia más que quien había sido testigo y había visto los hechos que debían narrarse.» Y añade *(loc. cit.):* «Mejor conocemos los hechos que hemos observado con nuestros propios ojos que los que sabemos de oídas.»

En la Edad Media occidental se heredó de la Antigüedad, según Pomian, la asimilación de la historia a la descripción de las cosas vistas.

Tras referirse a San Isidoro, al que acabamos de citar, cuya obra es una de las que han ejercido más influencia durante siglos en cuanto síntesis del saber antiguo y de las creencias cristianas. Pomian considera que tal definición corresponde también a la manera de proceder de los historiadores de la Edad Media, que consagran lo esencial de sus obras a describir lo que han visto.

Se trata, dice Pomian (1983: 54), de un caso particular que funda la epistemología y la práctica cognoscitiva de la Edad Media y, según la cual, conocer equivale a ver.

Historia se recuerda y se repite en los tratados de los siglos XVI y XVII, «trae su origen en la voz griega *Isorein,* que suena como ver, como si el que narra hubiera visto y sido testigo ocular de lo que narra», dice en *De ratione dicendi,* de 1532, Luis Vives.

A su vez, Luis Cabrera de Córdoba, en *De historia para entenderla y escribirla,* escrita en 1611, dice:

En este sentido la definió Verrio Flaco con Aulo Gelio, Plinio, Teofrasto y Luciano diciendo: es narración de las cosas hechas por medio de alguno que las haya visto; mas Estrabon, a quien siguen algunos antiguos con Polibio y Josefo y muchos modernos, tiene que la historia ha de narrar las cosas que vio u oyó a los que fueren presentes, porque el vocablo griego quiere decir también, ver, conocer y oír preguntando.

El pasado, pues, no puede ser conocido, como por otra parte sostenía San Agustín, cuyos textos fueron de los más leídos durante la Edad Media.

En el libro XI de sus *Confesiones,* San Agustín se interroga sobre el tiempo. Hemos seleccionado tres pasajes de dicho capítulo, en donde, creemos, es más explícito respecto a lo que nos interesa. En el capítulo XIV dice:

¿Qué es, pues, el tiempo? Si nadie me lo pregunta lo sé; si quiero explicarlo a quien me lo pide no lo sé. No obstante, con seguridad digo que si nada pasara no habría tiempo pasado, y si nada acaeciera no habría tiempo futuro, y si nada hubiese no habría tiempo presente.

Estos dos tiempos, pues, el pasado y el futuro, ¿cómo *son*, puesto que el pretérito ya no es y el futuro no es todavía? Mas el presente, si siempre fuese presente y no pasara a pretérito, ya no fuera tiempo, sino eternidad. Si el presente, pues, para ser tiempo tiene que pasar a pretérito, ¿cómo podemos afirmar que *es*, si su causa de ser es que será pasado, de tal manera que no decimos con verdad que el tiempo *es*, sino porque camina al no ser?

El segundo pasaje elegido se encuentra en el capítulo XVI:

(...) Medimos el tiempo en el momento que pasa, por la percepción que tenemos de su paso. *Mas el pasado que ya no es*, (...) *¿quién puede medirlo, si ya alguien no se atreve a sostener que puede medir lo que no es? Cuando el tiempo pasa puede ser percibido y medido; mas cuando pasó ya, no es mensurable, porque ya no «es»* (subrayado nuestro).

En fin, en el capítulo XX dice San Agustín:

Lo que ahora se me aparece claro y evidente es que ni el futuro ni el pasado son. Impropiamente, pues, decimos: los tiempos son tres: pretérito, presente y futuro. Con mayor propiedad se diría acaso: los tiempos son tres: presente del pasado, presente del presente, presente del futuro. Estas tres modalidades están en el alma, en otra parte no las veo: memoria presente de lo pasado, visión presente de lo presente, expectación presente de lo futuro (...).

Estos y otros párrafos de las *Confesiones* han sido profusamente citados en la ingente literatura sobre conciencia temporal. Entre otros podemos mencionar a Husserl [21], Marrou [22] y, más recientemente, a Ricoeur [23].

---

[21] E. Husserl, en la introducción a su *Fenomenología de la conciencia del tiempo inmanente*, dice: «El análisis de la conciencia temporal es un viejo calvario de la psicología descriptiva y de la teoría del conocimiento. El primero que sintió profundamente las ingentes dificultades que ahí yacen y que con ellas llegó en sus esfuerzos hasta el umbral de la desesperación fue San Agustín. Quien se ocupe del problema del tiempo deberá estudiar a fondo, aun hoy, los capítulos XIII-XXVIII de las *Confesiones*. Pues la época contemporánea, tan orgullosa de su deber, no ha llegado en estas cuestiones a resultados muy brillantes que signifiquen un progreso importante respecto a aquel pensador tan grave y serio en sus luchas espirituales. Aun hoy puede exclamarse con San Agustín: *si nemo a me quaerat, scio, si quarenti explicare velim, nescio.*»

[22] Marrou, autor de *De la connaissance historique*, estudioso del obispo de Hipona, dedicó todo un libro a *L'Ambivalence du temps de l'histoire chez Saint Augustin*.

[23] En su libro *Temps et Recit I*, Paul Ricoeur ha dedicado un capítulo, el primero, a «Les apories de l'experience du temps. Le livre XI des *Confessions* de Saint Agustin».

La inclusión de estos párrafos que hemos seleccionado permite dar cuenta, aparte de su complejidad en lo que atañe a la experiencia temporal, de la idea que subyace, esto es, que el pasado no puede ser conocido.

Sólo la confianza, la fe en aquel que ha sido testigo, permite alcanzar a lo pretérito.

A propósito también de San Agustín, Löwith (1973: 182) asegura que:

> Juzgada por los ojos de los sentidos, la fe es verdad *ciega*. La *theoria* griega es literalmente una contemplación de lo que es visible, y, en consecuencia, demostrable, o capaz de ser demostrado, al par que la fe cristiana o *pistis* es una confianza firme en lo que es invisible y, consecuentemente, indemostrable, aunque sí capaz de adhesión mediante un compromiso.

Según Pomian (1983), si se trata del presente, el discurso se funda sobre el conocimiento, es decir, sobre la percepción directa del historiador; si se trata del pasado, sobre la confianza que proporciona aquel que ha sido testigo, es decir, sobre la fe: el pasado, en definitiva, sólo podría ser objeto de un texto histórico si aprehendido gracias a la fe.

Si durante todo el período medieval el pasado, objeto de fe, se opone al presente, objeto de conocimento, los historiadores medievales tuvieron que basarse en los relatos proporcionados por la tradición y cuya autoridad fuera reconocida: la Iglesia, tal o cual monarquía, una universidad, la alta posición o la santidad del que la transmite. Sólo así pueden hablar del pasado que esos relatos presentan como si ellos mismos lo hubieran vivido: adhiriéndose mediante el compromiso que facilite la fe o la confianza.

Por otra parte, es significativo que, en este período, *cronógrafo* e *historiógrafo* sean sinónimos, como nos informa B. Guenée en un trabajo sobre géneros históricos en la Edad Media (Guenée, 1973). A su vez, y a pesar de sus diferencias *anales, crónicas* e *historias*[24], son frecuentemente confundidas e intercambiadas.

Junto a éstas, otras explicaciones apuntan a la idea de la debilidad de la historia en estos siglos. Para el medievalista W. J. Brandt[25],

---

[24] A veces, las diferencias entre historia y anal, crónica o efemérides, es que aquélla era más extensa al ser más rica en detalles, siendo la característica de las otras su brevedad, limitándose a relatar sucesos, día a día o año a año. En todo caso, todas ellas, como género, excluyen la explicación en su composición. A veces, la historia es como la consideraba Froissart, una crónica más historiada, haciendo también referencia a la riqueza de detalles. Cfr. Guénee (1973).

[25] Cfr. Brandt, W. J., *The Shape of Medieval History. Studies in Modes of Perception,* Londres, 1966 (cit. por Guénee, 1973).

por ejemplo, el hombre y la naturaleza son vistos en la Edad Media por un mismo ojo. En la naturaleza el espíritu medieval no ve, de un objeto a otro, sino discontinuidad. Todo cuerpo es único; cada uno tiene su virtud, diferente; su efecto, particular. Toda causalidad es, pues, aquí inconcebible. Análogamente, un acontecimiento es un hecho aislado, cuya causa es particular, que es vano tratar de explicar por otra razón que lo arbitrario de una voluntad humana o de la voluntad divina.

El hombre no es sino una colección de manifestaciones de cualidades añadidas la una a la otra, donde se diluye su individualidad. Así, sólo la sucesión cronológica permite organizar el relato histórico, pues en la acción, como en la naturaleza humana, todo es discontinuo, incoherente, inesperado.

Cabe recordar aquí a Occam, quien dijera: «Nadie discute que la unidad del universo consista en el orden que se establece entre sus partes; pero eso sólo quiere decir que las partes están dispuestas de determinada manera..., sin que por ello el orden y la unidad sean algo distinto de cada una de las partes y de su conjunto «porque» fuera de las partes no hay absolutamente nada» («*praeter illas partes absolutas nulla res est*»).

O también «el orden y la unidad del universo no son una realidad relacional, no son una cadena que uniría entre sí a los cuerpos dispuestos en el universo mismo... La noción de orden sólo entraña unos absolutos numéricamente distintos, unos absolutos separados entre sí; la noción de orden expresa su posición recíproca, no una realidad implícita en su esencia».

Estas palabras del franciscano de Oxford han merecido el siguiente comentario de Garin (1981: 30):

La realidad se fragmenta en una multiplicidad de existencias desligadas entre sí, *res absolutae*, que tienden a separarse cada vez más. Existencias que no van precedidas de esencias; existencias puestas por el inescrutable *fiat* de la voluntad de un Dios omnipotente, que no se guía por ningún plan racional, y cuyas decisiones son incomprensibles para nosotros. De una parte, un Dios que se pierde en la luminosa oscuridad de su incomparable infinidad (...); de otra, un pulular de existentes que, una vez puestos, se revelan dotados de autonomía, no insertos en plan alguno, inmersos en una rara atmósfera de absoluto.

El mismo autor en otro trabajo (Garin, 1981: 147 y ss.) afirma que el escritor medieval tiende a achatar la totalidad del pasado en una única dimensión, confundiendo hombres y acontecimientos, con un total desinterés por la determinación temporal, preocupado sólo por los valores eternos y absolutos intemporales (...). Si «para el pensamiento metafísico la historia no es otra cosa que el desarrollo de los designios divinos», oscilaremos permanentemente entre la teología y la recopilación de anécdotas, entre la lógica del absoluto y aquellas «pulgas» que en marzo de 1281 atormentaron inmoderadamente a la humanidad, según anotaba fray Salimbene de Parma. Allí donde triunfa una lógica teológica sólo hay sitio para la historia ideal, eterna; no para el hombre ni para su obra, que carecen de interés porque, en última instancia, no puede hablarse de una actividad humana realmente efectiva.

Hay que señalar también, como síntoma, que la historia como disciplina estaba ausente en las universidades medievales [26] y su proximidad a otros campos como la gramática y la retórica puede justificar la ya citada debilidad, salvo excepción, de la historiografía medieval o, si se quiere, la mediocridad de lo que se podría llamar historiadores medievales.

Estos, según Guenée (1980), pueden ser divididos en varios tipos: *el monje,* guardián de los libros y de los manuscritos; *l'historien des cours et des places; l'historien de bureau.* El primero puede, en su caso, poseer la suficiente erudición para hacer una obra componiendo textos al yuxtaponer extractos de varios, a veces incluso confrontándolos para elegir la versión más segura; anunciando, si así se puede decir, la historia metódica de siglos futuros. Debe destacarse como característica la preocupación por la cronología, fundamental en el desarrollo de la hagiografía [27].

El segundo grupo está representado por los juglares que cantan los «hechos de los príncipes y de los santos».

El último es característico de la Baja Edad Media donde desarrollan servicios administrativos, especialmente en las Cancillerías. Como ejemplos pueden servir Jean de Montreuil bajo el reinado de Carlos IV y Leonardo Bruni, canciller de Florencia de 1427 a 1444.

Con todas las características señaladas, parece confirmarse la idea de ausencia de historiadores en el sentido que se irá perfilando en sucesivos siglos. Por eso, a medida que avanza la historiografía, la Edad Media queda excluida como época de historiadores, aunque anunciaran técnicas que se encontrarán en los «anticuarios».

Cuando Gooch, por ejemplo, introduciendo su libro sobre historia e historiadores del siglo XIX, se refiere a la Edad Media, la resume así:

---

[26] Entre otros, W. H. Galbraith, *Historical Research in Medieval England,* Londres, 1951.

[27] Para Shotwell (1982: 23), la obra de los monjes medievales, aunque registraba acontecimientos imposibles en anales solemnes sin el menor sentido del absurdo (...), individualmente son los últimos en merecer el título de artistas.

La Edad Media produjo historiadores de gran mérito —Mateo Paris y Lamberto de Hertfeld, Joinville y Froisart—, cuyo testimonio sobre los hechos acaecidos en su propia época era bastante fidedigno; pero no existían entonces las condiciones esenciales a esa índole de trabajos.

Se desconocía la imprenta y los libros eran escasos. No se había iniciado el método crítico para el estudio de los documentos, ni se concebía la necesidad de tratarlos de ese modo. El piadoso cronista, feliz entre los tesoros de su biblioteca monástica, no se detenía a investigar su valor, y con la misma inocencia copiaba en sus propias páginas compilaciones anteriores. Aunque la falsificación de documentos era cosa normal, no se conocían aún los medios para descubrir esas falsificaciones. Los acontecimientos consignados se aceptaban sin discusión, y la sanción de la tradición garantizaba la realidad del hecho. Por último, el ambiente de la Edad Media se hallaba saturado de teología. La influencia de San Agustín pesó de un modo casi físico sobre la mente de Europa durante unos mil años, distrayendo la atención de la historia y los problemas seculares. Dada la constante intervención de la Providencia, la investigación de las causas naturales resultaba innecesaria e incluso impertinente. La historia era un sermón, no una ciencia, un ejemplario de evidencias cristianas, no un intento desinteresado para comprender y explicar el curso de la civilización (Gooch, 1977: 7).

Sin embargo, hay que recordar las palabras de Marc Bloch: «El cristianismo es una religión de los historiadores» [28]. En efecto, el cristianismo, como ha señalado Le Goff (1981: 598), ha sido visto como una ruptura, una revolución en la mentalidad histórica. Dando a la historia tres puntos fijos —la creación, inicio absoluto de la historia; la encarnación, inicio de la historia cristiana y de la historia de la salvación; el juicio universal, fin de la historia—, el cristianismo habría sustituido a las concepciones antiguas de un tiempo circular la noción de un tiempo lineal, habría orientado la historia y la habría dado un sentido [29].

También hay que rescatar dos fenómenos de mentalidad histórica ligados a las dos grandes estructuras sociales y políticas del medioevo, la feudalidad y la ciudad: las genealogías y la historiografía urbana [30]. Aportaciones éstas a la historiografía que se desarrollarán en

---

[28] Citado por G. Lardreau y G. Duby, *Dialogues*, Flammarion, París, 1980. Ambos sostienen que hay una manera cristiana de pensar qué es la historia.

[29] Estudios recientes, sin embargo, han mostrado que no hay que reducir la mentalidad histórica antigua —y sobre todo griega— a la idea de un tiempo circular (Le Goff, 1981: 598). Cfr. A. Momigliano: «Time in ancient historiography», *History and theory*, V, 1966; P. Vidal-Naquet, «Temps des dieux et temps des hommes», *Revue d'histoire des religions*, CLVII, 1960.

[30] La Goff (1981) añade en la perspectiva de una historia nacional monárquica las crónicas regales; entre las más importantes cita, después del siglo XII, las *Grandes Chroniques de France*. Es conocido el interés que tienen las grandes familias de una sociedad por establecer sus genealogías cuando las estructuras sociales y políticas han alcanzado un cierto estadio. El parentesco dia-

siglos posteriores, en los que la historia se irá constituyendo como disciplina.

2.6. *Los historiadores de Indias*

Cabe hablar sucintamente bajo este epígrafe de los historiadores de Indias, que al acercarse *ex novo* como etnógrafos a objetos nuevos, o al menos ignotos, tuvieron que hacer, también, del conocimiento directo un parámetro fundamental.

En decir de Fueter (1914: 361), los descubrimientos y las conquistas de América plantearon a la historiografía un problema completamente nuevo. Ofrecía una materia para la que no eran suficientes los procedimientos de la teoría clásica *(sic)* anterior.

Esta afirmación merece dos comentarios. El primero se refiere al modo de descripción. Las primeras generaciones de exploradores y de descubridores se sitúan, por su formación intelectual, en la época que forma la transición de la Edad Media al Renacimiento. Como ha señalado Cioranescu (1980: 242 y ss.), los principios de autoridad y de imitación de los modelos formaban entonces la base del arte de escribir y casi, se puede decir, la misma esencia de ese arte. Pero la imitación sólo puede tener un papel reducido y relativamente sin importancia en la descripción hecha por la primera vez de objetos que nadie había conocido o representado anteriormente [31].

---

crónico deviene un principio de organización de la historia. Un caso particular lo constituye el papado, el cual, cuando se afirma la monarquía pontificia, siente la necesidad de tener su propia historia, que evidentemente no puede ser dinástica, pero que quiere distinguirse de la historia de la Iglesia, Cfr. A. Paravicini-Bagliani, «La storiografia pontificia del secolo XIII», *Römische historiche Mitteilungen,* XVIII, 1976. A su vez, las ciudades, cuando se han constituido en organismos políticos conscientes de su fuerza y de su prestigio, han querido elevar ese prestigio exaltando su antigüedad, la gloria de sus orígenes, etc. Como ejemplo sirva la crónica del notario Rolandino, del 3 de abril de 1262, leída públicamente en el claustro de San Urbano de Padua y que adquirió el rango de historia verdadera de la ciudad y de la comunidad urbana. Cfr. G. Arnaldi, *Studi sui cronisti delia Marca Trevigiana nellietà di Ezzelino da Romano,* Istituto Storico Italiano per il Medioevo, 1963.

[31] Cioranescu (1980: 243) dice: «La imitación no es posible allí donde falta el modelo. El viajero que pretende narrar sus andanzas por tierras desconocidas se ve privado del resorte acostumbrado de su arte descriptivo; no le será posible recurrir a las reglas de la retórica tradicional o servirse de cánones preestablecidos para describir usos tan nuevos como, por ejemplo, la costumbre de fumar. En tales casos, el ejemplo de los rétores antiguos y de los poetas épicos de poco podrá valerle. La misma naturaleza de su tema le invita, o mejor, le obliga a fiarse en sus solos recursos y, por consiguiente, a hacer uso de procedimientos personales, no autorizados por la tradición.»

El segundo hace referencia a los problemas que pudieran tener estos historiadores para el conocimiento histórico. Estos problemas eran análogos a los que, en la práctica, se le plantearon a Heródoto viajero. En palabras de Momigliano (1984: 145): «En el siglo XVI los historiadores de Indias tomarán la distancia cronológica que meron a poblaciones locales, remontaron desde el presente hasta el pasado recogiendo tradiciones orales. En ciertos casos actuaban como embajadores, en otros eran misioneros y exploradores, raramente eran escritores de profesión. Pero escribían historia, una historia que recordaba extraordinariamente a Heródoto, sea en el estilo o en el método»[32].

Como en la más vieja tradición, de la que hemos dado cuenta, los historiadores de Indias tomarán la distancia cronológica que media entre los acontecimientos que se narran y el momento en que se los narra como medida para valorar la verdad, aspiración máxima de todo relato histórico.

Una gran parte de la historiografía indiana del siglo XVI se basó, por ello, en el conocimiento historiográfico sobre la experiencia[33]. En ello insistió Fernández de Oviedo. Y los que no consideraban

---

[32] Momigliano (loc. cit.) afirma que: «la nueva diplomacia requería un examen cuidadoso de las tradiciones de países extranjeros, la propaganda religiosa exigía relatos objetivos sobre los pueblos a convertir. Antes de todo, se produjo el descubrimiento de América con todo lo que ello implicaba. No es necesario suponer que los diplomáticos italianos y los misioneros españoles, que extendían sus *relazioni,* estuviesen influenciados por Heródoto. Algunos de estos escritores —como Pietro Marire y Francisco López de Gómara— habían recibido una buena educación clásica; otros, como Gonzalo Fernández de Oviedo, se decía que apenas sabían qué era el latín. Dado que todos éstos afrontaban la historia poco más o menos de la misma forma, es evidente que los modelos clásicos contaban mucho menos que la experiencia directa y las necesidades del momento. La influencia de Heródoto y de otros autores cláticos puede dar color a algunos detalles, pero en su conjunto las *relazioni* son sin duda independientes de los modelos clásicos. Los que nos interesa es que reivindicaron el valor de la obra herodotea, mostrando que se puede viajar al extranjero, relatar cuenos extraños, investigar sobre acontecimientos pasados, sin ser necesariamente embusteros. Una de las objeciones contra Heródoto era que sus relatos eran increíbles. Pero entonces el estudio de países extranjeros y el descubrimiento de América revelaron costumbres todavía más extraordinarias que las descritas por Heródoto».

[33] Tesis que sostiene Mignolo (1981), quien proporciona ricos ejemplos, de los que hemos retomado algunos. Da cuenta Mignolo (1981: 386) de cómo Fernández de Oviedo no sólo basó en la experiencia su único «método» de conocimiento histórico, sino que se ocupó de castigar a quienes osaban escribir historias de las Indias desde España. El autor de *Historia general* atacó entre otros a López de Gómara, del que damos noticia. También se ha referido a la experiencia Maravall, en «La experiencia personal y la autonomía de la razón», en *Las factores de la idea de progreso en el Renacimiento español,* Real Academia de la Historia, Madrid, 1963, pp. 109-131.

requisito necesario la percepción directa se afanaban, en todo caso, por obtener la mejor y más equilibrada información. A este respecto se pronunciaba López de Gómara en la *Crónica de los Barbarroja:*

> Para entender en estas historias he hecho gran diligencia y la hago todavía y haré aquí en adelante par poder de esto decir toda la verdad, sin haber de fingir mentiras o verisimilitudines, como hacen los que no alcançan lo verdadero de las historias y los que escriben cosas antiguas y allá del otro siglo. Muy dificultoso y muy trabajoso es saber la verdad, aun en la historia moderna, quanto más en la vieja: porque en la una hemos de acudir á lo antiguo y por ventura á lo olvidado, y en la otra tomar lengua y noticia de los que se hallaron presentes en las guerras y cosas de que tratamos, y aun á las veces de quien lo oyó contar al que lo vio, los cuales todos suelen por odio ó por ynvidia ó por gracia y lisonja, encubrir la verdad, contando las cosas muy al revés de lo que fue [34].

Como vemos, se reproduce la vieja cuestión de si la historia, o mejor dicho el conocimiento histórico, alcanza su máximo rigor si se ocupa sólo del presente y mediante percepción directa. Así Las Casas, por ejemplo, rememora el concepto de historia de los antiguos «porque de los antiguos ninguno osaba ponerse en tal cuidado, sino aquel que a las cosas que acaecían se hallaba presente y veía por sus ojos lo que determinaba escribir» [35].

La percepción directa, la experiencia, entonces, se constituye también en la historiografía indiana, en la base del conocimiento histórico y de su valor de verdad. En función del acceso directo o no a la información, Mignolo (1981: 387) ha distinguido tres actitudes diferentes entre los historiadores indianos:

a) La actitud de los escritores que tienen acceso *directo a la información* porque son testigos presenciales o agentes de los acontecimientos que narran (p. ej., Fernández de Oviedo, Las Casas, Cieza de León).

b) La actitud de los escritores que se basan en informaciones *indirectas-inmediatas:* tanto quienes escriben desde España en el momento en que se realizan los acontecimientos de los cuales sus escritos informan (p. ej., Anglería, López de Gómara, etc.), como quienes han vivido en Indias pero con posterioridad a los acontecimientos que relatan (p. ej., Fernández de Piedrahita, Bernabé Cobo, etc.).

---

[34] Cfr. *Memorial histórico español: colección de documentos, opúsculos y antigüedades,* Real Academia de la Historia, Madrid, 1853, t. VI, pp. 334-335. Merece mención su intento por evitar la verosimilitud, que no es el propósito de la historia, sino de la poética y de la oratoria (cfr. Mignolo, 1981: 387).

[35] *Historia de las Indias,* Fondo de Cultura Económica, México, 1951, p. 6.

c) La actitud de los escritores que se basan en informaciones *indirectas-mediatas:* aquellos escritores que desde España, y en un lapso temporal marcadamente posterior a los hechos que narran, deben basarse sólo y únicamente sobre documentos (Antonio de Herrera, Antonio de Solís, Juan Bautista Muñoz, etc.).

Los representantes del primer grupo privilegian, ya se ha dicho, la observación directa, recobrando así la identificación entre *ver* y *saber,* después de un período medieval en que, como ha señalado Maravall (1973: 255), se tenía una visión acabada y completa del saber y del sabio; se toma o se aprende, dice Maravall, del lugar en que permanentemente se halla conservado. El saber, dice también (1973: 228), no es —en el período medieval— cuestión de investigación, sino de comunicación.

Los ojos son «descubridores» en esta época. Por eso es significativo que los que no puedan garantizar el conocimiento directo inmediato, como los del grupo *b)*, se esfuercen, como nos dice Mignolo *(loc. cit.),* por garantizar su conocimiento y asegurar la verdad de sus informes por la cercanía del historiador con su materia. En este sentido sirva de ejemplo el «prólogo al lector» a su *Historia del Nuevo Mundo,* de Bernabé Cobo, donde podemos leer:

> (...) ha sido tan a los principios de su población, que puedo decir haber entrado en ellas en el primer siglo de la fundación de esta república. Porque no embargante que se halló esta tierra en el año 1492 (...) y así habiendo llegado yo a la isla Española el sobredicho año de 1596, a los noventa y nueve de la fundación de Santo Domingo, bien se verifica que entré en estas Indias, en el primer siglo de su fundación (...). Por lo cual tuve ocasión de alcanzar a conocer algunos de sus primeros pobladores y casi a todos los hijos de los conquistadores dél (se refiere a Perú) (...) y grande número de indios que se acordaban de cuando los españoles entraron en esta tierra; con quienes mucho de lo que ellos vieron y lo que no alcanzaron, supieron a boca de los primeros españoles que vinieron a estas tierras [36].

Posición muy diferente es la representada por el grupo *c)*. Sobre análisis y crítica del documento hablaremos en el siguiente capítulo. Por ello nos limitamos a referir algunos aspectos. Acaso lo más significativo sea la búsqueda rigurosa de la verdad a través de las huellas (documentos) del pasado que no pudieron conocer. Sirva como ejemplo paradigmático Juan Bautista Muñoz, quien en su *Historia del Nuevo Mundo* escribe:

---

[36] *Historia del Nuevo Mundo,* B. A. E., 1956, vols. 91-92. «Prólogo al lector.»

Determiné hacer en mi historia lo que han practicado en distintas ciencias naturales los filósofos a quienes justamente denominan restauradores. Púseme en estado de duda univeral sobre cuanto se había publicado en la materia, con firme resolución de apurar la verdad de los hechos y sus circunstancias hasta donde fuese posible en fuerza de documentos ciertos e incontrastables: resolución que he llevado adelante sin desmayar por lo arduo del trabajo, lo prolijo y difícil de las investigaciones [37].

Pero este texto, representando el espíritu del siglo XVIII, es evidente que se aleja tanto en el tiempo como en el «método» del conocimiento histórico perceptivo, que evocaba, como ya hemos dicho, analogías con la obra herodotea.

Para concluir este breve epígrafe, puede merecer referirse a otro aspecto fundamental del conocimiento histórico de la historiografía indiana: el acercarse a una cultura diferente que conservaba también de modo diferente su *memoria*. A este respecto, se preguntaba el Inca Garcilaso:

Inca tío, pues no hay escritura entre vosotros, que es la que guarda la memoria de las cosas, ¿qué noticias tenéis del origen y principio de nuestros Reyes? Porque allá, los españoles y las otras naciones sus comarcanas, como tienen historias divinas y humanas, saben por ellas cuándo empezaron a reinar sus Reyes y los ajenos, el trocarse unos imperios en otros, hasta saber cuántos mil años ha que Dios crió el cielo y la tierra, que todo esto y mucho más saben por sus libros. Empero vosotros que carecéis dellos, ¿qué memoria tenéis de vuestras antiguallas? [38].

El que se haga esta pregunta supone en el que la enuncia su pertenencia a una cultura que dispone de una disciplina historiográfica y, como ha sugerido Mignolo, una práctica historiográfica que se ejerce en el mismo acto de formularlas.

3. La historia como conocimiento mediato

Antes de comenzar este apartado y a modo de conclusión de lo anteriormente dicho queremos hacer nuestra la relación que Pomian (1984) ha establecido entre tres tipos de historias —la historia contemporánea, la historia del pasado próximo y la historia del pasado lejano—, con tres tipos de discursos sobre los acontecimientos; el primero correspondería a los que se producen en la esfera de lo vi-

---

[37] *Historia del Nuevo Mundo* (1793). Edición moderna con introducción y notas de José Alcina Franch, Aguilar, Madrid, 1975.
[38] *Comentarios reales de los incas*, Buenos Aires, Emecé, 1745, 5, XV.

sible, común a los autores y a los lectores. El segundo se refiere a aquellos que han pertenecido a la esfera de lo visible de los autores del discurso y no para los lectores-oyentes, para quienes pertenecerían al dominio de lo invisible. El tercero, en fin, se refiere a los que pertenecen al dominio de lo invisible, tanto para los lectores-oyentes cuanto para los autores del discurso.

Como hemos visto, mientras la historia contemporánea es fácilmente controlable por los que han vivido los acontecimientos de los que habla, la historia del pasado próximo, y con mayor razón la del pasado lejano, no puede serlo. Es por eso que para adquirir el mismo grado de certeza que el que se atribuye a los datos de la percepción, la historia —la del pasado cercano, y mucho más la del pasado remoto— debe, por decirlo con palabras de Pomian (1984: 19), justificarse.

3.1. *De la historia inmediata a la historia crítica del tiempo pasado*

Una vez adquirida la idea de no coincidencia entre conocimiento y percepción, idea derivada de la revolución científica de los siglos XVI y XVII (Pomian, 1975; 1983; 1984), comienza a ser concebible la idea de un conocimiento mediato y, por tanto, el problema de la justificación de una historia del pasado se plantea necesariamente en términos diferentes.

Si como hemos venido haciendo relacionamos el dominio de lo visible y de lo invisible, el conocimiento mediato puede ser considerado como el resultado de un conjunto de procedimientos codificables que permiten acceder a ciertos elementos del dominio de lo invisible por la intermediación de objetos incluidos en la esfera de visibilidad.

Se trata de buscar una vía hacia los acontecimientos del pasado a partir de las trazas, huellas e indicios [39] que dichos acontecimientos han dejado y que subsisten en el presente bajo formas de documentos y de monumentos [40].

Con ese fin, en el desarrollo historiográfico se comienzan a elaborar técnicas y métodos que permitan ese acceso. Así, de un discurso sobre el pasado que se justificaba, como ya hemos señalado, sobre la fe, se transforma en un discurso justificado a su vez en la validez

---

[39] Se trata, como veremos más adelante, de un conocimiento inferencial. Sobre la utilización de indicios, al que nos referiremos más adelante, merece especial atención la tesis de Ginzburg, que ha llamado paradigmas indiciario, Ginzburg (1979).

[40] Sobre documentos y monumentos y su crítica nos ocupamos en el siguiente capítulo.

de técnicas y métodos, aplicados a los monumentos y documentos, que consientan la aprehensión del pasado [41].

Hemos insistido en la pervivencia de la etimología griega de historia como rememoran los tratados de los siglos XVI y XVII. Y nos hemos referido a Luis Cabrera de Córdoba en *De historia para entenderla y escribirla*, en efecto, recordaba el vocablo griego. Pero también sostenía, por el contrario, que:

> En todo suele haber errores; el más principal no puede por entero ver todo lo que se hace y pone en una larga y varia narración. Sería pequeña la historia que de lo que vio solamente se hiciese y forzosamente ha de creer lo que le dicen; no uno sino muchos, en quienes no hallará la perfecta narración que él presupone uniforme. Antes porque es ordinario y cierto el variar, habrá de argumentar sobre probables en la diversidad de los hechos que le refieren, para sacar en limpio la fineza de la verdad y establecer lo que más verdadero o verosímil le pareciere. Vale más en estas cosas la relación que la presencia. Si nadie puede escribir sino sólo lo que ha visto, condenen con este título a griegos y latinos que los sucesos prosiguieron de la otra nación; y a los que contaron historias de siglos más atrás que sus vidas, y a los que no peregrinaron toda la tierra con sus personas, como con sus libros (Cabrera de Córdoba, 1948: 24).

Creemos que huelga comentario a la posición de Luis Cabrera de Córdoba de que, como él mismo dice *(loc. cit.)*, vale más en estas cosas la relación que la presencia.

Asimismo fray Jerónimo de San José, en su ya citado *Genio de la historia,* afirma:

> Antes por estas causas vengo a tener por mayor conveniencia el no se hallar presente el historiador; porque así libre de su particular opinión y noticia (que también, como las de otros puede ser errada), tenga el ánimo libre y desapasionado para juzgar y conocer la verdad examinando sin el amor y afecto de la propia las ajenas relaciones: cosa dificultosa en los que se precian y se jactan de que vieron ellos mismos las cosas, aunque con menos cuidado y atención. Por lo cual, vemos que cada uno de éstos defiende lo que le parece que vio contra los que también afirman que vieron otra cosa, o la misma en diferente modo y con muy diversas circunstancias, de lo cual todo está libre en que no lo vio y desapasionado para juzgarla libremente (Jerónimo de San José, 1886: 201).

Con estos dos textos citados, de 1611 y 1651 respectivamente, creemos que es suficiente para extraer una conclusión, esto es, la del progresivo abandono de la creencia de que la presencia del historiador garantice la verdad en lo relatado. Por el contrario, se opta

---

[41] Esta tesis está defendida ampliamente en Pomian (1975 y 1984).

por la distancia temporal, que facilitará a su vez, por decirlo con fray Jerónimo de San José, un desapasionamiento «para juzgar y conocer la verdad, examinando sin el amor y afecto de la propia las ajenas relaciones».

El centro de gravedad del historiador se irá desplazando hacia la investigación, tarea que, según Pomian, se institucionaliza a partir del siglo XVII.

Este cambio —el que permitirá pasar de la fe a la investigación, cambio fundamental en la historia de la historiografía— provocará también que la investigación, progresivamente, se vaya ubicando bajo los auspicios de la razón, que en su constante búsqueda de la verdad cuestionará hasta la propia tradición.

Creemos que tal paso lo sintetiza magistralmente las palabras de Goethe en su *Diván occidental:*

> «Crees tú que es limpio el negocio
> que se hace entre el oído y la boca?
> La tradición, ¡oh insensato!
> es también una quimera.
> Lo que importa es el juicio;
> sólo la razón, a la que has renunciado
> te puede librar de las cadenas de la fe.»

Señalemos ahora otra característica de la transformación del discurso histórico que se basa en la investigación: este estudio crítico de los documentos y monumentos no finaliza en un relato de acontecimientos, sino sobre una evaluación crítica de esos documentos y monumentos, lo que ciertamente no es lo mismo [42].

Coincide con lo que Hegel llamó *historia crítica,* una especie dentro de la historia reflexiva.

Recordemos brevemente que el carácter de la historia *reflexiva* «consiste en trascender del presente. Su exposición no está planeada con referencia al tiempo particular, sino al espíritu, allende el tiempo particular» (Hegel, 1974: 155).

Dentro del género historia reflexiva, Hegel distinguió tres especies diferentes: historia general, historia pragmática e historia crítica, a la que nos estamos refiriendo; sobre este tercer modo de historia reflexiva dice Hegel que «debemos citarlo porque constituye la manera como en Alemania, en nuestro tiempo, es tratada la historia, un juicio acerca de las narraciones históricas y una investigación de su verdad y del crédito que merecen. La historia romana de Niebuhr está escrita de esta manera. El presente, que en esto hay, y lo extra-

---

[42] Esta idea que se encuentra en Pomian (1984) nos ha sugerido dedicar el segundo capítulo al documento y su crítica.

ordinario, que debe haber, consisten en la sagacidad del escritor, que extrae algo de las narraciones; no consisten, empero, en las cosas mismas. El escritor se basa en todas las circunstancias para sacar sus consecuencias acerca del crédito merecido» (Hegel, 1974: 159).

Podemos detenernos en este punto y fijar el momento en el desarrollo de la historiografía, a modo de conclusión: si, como hemos visto, la historia, en la Edad Media, al estar fundada sobre la percepción tenía un estatuto epistemológico único, a partir del siglo XVI —según Pomian— su camino se bifurca. Una rama lleva a la narración de los acontecimientos, otra hacia la investigación. Aquélla formaría parte de una historia-arte, ésta de una historia-ciencia. Una tercera vía podría sugerirse para aquellos que la consideran como una hermenéutica, que evitaría la elección entre ambos extremos [43]. Al darse, pues, tal bifurcación, el estatuto epistemológico de la historia deviene, al menos, ambiguo. Y esa ambigüedad pervive: historiador-escritor con su epistemología implícita e historiador-científico con su epistemología —a veces— explícita, se encuentra en contradicción. Aquél *puede* escribir *como* si asistiera directamente a los acontecimientos que narra; en definitiva, dicho una vez más, *como si* fuera un testigo de vista que diera cuenta de lo que observaba; éste *sólo* puede hacer historia en tanto niegue la posibilidad de estar presente, niegue el conocimiento como percepción directa y aprehenda el pasado precisamente como pasado y su conocimiento sea necesariamente mediato; sólo las trazas (documentos y monumentos) pueden permitirle hacer historia. En cuanto investigación, en cuanto conocimiento mediato, la historia, como veremos, se incluirá en el área de las ciencias sociales y, como es sabido, la utilización de otras disciplinas de ámbito social: sociología, antropología, economía, geografía, etc., con las que se hermanarán, se explicará, desde este aspecto, como la extensión de la esfera de aplicación del conocimiento mediato.

La percepción, entonces, deja de ser fundamento de la «observación» histórica. Y como la percepción en el trabajo histórico lo era de acontecimientos [44], es lógico que coincida el abandono de una historia —arte, historia tradicional, narrativa— con el abandono de la historia de acontecimientos (generalmente políticos) en aras de un rango de ciencia que trata de alcanzar [45].

---

[43] Cfr. también en Pomian (1984: 21 y 22).

[44] En el tercer capítulo comentaremos el concepto de acontecimiento y su lugar en diferentes corrientes historiográficas.

[45] Sobre este punto, sobre el que volveremos en el tercer capítulo, cfr. Pomian (1984), Ricoeur (1983) y sobre la política —el acontecimiento político— como esqueleto de la historia, Le Goff (1985).

Así, el anhelo de Eforo de Cumes «si fuera posible asistir uno mismo a todos los acontecimientos sería con mucho la mejor forma de conocimiento», pierde, pues, su interés.

Los trabajos de los estudios de la antigüedad entre los siglos XV y XIX prepararon, según Momigliano, el camino a un tipo de estudio sobre el pasado que derrumbó eficazmente la supremacía de la historia contemporánea. Realizando excavaciones arqueológicas, rebuscando en los legajos de los archivos, confrontando monedas, leyendo inscripciones y papiros, hemos entrado en el pasado con la misma confianza con que Tucídides y sus informadores —dice el historiógrafo italiano— observaban las asambleas contemporáneas de Esparta y Atenas. Podemos recoger hechos fiables sin ser testigos oculares en el sentido tucidídeo (Momigliano, 1984: 145).

Es más, Collingwood (1977), que consideró que el método del historiador antiguo impedía ir más allá del alcance de la memoria individual —porque la única fuente que podían examinar críticamente era el testigo de vista con quien pudieran conversar cara a cara—, dictaminó como limitación el que tal método le impedía elegir su tema. Y así, dice:

No puede como Gibbon, comenzar por el deseo de escribir una gran obra histórica y después preguntarse sobre qué cosa debe escribir. Lo único sobre lo cual puede escribir son los sucesos que han acontecido dentro del alcance de la memoria de personas con quienes el historiador pueda tener contacto personal. En vez de que el historiador elija su tema, el tema elige al historiador. Quiero decir que sólo se escribe historia porque han acontecido cosas memorables que requieren un cronista entre los contemporáneos de las personas que las presenciaron. Puede decirse que en la antigua Grecia no hubo historiadores en el mismo sentido en que hubo artistas y filósofos: no había personas que dedicaban sus vidas al estudio de la historia; el historiador sólo era el autobiógrafo de su generación, y la autobiografía no es una profesión (Collingwood, 1979: 42).

Es este un pasaje de *Idea de la historia* muy conocido que ha merecido numerosos comentarios, entre otros de Finley [46]. Por nuestra parte, queremos señalar que, sea o no la autobiografía una profesión, sí podemos indicar que como género es difícilmente adscribible a la narración histórica. Benveniste, por ejemplo, al caracterizar la narración histórica desde la Enunciación [47], dice expresamente: es un género de enunciación que excluye toda forma lingüística «*autobiográfica*».

[46] Finley (1979: 42) dice que «estas frases pueden parecer demasiado sencillas, demasiado parciales, pero no son simplemente falsas».
[47] Benveniste, *Structure des relations de personne dans le verbe* (1946); hemos utilizado la edición italiana *Problemi di linguistica generale* (p. 285).

También, y con ello abrimos un nuevo apartado, queremos subrayar la idea que subyace en el citado pasaje, esto es, la de considerar al historiador antiguo, en última instancia, como mero cronista y no como constructor de un relato histórico, cual sería el caso, por repetir su mismo ejemplo, de Gibbon.

3.2. Historia versus crónica

Recordemos que para Benedetto Croce, inspirador de muchas teorías de Collingwood, mientras la historia es pensamiento vivo del pasado, la crónica está, por así decirlo, muerta y es ininteligible.

Por su parte, Walsh (1978) afirma que, aunque es posible encontrar esos dos niveles de crónica y de historia propiamente dicha en toda la historia escrita —si bien es posible hallar elementos de crónica en la historia más elaborada, y de historia propiamente dicha en la crónica más primitiva—, el ideal histórico siempre es rebasar la fase de la crónica y llegar a la de la historia.

De ese modo, aunque se puede hallar en la crónica más primitiva historia propiamente dicha, sin embargo la historia *debe* rebasar la fase de la crónica.

Quiere esto decir que la historia se irá conformando a lo largo de la historiografía superando fases anteriores; mas también géneros distintos, como pueden ser los anales, las crónicas, las efemérides...

El milenio que va del siglo VI al XVI —cabe recordar a Guenée otra vez— ha considerado historias, anales y crónicas como sinónimos [48] y, sin más reflexión, todas ellas designaban obras cuyo autor daba cuenta de hechos que realmente habían acontecido.

Es también a partir del XVI cuando se van distinguiendo, sobre todo todo a medida en que es la historia principalmente la que se dirige a la investigación y se va desembarazando de la crónica, considerada en su caso como necesaria —en cuanto a los datos históricos que proporciona— pero no suficiente. Mas también cuando vaya avanzando la conciencia y la narración históricas.

Tomemos un ejemplo; en el discurso sobre el *Modo de escribir y mejorar la historia de España,* Juan Pablo Forner, al referirse a la historia de los godos, dice:

La historia, [se redujo] a apuntar noticias sueltas por el orden de los años en que acaecían los hechos, o a formar crónicas secas, áridas, toscas, llenas de inepcias, sembradas de fábulas, abundantes en pequeñeces, y esterilísimas en aquellas cosas que constituyen la grandeza, esplendidez y utilidad de la narración (Forner, 197: 70).

[48] Cfr. cap. I (2. 5.).

Y más adelante, refiriéndose al método de escribir la historia:

«... el método que se adoptó comúnmente fue el que siguió en su crónica Eusebio Cesariense, y lo que éste hizo para facilitar el conocimiento de los
tiempos, reduciendo los hechos a un índice cronológico que comparase entre
sí las épocas gentilicias con las hebreas, fue en España por más de cinco siglos el carácter y forma principal que se aplicó a la historia, como si el arte de
escribirla no suministrase otra disposición que la simple y desnuda memoria
de los hechos más públicos dispuestos y ordenados cronológicamente. Con bre-
vísima concisión se apuntaban los sucesos debajo del número de cada año, in-
terpolando tal cual exclamación sobre las calamidades de la edad en que se
escribía; o si se trataba separadamente de cada época o principado (como lo
hizo San Isidro en su historia de los godos, vándalos y suevos) se ceñían las
cosas a sumarios reducidísimos, bien así como si se escribiese un índice algo
extenso y metódico, sin apartarse por esto del estilo y forma de cronicón que
entonces venía a ser como el molde o turquesa de la historia» (Forner,
1973: 71).

Pensamos que es ocioso justificar la transcripción de estos pasajes
de Forner; son lo suficientemente elocuentes como para merecer comentario alguno: la crónica es insuficiente para la inteligibilidad de
la historia en su método de explicación de los acontecimientos y en el
de escribir la narración de los mismos.

Se puede entonces, a partir de estas consideraciones, caracterizar
las diferencias existentes entre crónica e historia.

Una apunta a las diferencias de puntos de vista del cronista y del
historiador en su hacer «histórico». Así, a diferencia de la crónica,
el relato histórico permite disociar el punto de vista del autor de el
del narrador y proceder [49] como si el primero hubiera sido testigo de
acontecimientos a los cuales no podía en absoluto asistir.

Otra característica de la construcción de una y otra forma discursiva se deriva de la intervención en la segmentación temporal. La
crónica en sentido estricto comienza en el momento en que el cronista toma su pluma y se para cuando la deja para, eventualmente,
ser continuada por otro; por tanto, no describe sino un segmento
de tiempo cuyos puntos de partida y de llegada son, como ha mostrado Pomian (1984), arbitrarios de cara a los acontecimientos. El
relato histórico, por el contrario, permite comenzar al principio y de
ir hasta el fin de una historia continua, constituida en un todo ce-
rrado, coherente textualmente, esto es, significativo.

También podemos caracterizar las diferencias entre crónica e historia si las consideramos, como ha propuesto Haiden White (1978 a),
niveles de conceptualización en la obra histórica.

---

[49] Cfr. Pomian (1984: «Introduction»).

En *Metahistory,* White propone cinco niveles de conceptualización: 1) crónica, 2) historia, 3) modo de intriga, 4) modo de argumento y 5) modo de implicación ideológica.

Los dos primeros niveles, crónica e historia, son considerados los *«elementos primitivos»* del resumen *(account)* histórico, aunque ambos representan procesos de selección y de combinación de los datos del «documento histórico puro y simple» para hacerlo más comprensible a un público particular.

En el proceso de mediación que representa la obra histórica así concebida entre lo que White llama *campo histórico, el documento histórico «no elaborado»* y un *público,* el primer paso consiste en organizar los elementos del campo histórico en *crónica,* disponiendo los acontecimientos a tratar en el orden cronológico en el que han acaecido; posteriormente la crónica se organiza en *historia* mediante la ulterior combinación de los acontecimientos en componentes de un *espectáculo* o proceso de desarrollo que, se piensa, tenga un inicio, una parte central y un fin distintos.

Esta transformación de la crónica en historia se efectúa, según el autor de *Metahistory,* caracterizando algunos eventos de la crónica, como:

1) Motivos inaugurales.
2) Motivos de transición.
3) Motivos de terminación.

De ese modo, un evento que es referido simplemente como acaecido en un determinado tiempo y lugar se transforma en *motivo inaugural,* caracterizándolo, por ejemplo, de este modo:

El rey llegó a Westminster el 3 de junio de 1321. Allí se produjo el encuentro fatal entre el rey y el hombre que al final debía usurparle el trono, si bien por entonces los dos hombres parecían destinados a llegar a ser óptimos amigos...

A su vez, un *motivo de transición* indica al lector que mantenga en suspenso sus expectativas sobre el sentido de los acontecimientos mientras no se le proporcione algún *motivo de terminación.* Así, por ejemplo:

Mientras el rey viajaba hacia Westminster fue informado por sus consejeros que sus enemigos lo esperaban allí y que las perspectivas de un acuerdo ventajoso para la corona eran escasas.

Por su parte, un *motivo de terminación* sirve para indicar el aparente fin o resolución de un proceso o situación de tensión:

El 6 de abril de 1333 se produjo la batalla de Balybourne. Las fuerzas del rey resultaron victoriosas, los rebeldes derrotados. El consiguiente tratado de Howth Castle de 7 de junio de 1333 llevó la paz al reino, aunque se tratase de una paz agitada, destruida siete años más tarde en las llamas de la lucha religiosa.

Habrá historia, pues, según la propuesta de Haiden White, cuando una serie determinada de acontecimientos haya sido codificada según los motivos a los que acabamos de referirnos.

La crónica de los acontecimientos, entonces, ha sido transformada en un proceso diacrónico *completo* sobre el que se pueden hacer preguntas como si se tratara de una «estructura sincrónica» de relaciones.

A diferencia de las crónicas, las «narraciones» históricas trazan las secuencias de eventos que conducen de fases inaugurales a fases conclusivas —provisionales— de los procesos sociales y culturales. Las crónicas, ya lo hemos dicho, se caracterizan por tener abierta su conclusión. Al inicio no tienen partes inaugurales [50]; comienzan simplemente cuando el cronista empieza a narrar los acontecimientos, y no tienen partes culminantes o resolutivas: pueden ampliarse indefinidamente.

Se puede adelantar que un determinado evento puede constituir cualesquiera de los tipos de motivos según la «imaginación histórica», expresión de White.

Mientras que en la crónica un evento constituye simplemente una posición en una serie, en la historia tal evento pasa a ser significativo en cuanto, precisamente, elemento de un relato y no de simple dato incluido en una concatenación cronológica.

Tiene esto que ver con las *Narrative Sentences* de las que nos habla A. Danto en *Analytical Philosophy of History* [51] y que, por su importancia, pensamos que merece que la dediquemos un subapartado.

3.2.1. Las «frases narrativas»

Son, según Danto, clases de frases que se pueden encontrar en cualquier tipo de relato y se refieren al menos a dos acontecimientos separados en el tiempo, aunque describan solamente el primero de estos acontecimientos.

---

[50] Aunque, como muestra Lotman (1975) refiriéndose a un corpus de crónicas rusas del siglo XII, *Relato de los tiempos pasados,* la crónica marcaba el «inicio». Cfr. cap. II.

[51] Danto, 1965, cap. VIII, pp. 143-183.

No se trata meramente de una diferenciación estilística; es, según Danto, una característica diferencial del conocimiento histórico. Lo que impide reconocerlo [52] es el prejuicio de que un acontecimiento tiene una significación fija que podría ser registrada por un testigo perfecto capaz de dar una descripción integral tan pronto como se produce.

Este cronista ideal (*Ideal Chronicler*) conocería todo lo que acontece en el momento en que sucede y podría dar una descripción instantánea y completa [53].

En este sentido pretendió ser un cronista ideal Valle-Inclán cuando iba a escribir *La media noche. Visión estelar de un momento de guerra* [54], y así lo reconoce; tras comenzar diciendo: «Era mi propósito condensar en un libro los varios y diversos lances de un día de guerra en Francia», reconoce al final de su «Breve Noticia» que «yo, torpe y vano de mí, quise ser centro y tener de la guerra una visión astral, fuera de geometría y de cronología, como si el alma, desencarnada, ya mirase a la tierra desde su estrella» [55].

Una vez que se tuviera la seguridad de que un acontecimiento pertenecía al pasado (once *E* is safely in the Past), su descripción completa pertenecería con todo derecho a la *Crónica Ideal*.

Mas la descripción que el Cronista Ideal realizaría como descripción instantánea no contendría ninguna *narrative sentence* [56]. ¿Por qué? Porque una frase narrativa describe un acontecimiento *A* haciendo referencia a un acontecimiento futuro *B* que no podía ser conocido en el momento que *A* se produce.

---

[52] Cfr. Ricoeur (1980) y Ricoeur (1983: 203 y ss.).

[53] En palabras de Danto: «[Ideal Chronicler] he knows whaterver happens the moment it happens, even in other mind. He is also to have gift of instantaneous transcription: everything that happens across the whole forward rim of the Past is set down by him, as it happens, the *way* it happens. Te resultant running account I shall term the Ideal Chronicler» (Danto, 1965: 149).

[54] Nos referimos a «Breve noticia» que introduce a *La medianoche*, subtitulada *Visión estelar de un momento de guerra*, texto de 1917 y que narra la experiencia del autor en la primera guerra mundial, editado por Espasa Calpe, Colección Austral, 302, 1970, pp. 101-102.

[55] Allí podemos leer también: «Acontece que, al escribir de la guerra, el narrador que antes fue testigo da a los sucesos un enlace cronológico puramente accidental, nacido de la humana y geométrica limitación que nos veda a la vez en varias partes; (...) el narrador ajusta a la guerra y sus accidentes a la medida de su caminar: las batallas comienzan cuando sus ojos llegan a mirarlas. (...) Todos los relatos están limitados por la posición geométrica del narrador.» Habla también Valle de dos puntos de vista diferentes: «La que media entre la visión del soldado que se bate sumido en la trinchera y la del general que sigue los accidentes de la batalla encorvado sobre el plano.»

[56] Como sostiene también Ricoeur (1980, 1983).

Ni siquiera un testigo ideal podría decir, como aquel personaje de una comedia burlesca [57], «ahora salgo para la Guerra de Treinta Años», o «en 1789 ha comenzado la Revolución francesa». Una frase narrativa es una de las descripciones posibles de una acción en función de acontecimientos ulteriores desconocidos por los agentes, pero conocidos por el historiador. Sin futuro no hay presente [58].

Una consecuencia importante de la estructura de las frases narrativas es que se puede cambiar la descripción que se hace de los acontecimientos en función de lo que sabemos de los acontecimientos ulteriores. (Lo que, como ya enseñara Max Weber, confirma, en otro plano, que la investigación histórica no produce un saber autoevidente, y avala, de acuerdo también con Croce, que la historia está condicionada estructuralmente por los intereses del investigador o, lo que es lo mismo, por su modo de ver y saber las cosas.)

Y, como consecuencia, no se puede articular ninguna descripción definitiva de un acontecimiento pasado; se podría decir, no sin paradoja, que «una condición suficiente de un acontecimiento puede así producirse más tarde como el acontecimiento mismo» (Danto, 1965: 157).

Conviene aclarar que ninguna descripción hace producir un acontecimiento, pero permite describir tal acontecimiento como causa de un acontecimiento ulterior. Mas esta descripción en ningún caso podría haberse producido en la época del acontecimiento original. *Sólo* el historiador puede establecer el hecho de que un acontecimiento sea causa de otro. Por eso, una frase narrativa (Danto, 1965: 152) se refiere a dos acontecimientos distintos y separados en el tiempo, y describe al primero de ellos haciendo referencia al segundo.

Se puede describir de distintos modos una acción. Uno de ellos es la frase narrativa. También, como ha señalado Ricoeur (1980: 10), se puede describir una acción en función de sus motivos, de sus intenciones o de sus fines. En este caso, tal descripción puede efectuarla el propio agente. Lo que compartirían ambas descripciones, las frases narrativas y las descripciones ordinarias, sería el hacer uso, ambas, de verbos de proyecto, de la forma: *A* hace *R*.

Este tipo de descripción no requiere, para la significación de la

---

[57] Sugerencia que debemos a Claudio Guillén (1985: 379), quien también se refiere a *La Chartreuse de Parma* de Stendhal; allí Fabrice del Dongo no tenía la menor idea de que se encontraba en la que luego se llamaría la batalla de Waterloo. En definitiva, se trata de distinguir en el tiempo el papel del historiador y el papel del agente.

[58] Como dice Whitehead, «cut away the future and the present collapses, emptied of its proper content». Cfr. Danto (1965: 153).

acción, la ocurrencia de ningún acontecimiento ulterior. Sin embargo, y es lo específico, según Danto, de la frase narrativa, ésta no se limita a referirse a dos acontecimientos separados en el tiempo (y a describir al primero haciendo referencia al segundo): requiere, además, para ser verdadera, la ocurrencia de los dos acontecimientos.

Otra característica fundamental se refiere a la estructura temporal (Ricoeur, 1983: 206). En efecto, tres posiciones temporales están implicadas en la frase narrativa: la del acontecimiento descrito, la del acontecimiento en función del cual el primero está descrito y la del narrador. En las dos primeras conciernen al enunciado; la tercera, a la Enunciación [59].

Supongamos la frase siguiente: /en 1547 nació el autor del *Quijote*/. Nadie en esa fecha podía pronunciar una frase así que redescribe el acontecimiento del nacimiento de un niño a la luz de otro acontecimiento, la publicación por Cervantes de su famosa obra. Escribir el *Quijote* es el acontecimiento bajo cuya descripción el primer acontecimiento es redescrito. Ricoeur, a este respecto, sugiere que cabe suspender el juicio de si este tipo de frases es típico del relato histórico (Ricoeur, 1983: 207). Sea típica o no, no cabe duda que esa frase la puede hacer un historiador, nunca un cronista, testigo de vista inmediato.

En fin, más adelante comentaremos cómo la frase narrativa no conforma, salvo en su caso por condensación, un relato histórico, que requiere no sólo componer una serie completa de acontecimientos, sino (problema de coherencia textual), en un orden y con una organización específica. De ese modo podríamos hablar de *discurso* narrativo y no solamente de *frase* narrativa [60].

El sucinto resumen de la propuesta de Danto nos ha servido para remarcar la diferencia entre crónica e historia [61]. Se considere

---

[59] Aunque las estrategias de Enunciación las veremos en el capítulo IV, estos niveles enunciativos, adelantamos, propiciarán diferentes tipologías de los discursos históricos y a su vez facilitará el descubrir su especificidad.

[60] En efecto, y como demostramos en Lozano, Peña-Marín, Abril (1982), el discurso, objeto pertinente en nuestro análisis, no es el resultado de una sumatoria de frases; situándose en niveles textuales diferentes, una frase puede, en nuestra opinión, ser considerada discurso, sólo por efecto de condensación.

[61] Danto (1965: 116): «Chronicle is said to be just an account of what happened, and nothing more than that. It is a statement, of whatever degree of complexity, which lies in the range one end of which is given by the 'perfect account'. In fact, the perfect account, were it possible to state it would still be nothing more than chronicle, for it would differ from other satements in the range only quantitatively, giving more details. Given, indeed, *all* the details. So the very best kind of chronicle would still not quite be history in the proper sense, and something could them be properly a piece of history

la historia como arte o como ciencia, la crónica, hemos dicho, constituye una fase previa. Cuando historia y crónica comienzan a diferenciarse, apenas se distinguían salvo por preceptos retóricos y gramaticales. A veces, incluso por la lengua en que una y otra se escribían. Veamos un ejemplo extraído del trabajo de F. Gilbert [62].

En 1496, Marino Sanudo comenzó a anotar día a día lo que sucedía en Venecia. Mas sabía que sus *Diarii* escritos en italiano no eran verdaderamente historia. La «verdadera historia» de Venecia sería escrita en latín; tendría una composición más elaborada y un estilo más elevado.

Pietro Bembo fue nombrado historiador oficial de la República de Venecia. El trabajo previo de Sanudo debió ser reconocido, puesto que se le obligó a poner sus notas a disposición de Pietro Bembo en 1531.

No se trata de saber aquí si Bembo era verdaderamente historiador o un retor —habida cuenta de la vinculación entre historia y retórica—. Nos interesa, en cambio, comprobar la idea de Danto, «*Proper* history regards chronicles as preparatory exercises» (1965: 116), e insistir en que el verdadero historiador será el que tenga la posibilidad de descubrir acontecimientos relacionándolos unos y otros, los consecuentes con los antecedentes. En ningún caso dicha tarea la podría efectuar un cronista, aunque fuera un cronista ideal.

En la frase: /Aristarchus anticipated in 270 B.C. the theory which Copernicus published in A.C. 1543/ aparece la expresión anticipar. Expresiones similares, comenzar, preceder, provocar, suscitar, etc., no aparecen, según Danto (1965: 156), sino en las frases narrativas. Una gran parte del concepto de significación dimana de esta particularidad de las frases narrativas; entonces, para el Cronista Ideal, aunque testigo perfecto, la categoría de significación está vacía de sentido.

En el comentario que Ricoeur ha desarrollado sobre Danto se encuentra otra consecuencia del análisis de la frase narrativa y sus implicaciones epistemológicas: *No hay historia del presente,* en el sentido estrictamente narrativo del término.

3.2.2. *El pasado como objeto de conocimiento histórico*

En este epígrafe concluiremos el primer capítulo. Queremos retomar la última sugerencia del epígrafe anterior, esto es, la de situar

---

even if it reported far fewer details than the perfect account. *Proper* history regards chronicles as preparator y exercises.»

[62] *Machiavelli and Guicciardini. Politics and History in Sixteenth-Century Florence,* cfr. (Guénee, 1973: 1012).

el presente como tiempo de la crónica y el pasado como tiempo de la historia. Por decirlo con Ricoeur (1983: 208), nuestro presente no puede ser sino una anticipación de lo que los historiadores futuros podrán escribir sobre nosotros. Por eso, apuntamos, la simetría entre explicar y predecir, características de las ciencias nomológicas [63], se rompe en el mismo nivel del enunciado histórico [64].

Con esas características queremos llamar la atención sobre un aspecto historiográfico que, aunque perfectamente explicable, puede en todo caso sorprender si, como hemos hecho, diferenciamos modos de observación histórica. Nos referimos al caso de Tucídides, erigido en pleno siglo XIX, calificado por muchos «el siglo de la historia», como historiador modelo.

Entre los muchos ejemplos que se pueden encontrar, elegimos las siguientes palabras de Meyer (1983: 52, 53):

> Por mucho que se intenta dar a la historia otro contenido y asignarle otras funciones, y por mucho también que el objeto material del hombre histórico pueda desplazarse en el curso del tiempo, sigue existiendo, hoy como antes, un solo modo de escribir la historia y de tratar los problemas históricos: el mismo que el ateniense Tucídides puso en práctica por vez primera y del que él mismo dio ejemplo con una perfección que ninguno de sus sucesores, hasta hoy, ha logrado sobrepasar.

No cabe duda de la importancia del relato construido por Tucídides, «el más escrupuloso y escéptico, en el mejor sentido de la palabra, que el mundo haya tenido» (Finley), calificado, por ejemplo, por Aron (1983) como *la* obra maestra de la Antigüedad [65].

Ni podemos negar —ni es nuestro objetivo— sus criterios de austeridad que forma parte del *ethos* si no de la *praxis* del historiador (Momigliano, 1984: 15), etc.

Lo que sí sorprende, queremos insistir, es que Tucídides, para quien, como ya hemos repetido, sólo se puede hacer historia contemporánea, sea promovido en el siglo XIX por historiadores que sostienen, por el contrario, que sólo se puede hacer historia del pasado [66].

El propio Meyer, citado más arriba, sostuvo que «los sucesos del presente no son nunca históricos ni pueden enfocarse desde este punto de vista, por más que se plantee o pueda plantearse el pro-

---

[63] En el capítulo III nos referiremos a la explicación en historia.
[64] Como sostiene Ricoeur (1983: 208).
[65] Cfr. «Tucídides y el relato histórico», aparecido en *Theory and History*, I, 1960, 2; ahora en Aron (1983: 134-181).
[66] Lo que implica, además, construcciones de relatos diferentes, al ser diferentes también las instancias de la Enunciación.

blema de sus orígenes, pues si dejan o no huellas, si producen o no consecuencias, y cuáles, sólo podrá juzgarlo el porvenir, que es el llamado a apreciar los efectos futuros de los hechos presentes» (Meyer, 1983: 37). Y esto es así porque, para el mismo autor, la investigación histórica procede siempre a base de la deducción de efecto a causa; por tanto, la premisa es siempre la misma: el observar la realidad de un efecto para investigar, partiendo de él, sus causas.

Así, todo suceder histórico se nos manifiesta no inmediatamente, sino sólo por sus causas [67]. ¿Cómo, entonces, justificar la reivindicación de Tucídides que sólo aceptaba la *autopsia* y la *acribia* como modos de observación y de desvelamiento de la verdad? La historia ya no es conocimiento inmediato, sino conocimiento inferencial.

Consideración ésta que permitió a Collingwood (1977: 289) definir la historia de la siguiente manera:

> Es una ciencia a la que compete estudiar acontecimientos inaccesibles a nuestra observación y estudiarlos inferencialmente, abriendo paso hasta ellos a partir de algo accesible a nuestra observación y que el historiador llama «testimonio histórico» de los acontecimientos que le interesan.

Cambia entonces el sentido de observación histórica: al desplazarse el conocimiento inmediato al conocimiento inferencial, la historia, como diría Ortega, «ya no es ver: es pensar lo visto». O, dicho de otro modo, se pasa de un conocimiento entendido como aprehensión inmediata de un dato, de tal modo que conocer significaría ver, tocar u oír —concepción que dio paso a las metáforas surgidas de la visión como percepción inmediata: los ojos del alma, la iluminación, la visión intelectual, la luz de la verdad... [68]—, a la búsqueda de técnicas y métodos que permitan conocer el pasado, como si se pudiera ver.

Serán, pues, los métodos científicos los que sustituyan a la percepción inmediata. Esa era la creencia, por ejemplo, del positivismo: «Para los postulados positivistas, para la ciencia —nos recuerda Maravall (1958)—, ver lo que realmente acontece quiere decir en realidad ver lo que captan los métodos científicos y verlo tal como lo captan.»

---

[67] Bauer, *Introducción al estudio de la historia*, pp. 112-193: «En tanto que el investigador de la naturaleza tiene, por regla general, ante sí el objeto de su ciencia y elabora a su arbitrio lo que puede percibir con los sentidos, el conocimiento histórico debe tomar casi siempre en sus reconocimientos un camino indirecto, ya que todo lo que quiere conocer pertenece al pasado.» Cfr. Maravall (1958: 94).

[68] Pomian (1975: 940).

Cabe en este punto transcribir un pasaje de *Historik* [69], donde Droysen (1983: 24, 25) señala la analogía entre visión y métodos científicos:

> Los métodos científicos son como los órganos de nuestra percepción sensible: como éstos, tienen su energía específica, su ámbito determinado, para el cual son adecuados, y se definen en su modo y aplicabilidad según dicho ámbito. Ciertamente que el ojo es un órgano constituido maravillosamente para su finalidad.

Sin embargo, añade:

> ... pero ¿quién habrá de pretender que lo que sólo puede oírse, olerse y gustarse haya de ser percibido por vía ocular? Cierto es que en las vibraciones de una cuerda puede saberse cuán bajo es un tono, pero el tono mismo no puede verse, sino sólo las vibraciones que produce un tono; pues la facultad de percibir estas vibraciones como tono sólo las tiene el oído. *Si la ciencia natural no está en condiciones de aprehender todo según su modo de hacerlo, ello no significa que se pueda concluir que lo demás no puede aprehenderse científicamente,* que la fragancia de una rosa, los tonos de un violín no pueden ser percibidos porque no se les puede ver (loc. cit.) (subrayado nuestro).

Concluye Droysen afirmando que si en el mundo de los fenómenos existen aquellos que se comportan irracionalmente frente a los métodos de las ciencias naturales, entonces hay que encontrar otras vías de conocimiento, pues hay fenómenos que exigen una empirie diferente de las ciencias naturales.

Hay que aclarar que Droysen, en su búsqueda por la especificidad de la historia como conocimiento, trató de desembarazarla de las ciencias naturales. Había señalado cómo la especulación teosófica y la filosófica habían intentado llevar la voz cantante en los campos que pertenecían a la historia, hasta que la vuelta a los estudios clásicos en el siglo xv y el espíritu más libre de la Reforma abrieron otros caminos. Sin embargo, cuando la historia se había liberado del dominio filosófico y teológico, según él, el gran mérito del siglo xviii, aparecieron las ciencias naturales pretendiendo apropiarse de ella y dirigirla. «Así como hace cincuenta años —[estamos en 1857]— la filosofía, todavía con toda la soberbia del dominio absoluto, afirmaba que sólo ella era científica y que la historia lo era en la medida en que sabe ser filosófica, así también ahora aparecen las

---

[69] Al referirse a *Histórica* de Droysen, Lledó afirma que «en esta obra encontramos uno de los más complejos y sugerentes análisis que la ciencia histórica nos ha dejado de su objeto». Cfr. también «Conoscenza storica e teoria della storia: Dilthey e Droysen», Cantillo (1983).

ciencias naturales y sostienen que científico es sólo lo que se mueve con el método de las ciencias naturales» *(loc. cit.)*.

Por eso, en su búsqueda de un método histórico que sea científico, propuso Droysen importar los siguientes tres puntos:

1. El material que existe para la empirie científica.
2. El procedimiento a partir de este material histórico.
3. Los resultados logrados por este medio y su relación con los hechos sobre los que buscamos ilustración.

La fórmula de Droysen para el conocimiento histórico —como ha recordado Gadamer (1977: 273), que ha visto en la obra de Droysen una relación entre historiografía y hermenéutica— es *comprender investigando*. En los apuntes tomados por Friedrich Meinecke en el semestre de invierno del curso 1882-1883, se puede comprobar, en efecto, que Droysen (1983: 390) afirmó que, a diferencia de las ciencias naturales, no tenemos los medios del experimento: que tan sólo podemos investigar y seguir investigando. Investigando sin descanso la tradición, descifrando siempre nuevas fuentes, se puede reconstruir el gran texto de la historia a partir de los fragmentos de la tradición.

Como viajero científico, la investigación que Droysen propugna se arriesga a zonas desconocidas que abarcan por igual el conocimiento de la naturaleza y el del mundo histórico [70].

Para poder conocer la investigación histórica (Gadamer, 1977: 274) sólo puede preguntar a otros, a la tradición, a una tradición siempre nueva y preguntando siempre de nuevo. Su respuesta no tendrá nunca, como el experimento, la univocidad de lo que uno ha visto por sí mismo.

Al desplazarse la observación histórica a la investigación, al conocer el pasado investigando, un nuevo problema aparece, siguiendo nuestro discurso, a saber, qué observamos.

Sabemos que la observación siempre y necesariamente, por decirlo con Maravall (1958: 111), es una intervención en el estado del sistema que observamos de modo tal que produce en él mismo una inevitable perturbación, como ya había indicado Dilthey [71]. De ahí

---

[70] Gadamer (1977: 274) señala que en el siglo XIX triunfó el concepto de «investigación» frente a la «ciencia» del XVIII y a la «doctrina» de los siglos anteriores. Cuanto más palidece —dice Gadamer— el trasfondo teológico y filosófico del conocimiento del mundo, más se abre paso la idea de la ciencia como avance hacia lo desconocido, y por eso se le llama investigación.

[71] Quien decía que en todo momento del pasado al ser fijado por la atención que congela lo fluido resulta apreciablemente alterado, en *Estructuración del mundo histórico*, p. 219.

que hayan aparecido asertos del tipo *L'histoire est inséparable de l'historien* (Marrou, 1975: 47 y ss.) que sitúa el famoso dictum de Ranke *wie es eigentlich gewesen,* más como anhelo que como posibilidad real. (Habría que preguntarse cómo se determina y deslinda el factor personal.)

Aron fue explícito: la teoría precede a la historia, si se entiende por teoría a la vez la determinación de un cierto sistema y el valor prestado a un cierto tipo de interpretación. Y así, en contra de los postulados positivistas, se acepta que sin teoría no hay hechos que observar, ya que los hechos son objetos reconstruidos. La evolución demográfica, las fluctuaciones de los precios, las actitudes ante la muerte, la sexualidad, el cuerpo, la alfabetización, las relaciones de dominación, las ciudades, las empresas, las instituciones culturales, las variaciones climáticas, las transformaciones del medio ambiente, etc., que son objetos que los historiadores están estudiando en nuestros días, como nos recuerda Pomian (1984: 31), son objetos reconstruidos que no se dejan aprehender sino indirectamente, determinando un corpus de fuentes —sometido a tratamiento— y que aspira a obtener una representación del objeto que se quiere estudiar.

En la epistemología actual, autores como N. R. Hanson, T. S. Kuhn o P. K. Feyerabend han sostenido que nuestra observación, nuestra percepción sensorial, puede estar influenciada por las teorías científicas comúnmente aceptadas; dicho en otras palabras, la descripción del mundo natural considerada válida por los científicos influirá el modo de verlo. De donde se colige que científicos que aceptan teorías diferentes verán el mundo diferente[72].

En 1958 Hanson acuñó la expresión *theoryladeness* para indicar que el simple hecho de ver es una empresa cargada de teoría. Hanson (1958) sostuvo que Tycho Brahe, el último gran geocentrista, y su asistente Johanes Kepler, que aceptaba el punto de vista heliocéntrico, si se hubiesen sentado juntos para mirar al cielo durante la caída del Sol, estos dos grandes astrónomos del siglo XVI hubieran visto literalmente cosas diferentes. Se puede decir también que la observación de X está condicionada por el conocimiento anterior de X. Y ese conocimiento está influenciado también por el lenguaje.

Por su parte, Feyerabend, que ya había afirmado (1981: 11) que no hay *hechos desnudos* en absoluto, sino que los hechos que entran en nuestro conocimiento se ven ya de un cierto modo y son por ello esencialmente teóricos —o de modo formal, hablando lógicamente todos los términos son teóricos—, más recientemente (1984,

---

[72] Cfr. también Jacob (1985), Papineau (1985), Thom (1980).

1985) ha contestado a los que distinguen entre hechos empíricos y hechos teóricos diciendo que los hechos aparentemente empíricos son plenamente teóricos, aun cuando frecuentemente funcionen como jueces entre alternativas teóricas.

Vistas así las cosas, y aceptando que la observación histórica se hace desde la teoría, que como —se le atribuye a Einstein— es la que decide qué podemos observar, podemos señalar la evolución de una historia inmediata a una historia crítica del pasado, que ha cambiado la temporalidad y la observación (y, por tanto, la relación del observador y su objeto). Creemos que en el afán de *comprender investigando,* por decirlo con Droysen, se requiere observar el pasado desde las narraciones que del pasado existen y cuya descripción y análisis permitirá alcanzar el conocimiento del pasado como aspiración de la Historia. La tradición, el pasado, sus indicios y trazas que existen en cuanto discurso del pasado podrá describirse e interpretarse desde los textos de aquellos que observaron y escribieron lo que al historiador interesa conocer.

El capítulo siguiente lo dedicaremos a esos restos fragmentarios del pasado: los documentos.

Capítulo II

EL DOCUMENTO HISTORICO: DE INFORMACION SOBRE EL PASADO A TEXTO DE CULTURA

> Cuando dirigimos una mirada al pasado, lo primero que vemos es sólo ruinas.
>
> (HEGEL)

1. El documento como información

Si, como hemos visto en el primer capítulo, al cambiar la observación histórica, cambia a su vez el objeto de observación que, lo hemos dicho, se conformará desde la teoría, la historia se ocupará, también, de relacionar acontecimientos de un pasado que se presenta necesariamente, a través de restos, de modo incompleto y fragmentario; esos restos, el historiador los intentará descifrar, conocer, comprender e investigar.

El trabajo del historiador puede ser presentado como lo imaginara Walter Benjamin (1970: 82) en la novena de sus *tesis de filosofía de la historia:*

Hay un cuadro de Klee que se titula *Angelus Novus.* Se ve en él un ángel al parecer en el momento de alejarse de algo sobre lo cual clava la mirada. Tiene los ojos desencajados, la boca abierta y las alas tendidas. El ángel del historiador debe tener ese aspecto. Su cara está vuelta hacia el pasado. En lo que nosotros aparece como una cadena de acontecimientos, él ve una catástrofe única, que acumula sin cesar ruina sobre ruina y se las arroja a sus pies (...) [1].

---

[1] El texto de Benjamin continúa así: «El ángel quisiera detenerse, despertar a los muertos y recomponer lo despedazado. Pero una tormenta desciende del Paraíso y se arremolina en sus alas y es tan fuerte que el ángel no puede plegarlas. Esta tempestad lo arrastra irresistiblemente hacia el futuro, al cual vuelve las espaldas, mientras el cúmulo de ruinas sube ante él hacia el cielo. Tal tempestad es lo que llamamos progreso.»

Con esta imagen, mediante la figura del ángel de la historia, «[cuya] cara está vuelta hacia el pasado», podemos, en efecto, resumir el trabajo de reconstrucción histórica: reconstrucción de la relación de los acontecimientos.

En primer lugar, debemos decir que tal reconstrucción se efectúa culturalmente; se selecciona la época, se reconstruyen períodos, se eligen acontecimientos. O, como ha dicho Norbert Elias (1982: 14, 15), «cada generación elige ciertas ruinas del pasado y las dispone según sus propios ideales y valoraciones para reconstruir sus viviendas características».

Tal construcción el historiador la realiza mediante su método histórico y que, dice el mismo autor *(loc. cit.)*, nos hace recordar aquello de que los hombres, a partir de las ruinas de edificaciones de épocas anteriores, construyen sus propias casas en el estilo de su tiempo; lo que nos hace rememorar también la convicción de Max Weber: «Sin las ideas de valor del investigador no existiría ningún principio de selección temática ni un conocimiento sensato de la realidad individual» [2].

Puesto que el pasado no es algo dado que podemos aprehender empíricamente mediante percepción directa —*Ex hipothesi*, nos decía Collingwood (1977: 272), el historiador no es un testigo ocular de los hechos que desea conocer—, sólo puede el historiador observar aquellos restos que intenta investigar. Cuando un hombre piensa históricamente, decía Collingwood *(loc. cit.)*, tiene ante sí ciertos documentos o reliquias del pasado. Su tarea es descubrir qué pasado fue ése que deja tras de sí esas reliquias.

Los historiadores griegos basaban, como ya hemos señalado, en la observación directa y en la tradición oral su método de trabajo [3]. Heródoto cuando trabaja sobre historia griega tenía pocos documentos escritos con los que poder contar y se basó en la tradición oral. Cuando viajaba por Oriente encontró gran cantidad de documentos escritos, pero no estaba instruido para leerlos [4].

Cuando después de, y contra, Tucídides los historiadores se deciden a llegar más allá de la historia casi contemporánea y a remon-

---

[2] Cfr. *La objetividad del conocimiento en la ciencia y la política sociales* (Weber, 1984: 53).

[3] Ya hemos hablado extensamente en el primer capítulo de las posiciones de Heródoto y Tucídides, que hicieron de la experiencia directa el primer requisito de una historiografía correcta. Añadamos a Polibio, que subrayó la capacidad de entrevistar a los testigos de los acontecimientos y la experiencia directa (XII, 4c, 3; XII, 25b, 4) y se vanaglorió, según Momigliano (1984: 48), de que el período principal de su historia cayese dentro de la duración de la vida de personas a las cuales se les podía preguntar (IV, 2, 2).

[4] Cfr. Momigliano (1984: 136).

tarse al pasado remoto, muy raramente recurrieron a los documentos escritos, refiriendo la tradición oral o las narraciones preparadas por historiadores contemporáneos [5].

A medida que avanza la historiografía y fija su atención en el pasado, las fuentes de todo tipo, los documentos y los archivos —laboratorios del historiador— se constituirán en el material del que el historiador extraerá conocimiento para la historia. Este material se aceptará, en términos muy generales, como resultado de la actividad humana que por su destino o por su propia existencia, origen u otras circunstancias son particularmente adecuados para informar sobre hechos históricos y comprobarlos. Para muchos autores, las fuentes participan del desarrollo de la sociedad y poseen la capacidad de permitir, mediante el trabajo del historiador, la reconstrucción de tal desarrollo [6]. Por eso la tarea principal de la ciencia histórica, ha dicho el sociólogo A. Schütz (1972: 239), consiste en decidir qué hechos, actos, signos, etc., de los que se encuentran en el pasado deben seleccionarse para la interpretación y sistematización en algo llamado *historia*.

Si el ideal del conocimiento histórico consistiera en una representación lo más fiel posible de un «real» histórico preliminar —y en esto consistiría para algunos el sentido de la objetividad de la historia—, es indudable que tal concepción es ilusoria y basada, como ha señalado Perelman (1979: 258), sobre una analogía sin fundamento porque lo que es dado al historiador no es jamás el pasado que, por definición, ha pasado.

Lo que es dado, los objetos que debe respetar y que no puede deformar son las fuentes del conocimiento histórico que existen en el momento en que se inicia la investigación. Con esa creencia, el estudio, lo más científico posible, de las fuentes sería el inicio de un trabajo que culminaría en un relato imparcial e inteligible capaz de iluminarnos sobre el pasado que dicho relato re-construye, relacionando los acontecimientos.

Con acaso demasiado entusiasmo se ha visto una analogía entre el papel que en historia juegan los documentos —en relación a la hipótesis de trabajo y, en general, en relación al cuadro intelectual preliminar— y el papel que juegan los hechos experimentales en relación a las teorías de las ciencias naturales. Si las hipótesis que han permitido descubrir ciertas fuentes pueden resultar sucesivamente infundadas, requiriendo su revisión, las fuentes, por el contrario, se

---

[5] Cfr. Momigliano (1984: 99).
[6] Por ejemplo, Topolsky (1982: 298 y ss.).

piensa, permanecen como elemento importante para el estudio ulterior, hasta el punto de que si se lo elimina debe justificarse.

Sin embargo, cabe la siguiente observación de Elias: indudablemente, dice, las fuentes históricas son fragmentos. La historiografía intenta, a partir de estos restos fragmentarios, reconstruir la relación de los acontecimientos. Pero en tanto que las referencias a las fuentes son verificables, la combinación e interpretación de los fragmentos queda en gran medida al arbitrio del investigador individual.

Se suele atribuir esta limitación a que al historiador le falta el firme apoyo que en ciencias más maduras dan al investigador los modelos de relación, esto es, hipótesis y teorías cuyo desarrollo está vinculado en ellas con el conocimiento de datos concretos mediante un constante reacoplamiento [7].

También, según Elias (1982: 16), en la historiografía las agrupaciones extracientíficas, los partidos y los ideales con los cuales el investigador individual se identifica en su propia sociedad determina en grado considerable lo que saca a la luz de las fuentes históricas, lo que deja en la sombra y la manera en que mira su relación.

En definitiva, como ya hemos subrayado, la teoría precede a la historia construyendo el objeto, es decir, los hechos que serán relacionados desde las prescripciones que la teoría dicte y, como veremos más adelante, de la intriga elegida para el relato que el historiador fabrique [8]. Dicho de otro modo, son los intereses del historiador los que decidirán la pertinencia o no de un hecho, alcanzando su significación en el relato que construya.

Recordemos por otra parte las famosas palabras de Max Weber:

> El hecho de que Federico Guillermo IV renunciara a la corona imperial constituye un acontecimiento histórico, mientras que es indiferente saber quiénes fueron los sastres que confeccionaron su uniforme. Se responderá que es indiferente para la historia política pero no para la de la moda o para la profesión de sastre [9].

Como ha señalado Veyne (1972: 70), la distinción del hecho-valor y del hecho-documento depende del punto de vista de la intri-

---

[7] Elias (1982: 15 y 16).

[8] Paul Veyne (1972: 48 y ss.) ha dedicado espacio a la noción de intriga. Allí dice: «Los hechos no existen aisladamente, en el sentido de que el tejido de la historia es lo que llamaremos una intriga (...) [que] es un episodio de la vida real que el historiador acota a su gusto y en el que los hechos tienen sus relaciones objetivas y su importancia relativa. Ejemplo: el origen de la sociedad feudal, la política mediterránea de Felipe II o cualquier episodio de esta política, la revolución de Galileo.» «¿Qué hechos, pues, merecen suscitar el interés del historiador? Todo depende de la intriga elegida: en sí mismo, un hecho no es ni interesante ni no interesante.»

[9] Cfr. Veyne (1972: 70).

ga elegida. Para Veyne *(loc. cit.)*, lo que se llama fuente o documento es también y ante todo un acontecimiento, sea grande o pequeño, por lo que define el documento como cualquier acontecimiento que nos halla dejado una huella material.

En todo caso, y de modo general, la fuente seleccionada, elegida, encontrada, puede ser considerada tanto la información histórica de que un acontecimiento *a* ocurrió en un lugar *l* y en un tiempo *t*, cuanto el documento (crónica, leyenda, etc.) por medio del cual se ha podido recibir tal información.

En la relación que establecieron Langlois y Seignobos entre geología e historia en cuanto que ambos trabajaban con restos del pasado, los documentos se comparaban con las rocas en la investigación científica. Fue un exceso de entusiasmo en el que subyacía la identificación entre hecho histórico y hecho natural propia al intento de hermanar ciencias de la naturaleza y ciencias del espíritu. Al mismo tiempo, se pensaba que el documento encerraba toda la verdad que bastaría descubrirla; pero sobre esto volveremos.

De momento nos interesa señalar una primera consideración, esto es, la de concebir la fuente y el documento como *información* histórica en el sentido que da a esa palabra la *Teoría de la Información* [10].

Como toda información, por su naturaleza, la información histórica está sujeta a errores; más aún, contiene elementos que conducen a errores. Idea ésta aceptada generalmente y que, por poner un solo ejemplo lejano en el tiempo, Abén Jaldún en 1373 advirtió del riesgo de «apartarse constantemente de la verdad y descarriarse en el campo del error y de la imaginación».

Así, Abén Jaldún señaló varios factores que, según él, podrían conducir a errores [11].

1. La *parcialidad* hacia un credo o forma de pensar. Cuando la mente recibe una información en estado de neutralidad y moderación, le dedica su debida investigación y crítica de forma a separar

---

[10] La teoría de la información computa la cantidad de información contenida en un mensaje. La cantidad de información transmitida por un mensaje es el logaritmo binario del número de alternativas susceptibles de definir el mensaje sin ambigüedad. Con conceptos como *entropía* —importado de la termodinámica, en concreto del segundo principio enunciado por Clausius— «redundancia», «ruido», etc., la teoría de la información, al estudiar la transmisión de los mensajes, los considera como sistemas organizados gobernados por leyes de probabilidad, siendo la información la medida de la reducción de la incertidumbre.

[11] Abén Jaldún (vol. I, 56), en *Teoría de la sociedad y de la historia* (selección, prólogo e introducción de Charles Issawi), Instituto de Estudios Políticos, Facultad de Derecho, Universidad Central de Venezuela, Caracas, 1963, pp. 46 y 47.

los errores de la verdad que contiene; pero si la mente tiene parcialidad por un credo o forma de pensar, acepta inmediatamente toda información que favorece a este credo. Por consiguiente, la parcialidad actúa como pantalla para la mente impidiendo que investigue y critique, y la inclina a recibir y transmitir un error.

2. El *exceso de confianza* en las propias fuentes de información, que solamente deben ser aceptadas después de una investigación minuciosa que abarque crítica de falsedades y corrección de deformaciones.

3. La *falla en comprender* la significación de un hecho. Por eso muchos cronistas han caído en error al no comprender el verdadero significado de lo que han visto u oído y al relatar el hecho de acuerdo con lo que piensan e imaginan.

4. Una *creencia equivocada en lo que es verdad.* Esto sucede frecuentemente y, generalmente, a causa de un exceso de fe en la autoridad de las propias fuentes de información.

5. La falta de habilidad para *encuadrar un acontecimiento dentro de su contexto real* debido a la complejidad de la situación. Hay un riesgo de formar la significación de un suceso según y donde se relata.

6. El deseo muy común de *ganarse el favor* de los que ostentan altos cargos alabándolos, divulgando su fama, halagándolos, embelleciendo sus acciones e interpretándolas en la forma más favorable. El resultado de esto es dar una versión corrompida de los sucesos históricos.

7. La *ignorancia de las leyes* que gobiernan la transformación de la sociedad humana. Esta última causa de error es para Abén Jaldún la más importante.

Hemos querido transcribir este texto, cuya modernidad —siendo del siglo XIV— es sorprendente: hoy podrían suscribirse uno por uno todos los puntos. También nos muestra la preocupación, constante en el trabajo del historiador, por el incorrecto uso de la información que un documento contenga. Tal preocupación es paralela a la reflexión sobre los tipos de fuentes históricas, que se remonta a finales de la Edad Media (Topolsky, 1982: 301) y que, como puede suponerse, ha dado pie a una múltiple y variada tipología [12].

En *Histórica,* Droysen ha dedicado una parte (heurística) al material histórico (1984: 51 y ss.), que dividió en:

---

[12] Topolsky (1982: 301) refiere también a J. Lelewel, quien en *Historyka* (1815) dividió las fuentes en: 1) Tradición (relaciones orales); 2) Fuentes no escritas, es decir, monumentos silenciosos del pasado, y 3) Fuentes escritas.

1. Monumentos (Denkmäter).
2. Restos (Veberreste).
3. Fuentes (Quellen).

La representación o el recuerdo fijados por escrito que se tiene del pasado, lo llama Droysen *fuentes.* Esencial en ellas es que aquellos de quienes provienen tenían el propósito de dar noticias de procesos o estados anteriores. Algo completamente diferente, dice Droysen *(loc. cit.),* es cuando aún se conservan del pasado todo tipo de cosas y/o bien se encuentran aún en nuestro presente de manera variadamente informe o como ruinas y por ello son irreconocibles salvo para el investigador que los reconoce y utiliza como material de investigación en la medida en que son, de modo más o menos patente, restos actuales del pasado o testigos elocuentes de ese mismo pasado. A toda esa categoría de materiales la llama *restos.*

Entre las fuentes y los restos hay una tercera serie que participa simultáneamente de las propiedades de los dos. Son los restos de un tiempo pasado, del que dan testimonio para generaciones venideras de un determinado suceso que desean fijar la representación del mismo: los *monumentos.* Por ejemplo, documentos legales, medallas, lápidas, etc.

A lo largo de este capítulo hablaremos, en general, de documentos, subrayando así la célebre expresión de Langlois y Seignobos, *la historia se hace con documentos,* definidos acaso de un modo excesivamente general y poco comprometido, como restos dejados por el pensamiento humano. O como ha dicho Levi-Strauss (1962: 321), «los documentos dan existencia física a la historia, pues sólo en ellos queda superada la contradicción entre un pasado acabado y un presente en el que este pasado sobrevive». De este modo se establece la mediación existente entre un pasado, objeto de estudio del historiador, que ya ha pasado, y un pasado desde el que el historiador lee ese pasado, que sobrevive siquiera fragmentariamente.

Cualesquiera que fueren el trabajo y el interés del historiador: decodificación, interpretación, reconstrucción, etc., el documento provee información (y/o significación) de cualquier acontecimiento por alejado que fuese en el tiempo y permite fijar las circunstancias. Por otra parte, y como ya hemos dicho, el documento —él mismo— es ya un acontecimiento, en cuanto elegido por el historiador, a diferencia de los monumentos que se heredan del pasado. Por eso pensamos que la distinción entre documentos y monumentos merece una cierta atención, si bien a medida que el documento amplía su espacio incluirá también a los monumentos bajo su dominio, convirtiendo al monumento en documento.

2. Documento/monumento

En el prefacio a su *Historia Universal,* Ranke afirmó que «la historia no comienza sino cuando los monumentos devienen inteligibles y donde existen documentos dignos de fe», distinguiendo por tanto documentos y monumentos. Distinción que se encuentra en Le Goff (1978) cuando sostiene que la memoria colectiva en su forma científica, la historia, se aplica a dos tipos de materiales: los *monumentos* que se heredan del pasado y los *documentos* elegidos por el historiador para su práctica analítica, para obtener información del pasado.

La palabra *documentum* deriva de *docere,* enseñar, y ha ido evolucionando hacia prueba, tal como se puede entender en el vocabulario jurídico. Aunque sea el resultado de una elección, de una decisión del historiador, el documento se presenta como prueba histórica; parece poseer una «objetividad» que se contrapone, según Le Goff *(loc. cit.),* a la intencionalidad que caracteriza al monumento.

La palabra latina *monumentum* está ligada a la raíz indoeuropea *men,* que expresa una de las funciones fundamentales de la mente *(mens),* la memoria *(memini).* El verbo *monere* significa *hacer recordar,* de donde *avisar, iluminar, instruir.* El *monumentum* es un signo del pasado; es, dice Le Goff, todo lo que puede perpetuar el recuerdo.

Desde la antigüedad romana el *monumentum* se especializa en dos sentidos: 1) una obra de arquitectura o de escultura con fin conmemorativo: arco de triunfo, columna, trofeo, pórtico, etcétera; 2) un monumento fúnebre. El término *monumento* ha sido usado corrientemente en el siglo XIX para referirse a las grandes colecciones de documentos.

Durante el siglo XVIII, dice Gooch (1977: 71), se había dejado sentir intensamente la necesidad de una colección de fuentes de la historia medieval; pero todos los planes fracasaron, según el historiador británico, ante la imposibilidad de asegurar la cooperación de los eruditos y ante la imposibilidad de ayuda económica.

Tras la caída de Napoleón, los alemanes comenzaron a interesarse por una historiografía nacional que hasta entonces había sido particularista o cosmopolita.

En 1814 se comunicó a los hermanos Grimm el proyecto de una sociedad para el estudio de la historia alemana y una edición de sus fuentes. Años más tarde, en 1819, Karl von Stein fundó en Frankfurt la *Sociedad para el Estudio de la Historia Antigua Alemana.*

Bajo el lema *Sanctus amor patriae dat animum,* Stein proyectó las célebres *Monumenta Germaniae Historica,* que constaría de cinco partes: Escritores, Leyes, Actas Imperiares, Cartas y Antigüedades. En 1826 apareció publicado el primer tomo, que fue elogiado por Ranke (Gooch, 1977: 74). Cabe reseñar, asimismo, los *Monumenta Historiae Patriae,* que aparecieron en 1836 en Turín por decisión del rey Carlo Alberto.

Señalada la dicotomía documento-monumento, nos ocuparemos a lo largo del capítulo del papel que juega el documento en la investigación histórica, que, en efecto, a medida que ésta avanza se va confirmando la idea de que *no hay historia sin documentos.* Para la escuela histórica llamada positivista, por ejemplo, el documento se convierte en el fundamento del hecho histórico. El diálogo entre el documento y el historiador constituirá así el fundamento del trabajo histórico.

Son ya célebres las palabras de Fustel de Coulanges a este respecto: «La habilidad del historiador consiste en extraer de los documentos aquello que contienen y en no añadir nada que no estuviera contenido. El historiador mejor es aquel que se mantiene más próximo a los textos» [13].

Se puede pensar, por esta propuesta, que documento es un texto y que normalmente se debe entender por ello texto escrito. Sin embargo, el documento que fuera así concebido ha ido ampliando su espacio desde el mero texto escrito a documentos de todo tipo: gráficos, icónicos, visuales, etc.

A medida que la curiosidad del investigador se desplaza, motivado, digámoslo una vez más, por las prescripciones de la teoría, se amplía con gran elasticidad el campo del documento hasta zonas anteriormente impensadas [14]. Hasta tal punto que la búsqueda de «nue-

---

[13] Son éstas, junto a «leyes, mapas, fórmulas, crónica e historias, es necesario haber leído todas estas categorías de documentos sin haber omitido ni siquiera una (...). La lectura de los documentos no serviría de nada si se hiciese con ideas preconcebidas», palabras clásicas del primer capítulo de «La monarchie franque» (1888, pp. 29, 30 y 33), en *Histoire des institutions politiques d'ancienne France,* Hachette, París, 1875-1889, tomo III.

[14] Por poner une ejemplo extremo, sirva el artículo de Georges Steiner «Les rêves participent-ils de l'histoire?», *Le Debat,* 25, 1983, donde afirma: «Los sueños devienen materia de la historia» (p. 160). «El sueño es un documento capital; se conserva en los archivos de la historia. Esto es verdad, en particular para las «biografías» de la Antigüedad —se recordará que el concepto de vida ejemplar o ilustre de un monarca, héroe o sabio, recubre en una amplia medida el concepto de historia misma. Los sueños de los faraones (...), de los reyes y de los guerreros, tal como lo cuenta la *Biblia*; el sueño de Amílcar, el de Escipión, los innumerables sueños que Plutarco relata en sus *Vidas,* son considerados como hechos históricos. En el siglo XVI, aún, el sueño es una de las ricas fuentes de documentación histórica, cuyo archiverso es el astrólogo de corte (...) (p. 151).

Asimismo, como ejemplo reciente, puede servir el libro póstumo de Fou-

vos» documentos ha ido paralela a los nuevos métodos y nuevas concepciones de la historia.

Por eso es imposible decidir dónde comienza y dónde acaba el documento [15]. Su propia noción se amplía y acaba por abordar cualquier observación histórica.

No hay que extenderse mucho en esto. Baste recordar que una de las grandes preocupaciones del grupo de los *Annales* fue precisamente la reflexión y renovación del concepto de documento. Así, por ejemplo, Bloch (1974: 63) afirmó: «La diversidad de los testimonios históricos es casi infinita. Todo lo que el hombre dice o escribe, todo lo que fabrica, todo cuanto toca, puede y debe informarnos acerca de él.»

Más explícito aún fue su íntimo colaborador, Lucien Febvre:

> Indudablemente, la historia se hace con documentos escritos. Cuando los hay. Pero también puede hacerse, debe hacerse, sin documentos escritos, si éstos no existen. Con todo lo que el ingenio del historiador pueda utilizar para fabricar su miel, a falta de las flores usuales. Por tanto, con palabras. Con signos. Con paisajes y con tejas. Con formas de campo y malas hierbas. Con eclipses de luna y cabestros. Con exámenes periciales de piedras realizados por geólogos y análisis de espadas de metal realizados por químicos. En una palabra: con todo lo que siendo del hombre significa la presencia, la actividad, los gustos y las formas de ser del hombre (Febvre, 1970: 42, 43).

Estas conocidísimas palabras de Febvre merecen un breve comentario; por una parte, condiciona el documento, sin límites prefijados, a las necesidades del historiador, dependiendo su existencia del «ingenio», y, por otra, propone nuevos métodos de trabajo, abriendo puertas y ventanas —son palabras suyas— a la colaboración con otras disciplinas vecinas.

Para mejor comprender la evolución del espacio y concepto de documento creemos necesario ocuparnos a continuación de la crítica al documento.

3. La crítica del documento

3.1. *Los fundamentos de la crítica histórica. ¿Historia o antiquaria?*

En el transcurso de la investigación histórica basado en documentos, inicialmente la crítica a éstos se planteó como búsqueda de

---

cault *Le souci de soi*, Gallimard, París, 1984, donde utiliza como documento un libro de interpretación de los sueños de Artemidoro.

[15] Cfr. el cap. 3, «L'histoire se fait avec des documents», en *De la connaissance historique*, Marrou (1975: 64-91).

la autenticidad. Se inició en el medioevo, se consolidó en los inicios del Renacimiento, fue enunciada por los grandes eruditos del xvi y desarrollada por los historiadores positivistas [16].

La crítica al documento tradicional se convirtió en una investigación de la autenticidad que permitía, a su vez, perseguir la falsificación. Una primera consecuencia de esta posición fue la importancia que se atribuyó a la datación.

Sabido es que en la Edad Media se realizaron falsificaciones de documentos. En este período la falsificación fue, según Droysen (1984: 126), un ejercicio oficial; había en cada corte, según el mismo autor (1984: 133), un *faussaire de titre*. El alto medioevo, en efecto, fabricó falsos diplomas, falsos estatutos, falsos textos canónicos.

Del siglo xii en adelante la Iglesia, y más particularmente la curia romana —sobre todo los pontificados de Alejandro III y de Inocencio III—, emprendieron una lucha con los falsos y los falsarios.

Al final de la Edad Media, con los comienzos del espíritu moderno, a partir de los estudios de la Antigüedad clásica, se desarrolló una crítica real y sistemática «en cuanto que en la lucha incipiente contra la jerarquía romana y sus pretensiones desmesuradas contra sus mentiras y falsedades, el espíritu moderno, dice Droysen (1983: 116), se virvió también del arma de la investigación».

Fue en Florencia, entre los siglos xiv y xv, donde surgieron los fundamentos de la crítica histórica (Fontana, 1983: 43). La atención por los textos literarios de la Antigüedad, el nacimiento de la arqueología buscando inscripciones, monedas, etc., la formación de las primeras colecciones en Roma y Florencia enseñó a los humanistas a situar el texto en un marco histórico, realizando los primeros ejercicios de crítica histórica.

Petrarca, Bocaccio, Bruni, Poggio Bracciolini y Filelfo son nombres que representan el humanismo italiano del Renacimiento dominado, como se ha dicho, por las lecturas y las continuas conversaciones con los clásicos [17]. La situación puede resumirse con la frase con que termina Maquiavelo *Dell'arte della guerra*: «Este país [Italia] parece haber nacido para resucitar las cosas muertas.»

Destaca en estos siglos Lorenzo Valla (1407-1457), traductor entre otros de Heródoto y Tucídides, a quien se le considera fundador del método filológico moderno al utilizar las fuentes de la paleogra-

---

[16] Cfr. Le Goff (1978: 43); Droysen (1983).

[17] Braudel (1973: 298 y ss.) caracteriza también el humanismo del Renacimiento como el diálogo de Roma con Roma, de la Roma pagana con la Roma de Cristo, etc. ... Significativamente, un epígrafe es titulado «Vivir y volver con los Antiguos».

fía y de la crítica textual [18] para demostrar en *De falso credita et ementita Constantini donatione declamatio* (1440) que la famosa *Donación de Constantino* (que pretendía que el emperador había dado al papa Silvestre y a sus sucesores la autoridad sobre Roma y sobre toda la parte occidental del Imperio) no era auténtico y su documento falso. La *Declamatio* mediante la cual Valla pretendía defender a Alfonso el Magnánimo, a quien servía, contra las pretensiones del papado, hubo de esperar hasta 1517 para que fuera publicada, precisamente por un amigo de Martín Lutero, Ulrich von Hutten [19].

Cabe notar, sin embargo, que la negación de la autenticidad de la donación de Constantino ya lo había sostenido en el medioevo el papa Otón III. Asimismo, en 1435, cinco años antes que Valla, había sido negada por L. Therunda en tres memoriales en el Concilio de Basilea. Aunque posteriores, también deben mencionarse *De concordante catholica,* de Nicolás de Cusa (143), y *Repressor of ever much blaming of the clergy,* del obispo inglés Reginald Pecock, alrededor de 1449.

Con estos ejemplos no tratamos de reducir la importancia del trabajo, fundamentalmente filológico, de Lorenzo Valla, que le permitió, frente al dogmatismo de sus antecesores, descubrir errores [20] y relativizar las *auctoritates* aceptadas desde la Edad Media. Sí, en cambio, queremos recordar que la *Declamatio* la escribió Valla para defender a su señor de las pretensiones de soberanía de la curia papal sobre el reino de Nápoles. Y como ha sugerido Chabod, estos primeros insignes ejemplos de crítica histórica nacieron de la necesidad de una polémica práctica.

La diplomática verdadera surgirá cuando al interés práctico se le sustituya una desinteresada duda metódica sobre la autenticidad del documento. Ello no invalida la notable aportación de Lorenzo Valla, pero en rigor habrá que esperar a finales del siglo XVII para poder

---

[18] Como sostiene Luce Giard, «Lorenzo Valla: la langue comme lieu du vrai», in *Histoire, Epistemologie, Langage,* tomo 4, fas. 2, 1982, pp. 5-21.

[19] Cfr. Le Goff (1978: 43). El interés, evidentemente, se basaba en la polémica religiosa que enfrentaba a luteranos contra el Papa romano.

[20] Valla desenmascaró la inautenticidad de la supuesta carta de Cristo al rey Abgaro de Edessa que se puede encontrar en la *Historia eclesiástica* de Eusebio, I, 13, según nos informa Droysen (1983: 116). Ha mostrado la falsedad del vínculo supuesto entre pseudo Dionisio y el apóstol Pablo, en el que había creído toda la Edad Media; corrigió el texto de Tito Livio *Emendationes sex librorum Titi Livii de secundo bello Punico;* en *Novum Testamentum ex diversorum utriusque linguae codicum collatione adnotationes,* puso en evidencia los errores de comprensión del griego y de traducción que siembran la Vulgata de San Jerónimo, etc. (Giard, op. cit. y bibliografía).

hablar de crítica al documento, realizada por objetivos que podemos llamar históricos.

Si bien surgen los fundamentos de la crítica histórica, no podemos llamar todavía historiadores a los que la practican, y sería más correcto considerarlos *antiquarii,* o lo que es lo mismo, humanistas interesados por la Antigüedad y cuyo espíritu se encuentra representado en la dedicatoria de *Il Principe,* de Maquiavelo, al Magnífico Lorenzo de Medici: «Entre mis bienes no he encontrado nada que aprecie y estime más que el conocimiento de las acciones de los grandes hombres, adquirido a través de una larga experiencia de las cosas modernas y de la enseñanza extraída de constantes lecturas sobre las antiguas.»

Braudel (1973: 298) ha elegido otro texto de Maquiavelo, éste de 1513, escrito durante su segundo exilio, en el ocaso de su vida, para expresar ese mismo espíritu:

Anochece y regreso a casa. Entro en la biblioteca, y desde el umbral me quito la ropa de a diario, cubierta de lodo y de barro, para ponerme el traje de la corte real... Tan honorablemente vestido penetro en la vieja corte de los Antiguos: allí, éstos me reciben con afabilidad y me saturo del alimento que, por excelencia, es el mío y para el que he nacido; no me da ningún pudor el hablar con ellos, el interrogarles sobre los móviles de sus actos. Y ellos me contestan en virtud de su misma humanidad.

Los «anticuarios», si podemos llamarlos así, no son necesariamente historiadores. El «anticuario», nos recuerda Momigliano (1983: 247), evoca, en su término lexemático, la imagen de alguien que se interesa por el pasado sin ser historiador porque: 1) en sus escritos los historiadores siguen la cronología y los «anticuarios» un plan sistemático; 2) los historiadores presentan los hechos que sirven para ilustrar o explicar una situación dada; los «anticuarios» reúnen todos los materiales que se refieren a un tema dado, les ayude o no a resolver un problema.

Lo dicho, como reconoce el mismo historiógrafo italiano, no contribuye a distinguir a los historiadores de los «anticuarios» sino en la medida en que, tradicionalmente, se ha considerado que ciertos temas (p. ej., instituciones políticas, religión, vida privada, etc.) se prestaban mejor a un plan lógico que a una exposición cronológica.

Una separación absoluta, un criterio preciso de separación entre *antiquaria* e historiografía no ha existido nunca. Todas las historias locales tienen ese carácter ambiguo entre historia y *antiquaria,* afirma en otro texto Momigliano (1984: 100). La historiografía, desde Tucídides en adelante, fue sobre todo de tema político, se encargó de explicar y de enseñar, siguió un orden cronológico, se preocupó de grandes acontecimientos, de importantes naciones o ciudades. Fuera quedó la investigación erudita sobre religión, arte, costumbres, onomástica, acontecimientos de ciudades o naciones oscuras, etc.: con frecuencia fue ajena al orden cronológico y no tuvo pretensiones literarias o retóricas.

Se suele reconocer en Varrón, autor de *Antiquitates divinae et humanae,* al padre de los estudios modernos sobre la Antigüedad. Por *antiquitates,* Varrón entendía un estudio sistemático de la vida romana fundada sobre el conocimiento de la lengua, de la literatura[21].

En *Roma Triunphans,* de Flavio Biondo (1388-1463), se encuentra una cuádruple clasificación que muchos manuales han conservado bajo las rúbricas: *antiquitates publicae, privatae, sacrae, militares.*

El sentido varroniano de *antiquitates,* como examen de la vida entera de una nación, lo reintrodujo G. Rossfied en *Antiquitatum Romanorum Corpus Absolutissimum* en 1583.

En los siglos xv y xvi, según Momigliano (1983), *antiquaria,* en su sentido del que ama, reúne y estudia las tradiciones y los restos del mundo antiguo —sin ser un historiador— es característico del humanismo. Y la mayoría de las *Ars Historicae* de los siglos xvi y xvii no consideraban sus obras como obra histórica.

Por ejemplo, Bacon en su *Advancement of Learning* (1605) distinguía entre Antigüedades, Memorias e Historias Perfectas, y definió a las primeras como «una historia mutilada o algunos fragmentos de historia que han escapado por azar al naufragio del tiempo» (II, 2, 1)[22].

En fin, recogemos la definición que de *antiquitas* da J. A. Fabricius en *Bibliotheca Antiquaria,* de 1713: «Todas las actividades humanas, todos los usos y costumbres que se observan, sea en la vida pública, sea en la vida privada», lo que, ciertamente, a pesar de su proximidad y conexión, no era la preocupación del historiador.

Ya hemos dicho que el estudio de las fuentes escritas de carácter archivístico, el uso de documentos primarios, están, en la Antigüedad, no en manos de historiadores, sino en manos de los estudiosos del pasado, arqueólogos, filólogos, gramáticos.

---

[21] En *Rerum humanarum libri* Varrón se hacía las siguientes preguntas: «qui (homines) agant, quando agant, quid agant». Cfr. Momigliano (1983: 250).

[22] De modo extraordinariamente similar se expresaba Joham Gerhard Vossius en *De Philologia liber* (1650): «La historia política (*historia civilis*) comprende *antiquitates,* memorias e historia propiamente dicha (*historia iusta*). Las *antiquitates* son vetigios de la Antigüedad, no sin analogía con las tablas de un naufragio» (cfr. Momigliano, 1983: 255).

La separación entre historiografía política y erudición del pasado renace con el resurgir de la autoridad de la historiografía antigua en el siglo XV y continúa —según Momigliano— hasta época recientísima.

Momigliano señala una excepción: la historiografía eclesiástica que hizo alarde de un vasto aparato documental, desacreditada sin embargo en los círculos humanísticos y poco considerada en los tratados de arte histórico [23].

Hasta el siglo XIX, según Momigliano, continúa tal distinción, puesto que los historiadores se preocupan menos de recoger el material que de narrar y comprender adecuadamente. Si bien el uso de documentos se va generalizando, también para la historia casi contemporánea la investigación de archivo, cuando existe, es secundaria; y es que permanece el ideal del historiador que ve, recuerda cuanto ha visto y da su propio juicio.

Reconoce también Furet (1982: 102) la diferencia entre el «anticuario» y el historiador [24]. Sin embargo, dice, en la segunda mitad del siglo XVII, en el momento en que se cancela la idea de que existe una historia universal en el interior de la cual cada historia ha sido escrita una vez por todas, el «anticuario» se convierte en un crítico de la historia. El dominio de su arte *(ars antiquaria)* se extiende más allá de la Antigüedad clásica y alcanza, por ejemplo, a la Antigüedad Sagrada. Sobre todo, se emancipa de la especie de tutela que ejercía la historiografía antigua, el modelo de los antiguos.

El «anticuario», dice el autor de *Penser la Révolution Française,* no es siempre un historiador. Pero puesto que el pasado no ha sido fijado para la eternidad por Tito Livio y por Plutarco, puede escribir historia. Este cambio radical afecta simultáneamente a los materiales con los que trabaja, que dejan de ser marginales, y, al igual que las

---

[23] Momigliano (1984: 101) asegura que la última historia aparecida, en el siglo IV d.C., se modela sobre la investigación erudita. «No hay duda de que creándola, Eusebio tuvo presente la técnica de la biografía de los filósofos, como la encontramos en Diógenes Laercio.» El historiógrafo italiano insiste en la diferencia entre la investigación erudita —cuya técnica penetró en el campo de la biografía, dominó el estudio de la vida de literatos y filósofos, dejando por lo general a un lado la vida de los políticos— y la historiografía propiamente dicha, que se ocupa sólo de lo político. Una consecuencia se deriva: la erudición se alineará con la filosofía durante siglos. Historiografía y erudición se unirán cuando aquélla amplíe su campo de interés.

[24] El «anticuario» que describe ciertas fuentes exhuma partes de monumentos, monedas, piedras, inscripciones, se nutre de comentarios y de estudios que no son verdadera historia, puesto que conciernen a costumbres, a instituciones, al arte. El historiador hace análisis cronológicos de los regímenes y de los gobiernos. De ese modo, el «anticuario» no es historiador (Furet, 1982: 102).

fuentes literarias, los materiales que exhuma se convierten en elementos constitutivos de la historia. La crítica interna y externa del documento nace con la integración de los diferentes tipos de fuentes en la búsqueda de lo verdadero.

3.2. La crítica sistemática al documento

Ya hemos dicho anteriormente que había que esperar a finales del siglo XVII y XVIII para encontrar un trabajo «sistemático» en la crítica al documento.

Es con la obra de los benedictinos de la congregación de Saint-Maur y después de la de otros estudios, como por ejemplo la de Muratori, cuando comienza la actitud «moderna» frente al trabajo histórico. Estamos —dice Chabod (1969)— en un momento en que la duda comienza a ser «metódica». Después de Galileo, después de Descartes, nos encontramos en el tiempo de Newton. Y en todo campo del saber se trata de alcanzar aquella certeza así llamada «objetiva», a aquel conocimiento «claro y distinto», y por ello seguro de las cosas, que puede ser obtenido sólo cuando se encuentran las «leyes» inmutables de las cosas a través de un procedimiento rigurosamente «científico» como se ha realizado en el campo de las ciencias físicas. Metódico y sistemático comienza a devenir el estudio de las fuentes, para el que adquieren un valor del todo nuevo las así llamadas ciencias auxiliares de la historia, paleografía y diplomática, cronología, numismática, epigrafía, etc. [25].

El caso más relevante es la aportación del benedictino Jean Mabillon, autor de De re diplomatica, considerado el fundador de la moderna diplomática. La fecha de su publicación, 1681, fue evocada elogiosamente por Marc Bloch (1974: 77): «En verdad una gran fecha en la historia del espíritu humano —dijo—, porque en esta ocasión la crítica de los documentos de archivo fue definitivamente fundada.»

Al fundar la diplomática, Dom Mabillon proporcionó los medios para distinguir los diplomas auténticos de los que hubieran sido alterados o interpolados. La interpolación, de la que nos informa en Librorum de re diplomatica supplementum (1704), se puede producir, dice, por adjunción, por cambio o por error [26].

---

[25] Chabod (1969); cfr. Saitta (1983: 37 y 38).

[26] De este libro, traducido del latín, cfr. Bourdé, Martin (1983: 89 y 90), citamos el siguiente pasaje:

«Par quels moyens se fait d'interpolation? Il y a une grande différence entre les documents faux et les documents interpolés (interpolare=altérer, falsifier).

Rien ne peut, en effet, excuser les falsifications, mais l'interpolation est la

Contemporáneo de Mabillon, Le Nain de Tillemont (1537-1698) publicó *Mémoires pour servir à l'histoire ecclésiastique des six premiers siècles, justifiés par les citations des auteurs originaux avec une chronologie où l'on fait un abregè de l'histoire ecclésiastique et avec des notes pour éclairer les difficultés des faits et de la chronologie* (1693 y ss.).

Es significativo que llame a este libro *Memoires* y no *Histoire;* la explicación que da Furet (1982: 103) es que Tillemont sigue un método de exposición que es el de los anticuarios. El mismo Tillemont así lo explica: «Parece más sólido y más seguro. Es como producir las piezas de un proceso; el lector no tiene sino que juzgar él mismo. Pero este método obliga a una gran longitud y a frecuentes repeticiones... Es más bien la materia de la historia que la historia misma» (Furet, *loc. cit.*). Tres años antes, sin embargo, Tillemont había utilizado la palabra *histoire* en el título de su obra: *Histoire des empereurs...* [27].

Se comprueba, pues, cómo Tillemont mezcla historia y erudición [28].

---

plupart du temps excusable. Elle peut se produire par adjonction, par changement ou par erreur. Prenons le cas de ceux qui rassemblaient les chartes authentiques d'una église ou d'un monastère en un seul ouvrage qu'on appelle cartulaire: si quelque part ils rencontraient seulement la mention des années de règne des papes, des rois ou des empereurs apposée au bas des anciens documents, ils ajoutaient d'eux-mêmes les années de l'incarnation ou même l'indiction, pour que la date d'un document donné fût connue avec plus d'exactitude. En cette affaire, ils péchaient souvent contre les règles de la chronologie, mais non contre les lois de la justice. Pareille pratique constitue l'interpolation par adjonction. Une autre catégorie procède d'une modification apporté au document, ainsi lorsqu'un mot est traduit par un autre ou se trouve témérairement retouché, ce qui arrive parfois aux chercheurs inexpérimentés qui se croient experts, tels ceux qui lisaient *fevum* dans les anciens documents et lui substituaient d'aventure le mot de *feodum* qui n'était pas encore en usage en ces temps anciens. Enfin, l'interpolation provient surtout d'une erreur du scribe, ou insuffisamment exercé dans la difficile lecture d'un document authentique, ou victime d'une erreur oculaire, ou sautant une ligne, ou transcrivant un ou deux mots pour un ou plusieurs autres. Et de lá procèdent les différentes lectures des documents transmis de main en main; leur diversité ne doit pas nuire à l'autorité des documents authentiques.»

[27] El título completo es: *Histoire des empereurs et des autres princes qui ont régné durant les six premiers siècles de l'Eglise, des persécutions qu'ils ont faites aux chrétiens, de leurs guerres contre les juifs, des écrivains profanes et des personnes les plus ilustres de leur temps, justifiée par les citations des auteurs originaux, avec des notes pour éclairer les principales difficultés de l'histoire.*

[28] Pero, hay que decirlo, el mismo Tillemont lo aclaraba en su «Avertissement» (loc. cit.):

«On a longtemps douté si l'on ne donnerait point à cet ouvrage le titre de Mémoires, et c'est assurément celuis qui lui convient le mieux, soit pour

Otro acontecimiento historiográfico digno de reseñar en el siglo XVII fue el trabajo realizado por un grupo de jesuitas eruditos,
conocidos como los *bolandistas,* que reciben tal nombre de Jean
Bolland (1596-1665).

En 1607 el padre Heriberto Rosweyde (1569-1629), jesuita de
Amberes, publicó una lista con centenares de antiguas vidas de santos. En 1615 publicó *Vitae patrum,* elenco de vidas de santos de
los primeros siglos. A su muerte, la enorme masa de notas y copias
fue confiada a Jean Bolland, quien modificó el proyecto recogiendo
todas las notas sobre los santos, que clasificó según sus días de
fiesta.

Formó parte de este grupo de eruditos Daniel Papenbroch, quizá
el miembro más célebre. Mantuvo una controversia con los benedictinos, recomendó el estudio de los viejos pergaminos *ad historicam
probationem* y publicó, al inicio del tomo II de los *Acta Sanctorum,*
una disertación «sobre el discernimiento de lo verdadero y lo falso
en los viejos pergaminos».

Los *Acta Sanctorum,* que por cierto fueron condenados por la
Inquisición española, sentencia que no fue confirmada por el Santo
Oficio, supone un gran giro en los estudios hagiográficos: búsqueda
sistemática de manuscritos, clasificación de las fuentes, mutación del
texto en documentos, privilegio acordado al «hecho» por minúsculo
que sea, paso discreto de la verdad dogmática a una verdad histórica que tiene en ella misma su propio fin; búsqueda que define ya
paradójicamente, como dijera Cassirer, no el descubrimiento de lo
verdadero, sino de lo falso (De Certau, 1975: 276).

De ese modo, al retener solamente los documentos «sinceros»
o «veraces», la hagiografía no crítica se aísla y los trabajos en este
grupo consiguen situar a la hagiografía, tal como ellos la practican,
en una de las disciplinas históricas mejor provistas de instrumentos
de investigación.

---

la manière dont il est composé, soit pour la vue dans laquelle il a été entre-
pris. On a encore songé à celuis d'Annales, parce qu'en effet, on y suit autant
qu'on le leut l'ordre des temps et qu'on le divise même presque toujours par
années; outre qu'il semble qu'un style sans élévation et sans ordement, tel
qu'on le trouvera ici, convienne mieux à des annales qu'à une histoire. Néan-
moins, le titre d'Histoire l'a emporté, comme celui dont on est le moins obli-
gé de rendre raison, parce qu'il est le plus ordinaire, et que toute narration
est en quelque sorte une Histoire. Mais on prie les lecteurs de ne le prendre
qu'en ce sens et de ne s'attendre pas à trouver ici une histoire régulière. Jamais
l'auteur n'a eu la pensée d'en faire une de cette sorte, et il veut bien qu'on
sache qu'il a toujours regardé ce dessein comme fort difficile en soi et extrê-
mement au-dessus de ce qu'il peut avoir de talent et de lumière.»

3.3. La crítica teórica al documento

Ya hemos dicho que es a finales del XVII y comienzos del XVIII cuando se puede señalar una preocupación por la cuestión teórica de la crítica de los documentos. Así lo sostiene, por ejemplo, Droysen (1983: 117), quien cita en este sentido dos obras de 1746, *De fide historica recte aestimanda,* de Ernesti, y *De fide historica ex ipsa rerum quae narrantur natura dijudicata,* de Griesebach, que, según él, están pensadas contra la historia bíblica y sus milagros, tratando de diferenciar racionalmente lo que era posible de lo que era imposible.

En efecto, el desarrollo de la crítica al documento se produce al separarse de las ataduras de la interpretación dogmática de la Biblia y de la ortodoxia de siglos anteriores. Por eso puede decirse con Cassirer que la historia lleva la antorcha de la Ilustración[29].

Dentro de la Ilustración es necesario destacar a Pierre Bayle (1647-1706), máximo representante del pirronismo histórico (Fontana, 1983: 62), autor del *Dictionnaire historique et critique* (1697).

Si bien Bayle en sus orígenes filosóficos es todavía un cartesiano convencido —lo que supondría excluir toda la dimensión de lo histórico del círculo del ideal científico que Descartes diseñara[30]— y, por tanto, aceptaría que ningún saber basado en hechos puede conducirnos a la auténtica *sapientia universalis,* por el contrario trata de adquirir hechos verdaderamente firmes y seguros.

Como dice de él Cassirer (1984: 27), en medio de un siglo rigurosamente racionalista es el primer positivista convencido y consecuente. Bayle, en efecto, quiere observar los fenómenos y, dentro de su ámbito, separar con claridad lo seguro de lo incierto, lo probable de lo erróneo y aparente.

---

[29] Cassirer, «La conquista del mundo histórico», en *La filosofía de la Ilustración* (1984: 222-260), piensa que la Ilustración se esfuerza por fijar el sentido de lo histórico buscando frente a él un concepto claro y distinto que trate de determinar la relación entre lo universal y lo particular, entre idea y realidad, entre leyes y hechos y demarcar las fronteras.

[30] Como es sabido, para Descartes no sólo el testimonio de la percepción sensible, sino cualquier saber que no sea rigurosamente demostrable, que no pueda ser reducido a axiomas evidentes y a certezas, debe ser rechazado. Sobre el rechazo de Descartes por la historia baste citar lo siguiente: «(...) y aun las más fieles historias, supuesto que no cambien ni aumenten el valor de las cosas, para hacerlas más dignas de ser leídas omiten por lo menos, casi siempre, las circunstancias más bajas y menos ilustres, por lo cual sucede que lo restante no aparece tal como es, y que los que ajustan sus costumbres a los ejemplos que sacan de las historias se exponen a caer en las extravagancias de los paladines de nuestras novelas y concebir designios a que no alcanzan sus fuerzas». *Discurso del método,* Espasa-Calpe, Madrid, 1968, p. 2 (traducción de M. García Morente).

El que su obra crítica adopte la forma de *Dictionnaire historique et critique* se explica en que el diccionario permite destacar la mera codisposición. No existe jararquía de conceptos, sino una simple co-existencia de materiales, igualmente significativos, que participan en el mismo grado de la pretensión de una exposición completa y exhaustiva.

Sabe Bayle que lo histórico pertenece a otro *genre de certitude* diferente que lo matemático, pero la minuciosidad y el perfeccionamiento puede elevar a la historia. Es por eso que opta por iluminar críticamente la más nimia particularidad y, por eso mismo, el hecho no es para Bayle —dice Cassirer— el comienzo del conocimiento histórico, sino en cierto sentido el término, *terminus ad quem*, y no *terminus a quo*. En vez de partir de él, se dirige a él, intentando despejar el camino que conduce a la verdad de los hechos.

Así, sólo mediante una separación agudísima, una investigación crítica y una valoración cuidadísima de cada testimonio se puede alcanzar un determinado hecho histórico. Para ello su trabajo consistió más que en el descubrimiento de lo verdadero en el descubrimiento de lo falso. El *Dictionnaire historique et critique* consiste, pues, en un registro de faltas *(recueil des fautes)* [31].

Se trata de perseguir el error hasta el último escondrijo y extirparlo, lo mismo si su objeto es grande o pequeño, sublime o insignificante, de mayor o menor importancia. Así lo expresa Cassirer (1984: 232): ningún cambio en una noticia se sustraerá a su examen ni se permitirá ninguna cita imprecisa, ninguna reproducción de memoria sin referencia a la verdadera fuente; con todas estas exigencias, Bayle se convierte, dice el autor de *La filosofía de la Ilustración,* en el creador de la «acribia» histórica.

Se ha comparado el trabajo de Bayle con el *Discours sur l'histoire universelle* de Bossuet. Para Bossuet toda la autoridad de los hechos de lo efectivamente histórico se funda en la autoridad literal de la Biblia; pero esta misma tiene que montarla sobre la autoridad de la Iglesia y, con ella, de la tradición. De este modo se convierte la tradición en el fundamento de toda certeza histórica, pero no es posible fundar ni demostrar su propio contenido y valor más que mediante testimonios históricos. Bayle es, según Cassirer, el primer

---

[31] En carta a Naudis del 22 de mayo de 1962, Bayle —cfr. Cassirer, 1984: 231)— escribe: «Environ le mois de novembre de 1690, je formai le dessein de composer le dictionnaire critique qui contendrait un recueil des fautes qui ont été faites, tant pour ceux qui on fait dictionnaires, que par d'autres écrivains, et qui reduirait sous chaque nom d'homme ou de ville, les fautes concernant cet homme ou cette ville» *Lettres de Bayle à sa famille, Oeuvres Diverses,* anexo, p. 161.

pensador moderno que pone al descubierto, con un rigor crítico implacable, este círculo vicioso. No ahorra elogios para Bayle Cassirer cuando asegura que realiza en el terreno de la historia la «revolución copernicana» y que lo que comienza en la crítica de las fuentes históricas termina en una especie de «crítica de la razón histórica». Excesivos o no los elogios de Cassirer, no podemos obviar la importancia de Bayle, que aseguró que no había nada más falaz y dañoso que el prejuicio de considerar la verdad histórica como moneda acuñada que debe ser aceptada de buena fe; es más bien asunto de la razón llevar a cabo la acuñación y de examinar con el mayor cuidado cada caso particular [32].

3.4. La revolución documentaria del siglo XIX

Si los siglos XVII y XVIII, lo hemos visto, contribuyeron al desarrollo de la erudición histórica con gran rigor crítico, no es sino en el XIX cuando se puede hablar de los orígenes de la historia considerada como auténtica ciencia. Dicho con Marrou (1975: 27), fue en el siglo XIX cuando el rigor de los métodos críticos puestos a punto por los grandes eruditos de los siglos XVII y XVIII se extendió del dominio de las ciencias auxiliares (numismática, paleografía, etc.) a la construcción misma de la historia: *strictore sensu* nuestra tradición no ha sido definitivamente inaugurada sino por B. G. Niebuhr y, sobre todo, por Leopold von Ranke. Barthold Georg Niebuhr, en efecto, ha sido considerado como la primera gran voz historiográfica del siglo XIX en Alemania que fundó el método crítico en la historia romana. Inauguró el método crítico-filológico al reconstruir el pasado a través de la interpretación crítica de las leyendas de las fórmulas y de las *consuetudines* jurídicas [33]. De ese modo formuló el repentino cambio en el mirar histórico: la historia de la Ilustración apuntaba —Vogt (1974: 20)— a la aplicación de principios filosóficos y procedía *more geometrico*, mientras que la moderna historia estudia el legado del pasado *more philologico*. Mas fue Ranke, como señala Fueter (1914), el más grande maestro del método crítico-filológico.

En el discurso conmemorativo «Leopold von Ranke», pronunciado el 23 de enero de 1936 en la Academia de Ciencias Prusiana, Friedrich Meinecke destacó la aportación crítica del autor de los *Pueblos romano-germánicos,* cuyo método fue expuesto en el apéndice a dicha obra («Zur Kritik nuerer Geschichtsscheiber»), que ha

---

[32] Cfr. Cassirer (1984: 233).
[33] Opinión de Carlo Antoni, cfr. Saitta (1983: 161).

llegado a ser, según Meinecke (1984: 499), modelo escolar; aunque
debe a Niebuhr su modo esencial de hacer, subraya aún más la necesidad de las fuentes más auténticas y más originales, una aversión
contra todo lo que ofrece una semiautenticidad, contra todo lo
turbio.

Ranke dirigió un seminario donde se discutían y criticaban textos antiguos, al que asistió Dilthey [34].

3.4.1. «Mostrar las cosas tal y como sucedieron»

En el prólogo a la primera edición de *Geschichten von der roma-
nischen und germanischen Völker* (1824), Ranke afirmó que aunque
la historia tiene la misión de juzgar el pasado y de instruir el presente
en beneficio del porvenir, su libro no aspiraba a tanto, sino que se
contentaba con «mostrar las cosas tal y como sucedieron» (*Er will
bloss zeigen wie es eigentlich gewesen*). Tal aserto, que rápidamente
fuera considerado ingenuo por Simmel, entre otros, ha sido profusamente citado, al contener en sí mismo la más alta expresión de
lo que, de modo idealista, pudiera considerarse la máxima afirmación
de objetividad histórica, al renunciar, o mejor dicho pretender renunciar, tan sólo en teoría, en su propuesta metodológica, a cualquier
manifestación de subjetividad.

No nos extenderemos en este punto. Baste con señalar que dicha
afirmación supone la pretensión de descripción del objeto, un hecho
histórico, desde una posición del sujeto que lo observa, meramente
receptiva y pasiva.

Señalábamos en el primer capítulo, por el contrario, la imposibilidad real de esta posición, claramente idealista, que niega la intervención —subjetiva— del observador, limitándose a recibir pasiva-
mente la información que le proporcionaría un dato, que se traduci-
ría en *hecho*.

Recientemente, Draus (1985) ha sostenido que Ranke, adversario
convencido del racionalismo francés, del racionalismo de las Luces,
consideraba falsas las teorías abstractas del conocimiento, las que se
expresan por las construcciones de conjuntos conceptuales, de reali-

---

[34] Cacciatore (1983: 73) nos facilita la referencia de *Gessammelte Schrif-
ten*, V, donde Dilthey dice: «De él [Ranke] he recibido la impronta determinante más en su seminario que en sus lecciones. Era como un potente organismo que había absorbido las crónicas, los políticos italianos, los embajadores, los historiógrafos, Niebuhr, Fichte y, no por último, Hegel, y había trans-
formado todo ello en la fuerza de una concepción objetiva del pasado. Era
para mí —concluye Dilthey— la manifestación de la facultad histórica misma.»

dades abstractas y típicas. Según Ranke, la verdadera teoría científica no es la que trata de explicar lo real por medio de un conjunto de conceptos y de reglas, sino la que trata de aprehender el sentido (la significación) profundo e individual de los acontecimientos históricos dados [35].

Es conocida la polémica entre filósofos (Hegel) e historiadores (Ranke) en esta época. Ranke historiador frente a Hegel, que no ocultó su antipatía por la escuela histórica, defendía los hechos históricos contra lo que consideraba un abuso especulativo. El idealismo filosófico de Hegel y el idealismo objetivo de Ranke se enfrentaron, y en el plano historiográfico sus posiciones eran simétricamente opuestas. Ranke considera la historia universal como una totalidad global compuesta de numerosas historias concretas (Estados, pueblos), cada una de las cuales constituye una individualidad en sí, posee una esencia sustancial, expresa una idea particular. Hegel partía de una idea de la historia universal (razón, libertad, espíritu) para diseñar después el devenir o el desarrollo de las historias concretas. Ranke, en cambio, sostenía que hay que partir de las historias concretas —para él nacionales— para poder conocer, a continuación, la historia universal.

La fórmula *wie es eigentlich gewesen,* que sólo aparece en el texto citado, sirve sin embargo para toda su concepción historiográfica que rechaza la incursión de la filosofía de la historia. Para ser más precisos, Ranke no rechazaba el derecho de existencia a la filosofía de la historia; la filosofía de la historia es también un modo de conocimiento, pero él no la consideraba un método científico (Draus, 1985: 126). La historiografía científica que Ranke quería justificar debería apoyarse sobre el conocimiento exacto de los hechos y debería separarse de la especulación filosófica.

Aproximarse a los hechos, constatarlos, es el primer paso, pues, para posteriormente contemplarlos y aprehender así su unidad. El camino del conocimiento histórico, según Ranke, va de lo singular a lo general. Y para aprehender lo general es necesario primero conocer *wie es eigentlich gewesen* y no partir de ideas *a priori* o reglas abstractas.

Ahí se encuentra su modelo de objetividad histórica, y su propuesta metodológica, interpretando el conocimiento científico como una receptividad del espíritu. Para conocer, el historiador no tiene sino que abrirse a lo real, salir de él mismo, abandonar sus intereses y sus pasiones a fin de poder ver la realidad histórica *tal como era.*

---

[35] Cfr. Draus (1985: 120).

La cancelación de la subjetividad, o su extinción, es, pues, la condición indispensable del conocimiento verdadero.

Para Ranke, la historia existe real y objetivamente; no hay, por tanto, sino una realidad y una sola verdad histórica. Conocer objetivamente quiere decir, entonces, reproducir el pasado fielmente, mostrar *wie es eigentlich gewesen*. Para ello, y por lo que se le ha considerado uno de los más grandes historiógrafos, creó un seminario de investigación, que ya hemos mencionado, y desarrolló la investigación de archivos.

De Ranke, dijo Meinecke en la conferencia citada, «no quiso siempre otra cosa que mostrar 'cómo, realmente, ha sucedido' y hubiese querido, para poner de manifiesto las fuerzas poderosas de los siglos, poco menos que amortiguar su propia personalidad» [36].

En la introducción a *Sobre las épocas de la historia moderna*, de Ranke (1984), Negro Pavón (*loc. cit.*, Introducción: 39) resume así el significado de *wie es eigentlich gewesen*: primero, una consigna: atenerse a los hechos mismos; en segundo lugar, una técnica metódica relativa a la documentación que, inexorablemente, debe servir de punto de partida para la retrodicción; tercero, una interpretación del hecho individual; cuarto, la determinación de los nexos que hacen posible la comprensión del hecho en sí.

3.5. El fetichismo del documento

La revolución asociada al nombre de Ranke era una revolución en el método histórico que se apoyaba en el intento por hacer la historia más objetiva y, por tanto más «científica», sobre la base de utilización de documentos oficiales. Los historiadores comenzaron entonces a elaborar técnicas sofisticadas para verificar la fiabilidad de esos documentos; además, dice Burke (1972: 13), disponían de un sistema para organizar el material de investigación que puede resumirse en la fórmula: un sitio para cada hecho y un hecho para cada sitio. El descubrimiento masivo del documento hizo creer al

---

[36] Meinecke (1983: 499) continúa: «Este deseo de anular su propio yo era, como frecuentemente se ha dicho con razón, irrealizable. Y, sin embargo, hubo de tener precisamente este deseo, por paradójico que parezca también, para excitar u propio yo a su suprema aportación perceptible. En este deseo se ocultaba una intención severa y sacerdotal. Pero también se hallaba pletórico del entusiasmo del sacerdote. Para él, el mundo más elevado, más delicado a que llevó las cosas, era también el mundo verdadero y sustancial, porque lo pudo contemplar con una visión tan aguda como profunda. Crítica e intuición estuvieron, para él, unidas en todo momento. Después de Ranke, ha podido influir más vigorosamente en la especialidad su aportación crítica que la capacidad intuitiva, que era más personal.»

historiador, como ha recordado Braudel (1968: 66), que en la autenticidad documental estaba contenida la verdad.

El entusiasmo positivista fue, sin embargo, sucesivamente contestado. Así, por ejemplo, el historiador americano Beard (1935) sostuvo que la documentación que utiliza el historiador cubre una sola parte en la totalidad de acontecimientos y hechos que integran el pasado y que, por tanto, la selección es parte esencial del conocimiento histórico. Contrariamente a lo sostenido por el positivismo, Beard mantuvo que la realidad total del pasado no era factualmente cognoscible para el historiador.

Años más tarde, en sus famosas lecciones, Carr fue más explícito:

> El fetichismo decimonónico de los hechos venía completado y justificado por un fetichismo de los documentos. Los documentos eran, en el templo de los hechos, el Arca de la Alianza. El historiador devoto llegaba ante ellos con la frente humillada y hablaba de ellos en tono reverente. Si los documentos lo dicen será verdad. Mas ¿qué nos dicen a fin de cuentas tales documentos: los decretos, los tratados, las cuentas de los arriendos, los libros azules, la correspondencia oficial, las cartas y los diarios privados? (Carr, 1978: 21).

Su conclusión es conocida: «Los datos, hayan sido encontrados en documentos o no, tienen que ser elaborados por el historiador antes de que él pueda hacer algún uso de ellos; y el uso que hace de ellos es precisamente un proceso de elaboración» (Carr, 1978: 22).

Lo que confirma la idea, ya expuesta en el primer capítulo, de que la teoría precede a la historia o, más precisamente, que sin teoría no hay propiamente hechos. O dicho con otras palabras, serán las preguntas del historiador las que definan los documentos, y no al revés.

Es significativo que cuando con la revolución documentaria se llega en principio al máximo de objetividad en historia, concediéndola estatuto de cientificidad, se comienza a cuestionar tanto la posibilidad de *objetividad* cuanto el papel de *documento* en el conocimiento histórico, tanto el valor del *hecho* cuanto el *significado* de la historia.

Véase, por ejemplo, en qué modo caústico Lucien Febvre respondía a estas cuestiones:

> Vous recueillez les faits. Pour cela vous allez dans les Archives. Ces greniers à faits. Là, il n'y a qu'à se baisser pour en récolter. Des pleines panerées. Vous les époussetez bien. Vous les posez sur votre table. Vous faites, ce que font les enfants, quand ils s'amusent avec des «cubes» et travaillent à reconstituer la belle image qu'on a brouillée pour eux ... Le tour est joué.

L'histoire est faite. Que voulez-vous de plus? Rien si non savoir pourquoi. Pourquoi faire de l'histoire? et donc qu'est-ce que l'histoire? [37].

Hay que aclarar también que la prioridad concedida en la investigación, en el siglo XIX, a los documentos político-administrativos se explica por la atención prioritaria acordada a las historias nacionales. Con esas preferencias se constituyeron y ordenaron los archivos europeos. Y al mismo tiempo, con la convicción de que el archivo da testimonio del acontecimiento. Su punto de referencia, como ha recordado Furet (1971), es externo: es el «hecho» histórico de los positivistas, ilusorio punto de anclaje de la conciencia ingenua en lo que se supone ser lo real con relación al testimonio, secuencia inapresable, discontinua, particular, en el interior de un acontecer indefinido o de una cronología preestablecida en siglos, en reinos, en ministerios [38].

Se debe pensar que la crítica al documento la hace Furet desde una defensa de la historia cuantitativa [39], en la que «el documento, el dato, no existen ya por sí mismos, sino en relación con la serie que los precede y los sigue; es su valor *relativo* lo que deviene objetivo y no su relación a una inasible sustancia «real» (Furet, 1978: 61). Así queda desplazado, a la par, el viejo problema de la «crítica» del documento histórico. La crítica «externa», según el mismo autor (*loc. cit.*), no se establece ya a partir de una credibilidad fundada en la comparación con unos textos contemporáneos de índole diferente, sino a partir de una coherencia con un texto de la misma naturaleza, situado diversamente en la serie temporal, o sea antes o después.

4. El documento como monumento

4.1. *Proceso al documento. La arqueología del saber*

En su «introducción» a *La arqueología del saber*, Foucault señala como una de las características más importantes actualmente de la disciplina histórica el *proceso al documento*. Y así lo expresa:

---

[37] Cfr. Saitta (1983: 3).
[38] El artículo de Furet tiene el significativo título de «L'histoire quantitative et la construction du fait historique», en *Annales E. S. C.*, XXXV, 1, 1971, ahora en Furet (1978).
[39] Cfr. también Pierre Chaunu, «Histoire quantitative ou histoire sérielle», *Cahiers Vilfredo Pareto*, 1968.

Es más que evidente que desde que existe una disciplina como la historia se ha servido de los documentos a los que se ha interrogado, y se ha interrogado sobre ellos; se ha cuestionado no sólo qué querían decir, sino si decían la verdad y qué garantías proporcionaban, si eran sinceros o falsificadores, bien informados o ignorantes, auténticos o alterados. Pero todos estos problemas y toda esta gran preocupación crítica miraban a un solo fin: reconstruir, a partir de aquello que —a veces sólo por alusiones— dicen estos documentos, el pasado del que emanan y que actualmente se ha perdido tras de ellos; el documento era tratado siempre como el lenguaje de una voz ahora reducida al silencio, como su tenue traza, pero por fortuna todavía descifrable. Ahora, (...) la historia ha cambiado de posición frente al documento: como objetivo principal se impone no el de interpretarlo, no el de determinar si dice la verdad y cuál sea su valor expresivo, sino la de trabajarlo desde el interior y de elaborarlo: lo organiza, lo secciona, lo distribuye, lo ordena, lo subdivide en niveles, establece series, distingue lo que es pertinente de lo que no lo es, individualiza los elementos, define las unidades, describe las relaciones (Foucault, 1971, 13).

Semejante cambio en la concepción del documento supone abandonar la idea de un documento como materia inerte a través de la cual la historia trata de reconstruir lo que han hecho o dicho los hombres, lo que ha pasado y ha dejado sólo una traza para tratar, en cambio, de definir desde el interior del tejido documentario, unidades, conjuntos, series, relaciones.

De ese modo, Foucault propone separar de la historia la imagen de una memoria milenaria y colectiva que buscaba la ayuda de documentos materiales para reencontrar la frescura de sus recuerdos. Por el contrario, la historia es para Foucault el uso y la *mise en oeuvre* de una materialidad documentaria (libros, textos, narraciones, registros, actas, edificios, instituciones, reglamentos, técnicas, objetos, costumbres, etc.) que presenta siempre y por todas partes en cada sociedad, según él, formas de persistencia, ora espontáneas, ora organizadas.

El documento, dice Foucault *(loc. cit.)*:

... no es el feliz instrumento de una historia que sea en sí misma y con pleno derecho *memoria*; la historia es un cierto modo que tiene una sociedad de dar estatuto y elaboración a una masa documentaria de la que no se separa.

Y más adelante añade:

... la historia, en su forma tradicional, se dedicaba a «memorizar» los *monumentos* del pasado, a transformarlos en *documentos* y a hacer hablar a aquellas trazas que, en sí mismas, no son en absoluto verbales, o dicen tácitamente cosas diferentes de las que dicen explícitamente; hoy, en cambio, la historia es la que transforma los *documentos* en *monumentos*, y que, allí donde se descifraban trazas dejadas por los hombres y se descubría en negativo lo que habían sido, presentan una masa de elementos que necesita después aislar, reagrupar, hacer pertinentes, poner en relación, constituir un conjunto (Foucault, 1971: 14).

El título de su libro citado es significativo: *La arqueología del saber,* y es que para él, mientras hubo un tiempo en que la arqueología como disciplina de los monumentos mudos, de las trazas inertes, de los objetos sin contextos y de las cosas abandonadas del pasado tendía a la historia y adquiría significado sólo mediante la restitución del discurso histórico, actualmente se podría decir, según él jugando un poco con las palabras, la historia tiende a la arqueología, a la descripción interna del monumento.

No nos ocuparemos del método histórico de Foucault, que él quiso asociar a una genealogía en el sentido que a esa palabra diera Nietzsche [40]; simplemente nos limitamos a señalar a través de su propuesta la no inocencia del documento, caracterizado ya como monumento, en el que hay que considerar su fabricación o, por decirlo con Marx, de quien siempre se sintió deudor, su modo de producción. El documento es un producto de la sociedad, que lo ha fabricado según las relaciones de fuerza que en ella detentaban el poder. Es, por decirlo con otras palabras, el producto de una cierta orientación de la historia.

Hacer la crítica «ideológica», podría decirse, de un documento así concebido requiere reglas diferentes a las del método positivista. Por ejemplo, si es necesario distinguir un documento «verdadero» de uno «falso», es importante tratar un documento «falso» como documento «verdadero» del período que lo ha producido. También desbarató oposiciones como diacronía-sincronía, o más precisamente génesis-estructura, pues para Foucault la génesis no es más que la actualización de una estructura. Tampoco le preocupaba el problema del origen: a la solemnidad del origen es necesario oponer, dijo, la pequeñez meticulosa e inconfesable de las fabricaciones e invenciones.

---

[40] Cfr. Veyne (1981: 87). El propio Foucault escribió un artículo en 1971, titulado «Nietzsche, la genealogía, la historia», recogido en *Microfisica del Potere,* Einaudi, Torino, 1977, pp. 29-55.

Sobre Foucault, cfr., además del ya citado Veyne (1981), Hayden White: «Foucault Decoded: Notes from Underground», *History and Theory,* 12, número 1 (1973), ahora en White (1978), pp. 230-261; J. Concha: «Michel Foucault y las ciencias humanas», *Ideologies and Literatura,* vol. II, n. 14, 1980, pp. 59-82; I. Pasaliu, «Structure and History. Michel Foucault's Textualism», *Revue Roumaine de Linguistique,* XXX, 3, 1985, pp. 215-248; *Effetto Foucault* (P. A. Rovatti, ed.), Feltrinelli, 1986.

Una de las consecuencias de su aportación a la crítica al documento es su rechazo al *hecho* histórico [41]. Lo que es hecho, el objeto, se explica según Foucault a partir de lo que ha sido el *hacer* en cada momento de la historia. Nos equivocamos, advierte, cuando imaginamos que el *hacer,* la práctica, puede ser explicado a partir del hecho; las cosas no son sino objetivaciones de prácticas determinadas. No existen sino prácticas; y como ha señalado P. Veyne a este respecto, cada práctica depende de todas las otras y de sus transformaciones, todo es histórico y todo depende de todo [42].

En la lección inaugural en el Collège de France, que pronunció el 2 de diciembre de 1970, afirmó:

> ... yo supongo que en toda sociedad la producción del discurso está a la vez controlada, seleccionada y redistribuida por un cierto número de procedimientos que tienen por función conjurar los poderes y peligros, dominar el acontecimiento aleatorio y esquivar su pesada y temible materialidad (Foucault, 1973: 11).

Uno de los procedimientos más conocido es el de la *exclusión.* El más evidente, y el más familiar también, es lo *prohibido.* Se sabe que no se tiene derecho a decir todo, que no se puede hablar de todo en cualquier circunstancia, que cualquiera, en fin, no puede hablar de cualquier cosa. Por eso afirma (Foucault, 1973: 12): «El discurso no es simplemente aquello que traduce las luchas o los sistemas de dominación, sino aquello por lo que, y por medio de lo cual se lucha, aquel poder del que quiere uno adueñarse» [43].

Se puede, en fin, sostener que más que el discurso son las condiciones de posibilidad de ese discurso y las práctcias discursivas el objeto de Foucault y su contribución al estudio del documento.

4.1.1. El archivo

El capítulo quinto de la *Arqueología del saber* lo titula Foucault «El *a priori* histórico y el archivo». Sobre el archivo dice:

---

[41] Puesto que el «hecho» es una construcción, lo que importa a Foucault es la práctica que genera el hecho y no al revés.

[42] Cfr. Veyne (1981: 76 y 77).

[43] Tal afirmación hay que vincularla con el *deseo.* El mismo Foucault (loc. cit.) sostiene que «el discurso, por más que en apariencia sea poca cosa, las prohibiciones que recaen sobre él, revelan muy pronto, rápidamente, su vinculación con el deseo y con el poder. Y esto no tiene nada de extraño, ya que el discurso (...) no es simplemente lo que manifiesta (o encubre) el deseo; es también lo que es el objeto del deseo».

Con este término no entiendo la suma de todos los textos que una cultura ha conservado bajo su posesión como documentos de su propio pasado, o como testimonio de su identidad mantenida; no entiendo tampoco las instituciones que, en una determinada sociedad, permiten registrar y mantener la libre disponibilidad. Es más bien lo que hace que tantas cosas dichas, por tantos hombres en tantos milenios, no hayan salido sólo gracias a las leyes del pensamiento, o gracias al solo complejo de las circunstancias, que no sean simplemente las señalizaciones en el nivel de las *performances* verbales, de lo que se ha podido desarrollar en el orden del espíritu o en el orden de las cosas; que hayan aparecido gracias a todo un mecanismo de relaciones que caracterizan el nivel discursivo; que en vez de ser figuras adventicias y como insertas un poco por azar sobre procesos mudos, nazcan según regularidades específicas; en suma, que si hay cosas dichas —y sólo aquéllas— no se debe preguntar la razón inmediata a las cosas que se encuentran dichas o a los hombres que las han dicho, sino al sistema de la discursividad, a las posibilidades y a las imposibilidades enunciativas que ello predispone (Foucault, 1971: 150).

De las diferentes definiciones que Foucault nos da de *archivo,* elegimos la siguiente: «El archivo es, ante todo, la ley de lo que puede ser dicho, el sistema que gobierna la aparición de los enunciados como acontecimientos singulares.»

Entre la tradición y el olvido, el archivo hace aparecer las reglas de una práctica que permite a los enunciados subsistir y, al mismo tiempo, modificarse regularmente; por eso, dice, «es el sistema general de la formación y de la transformación de los enunciados» (Foucault, 1971: 151).

Con tales características es evidente, y así lo reconoce el mismo Foucault *(loc. cit.),* que no se puede describir exhaustivamente el archivo de una sociedad, de una cultura o de una civilización; menos aún el de una época. El archivo, dice, se da por fragmentos, regiones y niveles.

Otro problema afecta a la constitución de *corpus* coherente y homogéneo de documentos. En este sentido da varias indicaciones: es necesario fijar un principio de elección —según se quiera tratar exhaustivamente la masa documentaria, practicar un muestreo según métodos de preferencia estadística o se trate de determinar preliminarmente los elementos más representativos—; la definición del nivel de análisis o de los elementos pertinentes; las referencias —explícitas o no— a acontecimientos, instituciones, prácticas; la especificación de un método de análisis —tratamiento cuantitativo de los datos, descomposición según un cierto número de rasgos y de sus correlaciones, desciframiento interpretativo, análisis de las frecuencias y de las distribuciones—; la delimitación de los conjuntos y de los subconjuntos que articulan el material estudiado (regiones, períodos, procesos unitarios, etc.).

Estas indicaciones se sitúan en un proyecto de *historia general,* determinando «qué forma de relación puede ser legítimamente descrita entre series diferentes» [44].

5. El documento como indicio

> Acerca de las cosas invisibles, acerca de las cosas mortales, los dioses tienen conocimiento claro; pero para los hombres < sólo existe la posibilidad de > juzgar a partir de indicios.
>
> (ALCMEÓN DE CROTONA)

A lo largo de este trabajo, repetidas veces se ha hecho referencia al valor indiciario del documento. Muchos han sido los historiadores que en ello han reparado y han visto en esa característica del documento la posibilidad de fijar el trabajo de conocimiento histórico.

En su «introducción» a *Histoire de la littérature anglaise,* Hipólito Taine, por ejemplo, se expresaba así:

Lorsque vous tournez les grandes pages roides d'un in-folio, les feuilles jaunies d'un manuscrit, bref un poême, un code, un symbole de foi, quelle est votre première remarque? C'est qu'il ne s'est point fait tout seul. Il n'est qu'un moule, pareil à une coquille fossile, une empreinte, pareille à l'une de ces formes déposées dans la pierre par un animal qui a vécu et qui a péri. Sous la coquille, il y avait un animal, et, sous le document, il y avait un homme. Purquoi étudiez-vous la coquille, sinon pour vous figurer l'animal? De la même façon vous n'étudiez le document qu'afin de connaître l'homme; la coquille et le document sont de débris morts, et ne valent que comme *indices* de l'être entier et vivant. C'est jusqu'à cet être entier et vivant. C'est jusqu'à cet être qu'il faut arriver; c'est lui qu'il faut tâcher de reconstruire. On se trompe lorqu'on étudie le document comme s'il était seul. C'est traiter les choses en simple érudit, et tomber dans une illusion de bibliothèque (Taine, 1985: IV y V) (subrayado nuestro).

De ese modo, Taine propone encarar los documentos como índices por medio de los cuales se puede reconstruir el individuo visible *(sic)*. No es exagerado relacionar semejante tipo de indagación con la investigación criminal que el detective efectúa.

---

[44] En la parte seis de este capítulo nos ocuparemos del proyecto de tipologías de culturas, diseñado por Lotman, que guarda relación, como el propio Lotman ha indicado, con ideas de Foucault y en concreto con el concepto de episteme. Reenviamos, pues, a esa parte.

Idea ésta que se encuentra en Bloch (1974) cuando afirma que el documento es un testigo del pasado y como tal no habla mientras no se le pregunta. Más explícito aún fue Collingwood en sus epilegómenos a *Idea de la historia* [45]. En «¿Quién mató a John Doe?», a pesar de sostener que «los métodos de la investigación criminal no son punto por punto idénticos a los de la historia científica, porque —argumenta— su propósito último no es el mismo» (Collingwood, 1977: 259), concluye afirmando *(loc. cit.):* «Sin embargo (...), la analogía entre métodos legales e históricos tiene cierto valor para comprender la historia; de valor suficiente, creo yo, como para que haya puesto ante el lector el bosquejo de un género literario —se refiere al asesinato de John Doe, que minuciosamente ha descrito— que, en ausencia de tal motivo, sería, por supuesto, indigno de ocupar su atención.»

Si cabe la analogía entre la investigación criminal y la investigación histórica, puede caber también la semiótica médica, la indagación del cazador o las pesquisas del detective, pues todos ellos basan su conocimiento en *indicios* [46], que es un conocimiento inferencial que Charles Sanders Peirce llamó abducción o hipótesis o retrodicción.

5.1. *La abducción*

Peirce (2.96) distinguió tres formas de inferencia: deducción, inducción y abducción. La deducción prueba que algo debe comportarse de una forma determinada; la inducción que algo se comporta fácticamente así, y la abducción que presumiblemente algo se comporta así. La abducción, según Peirce, es la forma de argumentación que amplía nuestro saber; es la regla conforme a la cual introducimos nuevas hipótesis.

Comparada a la deducción y a la inducción, da lugar a los tres esquemas inferenciales de la siguiente figura, donde las casillas di-

---

[45] En «La evidencia del conocimiento histórico», parte tercera de los «Epilegómenos», capítulo V de *Idea de la historia*. «¿Quién mató a John Doe?» (pp. 257-259), es el epígrafe VII.

[46] Eco (1984: 43 y ss.) habla de *modos de producción* sígnica. Uno de ellos son los indicios que «ligan la presencia o la ausencia de un objeto a posibles comportamientos de su posible poseedor» (p. 46) como ejemplo: rastros de pelo blanco en un sofá son indicio del paso de un gato de angora, o también abducciones de Sherlock Holmes en *The Sign of Four*. En Eco, Sebeok (eds.), *Il Segno dei Tre. Holmes, Dupin, Peirce*, 1983, se pueden leer varios ensayos que explican el concepto de abducción de Peirce y su relación con las pesquisas de Holmes y de Dupin. En este libro se incluye también el artículo de Ginzburg que comentamos.

bujadas con línea continua expresan los estudios argumentativos por los que se tienen posiciones ya verificadas, y las casillas con líneas a trazos los estadios argumentativos producidos por el razonamiento:

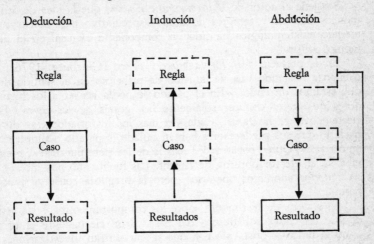

Peirce (2.623) da el siguiente ejemplo:

Deducción

Regla   Todas las judías de este saco son blancas.
Caso   Estas judías son de este saco.
∴ Resultado Estas judías son blancas.

Inducción

Caso   Estas judías son de este saco.
Resultado   Estas judías son blancas.
∴ Regla   Todas las judías de este saco son blancas.

Abducción

Regla   Todas las judías de este saco son blancas.
Resultado   Estas judías son blancas.
∴ Caso   Estas judías son de este saco.

5.2. *El paradigma indiciario y la microhistoria*

El historiador italiano Carlo Ginzburg (1979, 1980) ha discutido un concepto que llama *modello congetturale,* de construcción del conocimiento próximo a la inferencia abductiva de Peirce. Semejante

modelo, según Ginzburg, emerge sin ruido hacia finales del siglo XIX
en el campo de las ciencias sociales y no ha recibido todavía la atención que merece.

Sostiene el autor de *Il formaggio e i vermi* que la idea de utilizar
indicios oscuros y remotos de modo especulativo para construir un
modelo epistemológico ha sido un componente esencial en el patri-
monio cultural.

En el prefacio a *Il formaggio e i vermi* (Ginzburg, 1976: XI)
comienza haciendo una declaración de principio en el sentido de lo
que estamos diciendo: «En el pasado se podía acusar a los historiadores de querer conocer solamente las 'gestas de los reyes'. Hoy,
ciertamente, ya no es así. Cada vez más los historiadores se dirigen
hacia lo que sus predecesores habían callado, separado o simplemente
ignorado. «¿Quién construyó Tebas la de las siete puertas?», preguntaba ya el «lector obrero» de Brecht. Las fuentes no nos dicen nada
de aquellos anónimos operarios, pero la pregunta conserva todo su
peso.»

La escasez de testimonio sobre los comportamientos y las actitudes de las clases subalternas del pasado son ciertamente el primer
—no el único— obstáculo con que se encuentran investigaciones de
este tipo, recuerda Ginzburg en la presentación de la historia de
Domenico Scandella, conocido por Menocchio, un friulano que mu-
rió quemado por orden del Santo Oficio después de una vida que
transcurrió en la más completa oscuridad.

Junto a la historia cuantitativa y serial, que alcanzó reconocimiento en la comunidad científica, Ginzburg puede representar una tendencia nueva en la investigación italiana que, como el mismo Ginzburg y Poni (1981: 133) dicen, no se encuentra sin relación con la
extraordinaria riqueza de material documentario que se ha encargado
de explotar.

Se han multiplicado en estas investigaciones, que se conocen
bajo el nombre de *microhistoria*[47], trabajos que tienen en común el

---

[47] *Microhistoire* es el título del artículo de Ginzburg y Poni (1981). *Microstorie* es el nombre de una colección de libros de historia, editado por
Einaudi, que se ha presentado con estas palabras: «*Microstorie* quiere ser un
experimento, una propuesta, una verificación de los materiales (...). Es también (...) la historia *dei piccoli e degli esclusi*. Es la historia de momentos,
situaciones, personas que, indagados con ojo analítico, en ámbito circunscrito,
recuperan peso y color. El examen de contextos concretos en su complejidad
hace emerger nuevas categorías interpretativas, nuevas intrigas causales, nuevos terrenos de investigación.» El número 1 de la colección es precisamente
de Carlo Ginzburg, *Indagini su Piero*; uno de los últimos, el del joven historiador A. Manzoni, *I promessi sposi*; cfr. Aurelio Lepre, «Manzoni micros-
torico», *Alfabeta*, 78, 1985, p. 8.

análisis con lupa de fenómenos circunscritos —una comunidad de poblado, un grupo de familias o incluso un individuo.

Sostienen Ginzburg y Poni (1981: 136) que si las fuentes callan y/o deforman sistemáticamente la realidad social de las clases subalternas, un documento verdaderamente excepcional —es decir, estadísticamente infrecuente— puede ser mucho más revelador que mil documentos estereotipados. Como ha mostrado Kuhn, los casos marginales ponen en causa el antiguo paradigma y ayudan al mismo tiempo a constituir uno nuevo mejor articulado y más rico. Funcionan, pues, como las trazas o los índices de una realidad oculta y que generalmente no es aprehensible sino a través de la documentación.

En 1979 apareció en Italia un libro colectivo, producto de un rico debate que había comenzado en la península dos años antes, titulado significativamente *Crisi della regione. Nuovi modelli nel rapporto tra sapere e attività umane.* Carlos Ginzburg contribuyó con un artículo, «Spie. Radici di un paradigma indiziario», que suscitó una acalorada polémica [48]. Como ejemplo de este paradigma, Ginzburg toma el trabajo de tres grandes «detectives»: Giovanni Morelli, Sigmund Freud y Sherlock Holmes.

Giovanni Morelli —que usó el pseudónimo de Ivan Lermolieff— fue un historiador del arte, autor de una metodología de la atribución (Castelnuovo, 1980: 782 y ss.) conocida por el método morelliano. Morelli pensaba que los museos estaban llenos de cuadros atribuidos de modo inexacto, siendo necesario distinguir los originales de las copias. Para hacerlo, decía Morelli, no hay que basarse, como normalmente se hace, sobre los caracteres más reconocibles y por tanto más fácilmente imitables de los cuadros: los ojos alzados al cielo de los personajes de Perugino, la sonrisa de los de Leonardo, etc. Es necesario, en cambio, examinar los detalles más difusos y menos influenciados por las características de la escuela a la que el pintor pertenecía: los lóbulos de las orejas, las uñas, la forma de los dedos de las manos y de los pies. Morelli descubrió así una Venus de Giorgione que hasta entonces se había considerado una copia de Tiziano.

Castelnuovo (1980: 782) ha relacionado el trabajo de Morelli con las pesquisas policiales que inventara sir Arthur Conan Doyle; como Morelli, Sherlock Holmes identifica un personaje gracias a ín-

---

[48] Entre otros artículos: M. Pogatsching, «Costruzioni nella storia. Sul metodo di Carlo Ginzburg», *Aut Aut*, 181, 1981; A. Carandini, «Quando l'indizio va contro il metodo», y M. Vegetti, «La ragione e le spie», ambos en *Quaderni di storia*, 11, 1980. La misma revista, en su núm. 12, 1980, ha publicado varios artículos bajo el epígrafe *Paradigma indiziario e conoscenza storica. Dibattito su «Spie» di C. Ginzburg.*

dices imperceptibles para su amigo Watson e incluso para quien los había dejado. La misma regla vale para el especialista en atribución y para el detective: el detalle que se ve, el elemento que atrae el ojo es el menos seguro; es necesario descubrir los indicios mejor escondidos, ya que conducen necesariamente al protagonista.

En su ensayo *El Moisés de Miguel Angel,* Freud habla de un experto de arte ruso, Ivan Lermolieff, que resultó ser el pseudónimo del italiano Giovanni Morelli. De él dice al comienzo del libro, en el segundo parágrafo: «Creo que su método está estrechamente emparentado con la técnica del psicoanálisis médico» (cfr. Ginzburg, 1979: 62 y 63). Como es sabido, Freud propuso un método interpretativo basado sobre los descartes, sobre datos marginales considerados como reveladores.

Se puede, en fin, comprobar una analogía entre estos tres médicos —no sólo Freud, sino también Morelli y Conan Doyle se licenciaron en medicina— que trabajaron sobre distintos tipos de trazas: síntomas en el caso de Freud, indicios en el caso de Sherlock Holmes y signos pictóricos en el de Morelli.

En su erudito artículo, Ginzburg da un repaso a teorías y métodos de conocimiento basados en indicios: desde la medicina hipocrática que definió sus propios métodos reflexionando sobre la noción de síntoma *(semeion),* al saber del cazador que huele, registra, interpreta y clasifica trazas infinitesimales como hilos de baba; desde textos como *Peregrinación de tres hijos jóvenes del rey de Serendip,* de Horace Walpole, o *Zadig,* de Voltaire [49], a las novelas policiacas de Poe, Gaboriau o Connan Doyle; la fisiognómica árabe, basada en la *firasa,* noción que designaba en general la capacidad de

---

[49] El libro de Horace Walpole y su éxito indujeron a su autor a acuñar en 1754 el neologismo *serendipity* para designar descubrimientos imprevistos gracias al azar y a la inteligencia. Según muestra Ginzburg (op. cit.), Voltaire reelaboró en *Zadig* (ed. Elena Diego, Cátedra, Madrid, 1985, pp. 199-279) la primera novela de *Peregrinaje,* en concrto en su tercer capítulo, titulado «El perro y el caballo» (pp. 206-210). Allí Zadig, que lee, a través de indicios, el Libro de la Naturaleza, dice: «Vi en la arena las huellas de un animal, y fácilmente deduje que eran las de un perrito. Surcos ligeros y largos, impresos en las pequeñas eminencias de arena entre las huellas de las patas, me han dado a entender que era una perra cuyas ubres colgaban y que, por tanto, había tenido cachorros hacía pocos días» (p. 208). Según Ginzburg, en estas líneas se encuentran el origen de la novela policíaca. El nombre de Zadig se convirtió en un símbolo. En 1880 Thomas Huxley, en el ciclo de conferencias que pronunció para definir los descubrimientos de Darwin, definió «método de Zadig» al procedimiento que ponía en común la historia, la arqueología, la astronomía física y la paleontología: la capacidad de hacer profecías retrospectivas.

pasar de manera inmediata de lo noto a lo ignoto sobre la base de indicios...

Se podría argumentar que este *paradigma indiziario* propuesto por Ginzburg no es exacto. El mismo señala dos posibilidades de trabajo científico: o se asume un estatuto científico débil para llegar a resultados relevantes, o se asume un estatuto científico fuerte para llegar a resultados de escaso relieve.

Por otra parte, advierte Ginzburg que se trata, en el paradigma indiciario, de formas de saber tendencialmente *mudas,* en el sentido en que sus reglas no se prestan a ser formalizadas, ni siquiera dichas.

Pareciera como si Ginzburg hiciera suyo lo que los epistemólogos anglosajones han dado en llamar *serendipity:* descubrimientos imprevistos gracias al azar y a la inteligencia, encontrar algo que no se buscaba —es el caso de Colón, que buscaba las Indias para encontrar especias y descubrió América—. En todo caso, y lejos de posiciones epistemológicas, el *paradigma indiciario* supone hoy un desafío en el tratamiento del documento, que ha comenzado a dar resultado en ese campo, llamado en Italia microhistoria.

6. El documento como texto de cultura

> Todo texto de Cultura es también un texto de Barbarie.
>
> W. BENJAMIN

Queremos terminar este capítulo —una vez visto posibles acercamientos metódicos al Documento y su crítica— con una perspectiva semiótica —culturológica—: la constituida por un grupo de semiólogos soviéticos, encabezados por Jurij M. Lotman, que se ocupan de lo que ha dado en llamarse Semiótica de la Cultura [50]. La cultura es vista como un sistema de sistemas de significación, un len-

---

[50] Partiendo de la definición lotmaniana de la cultura como «sistema de signos sometidos a reglas estructurales que intervienen sobre el fondo de la no-cultura», el grupo de semiólogos rusos: Ivanov, Lotman, Pjatigorskij, Toporov, Uspenskij (1980), elaboraron las conocidas *tesis sobre el estudio semiótico de la cultura,* donde dieron una primera aproximación a la semiótica de la cultura: la ciencia de la correlación funcional de los diferentes sistemas de signos (1980: 35). Cfr. también Lotman y Escuela de Tartu (1979) y la introducción nuestra. Asimismo, el artículo de Irene Portis Winner, «Ethnicity, Modernity and Theory of Culture Texts», *Semiotica,* vol. 27, 1/3, 1979; la introducción de Simonetta Silvestroni, «Il pensiero di Lotman e la semiotica sovietica negli anni settanta» a Lotman (1980), y la introducción a Lotman (1985); Miceli (1982).

guaje si se quiere decirlo de modo reduccionista, cuyas manifestaciones concretas son textos de esa cultura.

Existe para ellos la convicción que entre el universo cultural y el texto individual o singular hay una relación de isomorfismo. Puesto que, dice Lotman (1980: 3), es evidente que el microtexto elemental es la palabra, se puede decir que la relación entre la palabra y la cultura es doble. La palabra aparece como el primer elemento de la cultura, mientras la cultura se presenta como una cantidad de palabras (de textos). El primer elemento de la cultura repite sin embargo en un nivel más bajo en la estructura textual los trazos de la cultura como tal, y viceversa. Así, si se permite una metáfora, continúa Lotman, se puede decir que la cultura es la palabra (el texto), mientras el texto es la cultura. El principio de isomorfismo, pues, funciona en todos los niveles de la cultura, que se puede considerar entonces sea como una serie de textos, sea como un único texto organizado de modo particular.

6.1. *La cultura como información*

«Un texto no es la realidad, sino el material para reconstruirla. Por ello el análisis semiótico de un documento debe preceder siempre al histórico. Una vez elaboradas las reglas para la reconstrucción de la realidad basándose en un texto, el investigador sabrá extrapolar del documento también lo que desde el punto de vista de su autor no constituía un "hecho" y estaba sujeto al olvido, pero que el historiador puede evaluar en otra manera si a la luz de su propio código cultural aquel "no hecho" interviene como evento significativo» (Lotman, 1975: 47).

En este pasaje citado, Lotman sugiere la relación entre un análisis semiótico de determinado texto cultural y un análisis histórico. Aquél debe preceder a éste. Por decirlo con otras palabras, el trabajo del semiótico de la cultura, tal como lo concibe Lotman, permitiría posteriormente al historiador percibir eventos significativos en el documento tras un estudio semiótico de sus códigos culturales y de la descripción del documento como texto de cultura y también como memoria.

En este tipo de trabajos, al observar la historia intelectual de la humanidad se ha podido observar a su vez, como característica de ella, la lucha por la memoria. No en vano, la destrucción de una cultura se manifiesta como destrucción de la memoria, eliminación de textos, olvido de los nexos.

Para Lotman, el origen de la historia (y antes, incluso, del mito) como un determinado tipo de conciencia es una forma colectiva. En ese sentido se ha ocupado de las Crónicas Medievales rusas, que representan para él un modo extremadamente interesante de organizar la experiencia histórica de una colectividad. Cabe una diferencia con la historia: si para la conciencia contemporánea la historia, entendida como suma de acontecimientos reales, se refleja en un conjunto de múltiples textos, cada uno de los cuales presenta sólo un aspecto determinado de la realidad, para el Medioevo ruso la crónica en cambio era el Texto, el equivalente escrito de la vida en su totalidad.

En su analogía con la vida, también la crónica marcaba el *inicio;* todos los acontecimientos, dice Lotman, estaban contraseñados por su límite inicial: así, de la tierra, la creación del universo; del cristianismo, el nacimiento del Salvador; de la historia nacional, la fundación de las ciudades; etc.

Cita como ejemplo *Relato de los tiempos pasados,* corpus de crónicas elaborado en Kiev en el siglo XII. En las primeras líneas se puede leer: «He aquí el relato de los tiempos pasados: de donde tuvo origen la tierra rusa...», mientras que no implicaba un *fin* en el sentido que el concepto tiene en los textos actuales.

La crónica era isomorfa de la realidad: el registro anual de los hechos permitía construir un texto sin límite final, que crecía constantemente a lo largo del eje del tiempo. La noción de fin adquiría una sutileza escatológica que coincidía con el fin del tiempo (es decir, de la tierra). En cambio, la modelización fundada sobre los principios de causa y efecto llevó a marcar el fin del texto: es el paso de la crónica a la historia y a la novela.

En este caso, en cambio, según Lotman, la transformación de la vida en texto se ligaba a la interpretación de su significación latente, diferente al esquema que se daba en las Crónicas:

$$\text{vida} \rightarrow \text{texto} \rightarrow \text{memoria}$$

donde la transformación de la vida en texto no es interpretación, sino introducción de los acontecimientos en la memoria colectiva, en este caso nacional.

La presencia de una única memoria era el índice de existencia de la colectividad nacional en la forma de un organismo unitario. A través de la memoria común se manifestaba la toma de conciencia de una vida unitaria.

En tal sentido, dice Lotman, las Crónicas y los *signos conmemorativos,* próximos a aquéllas sobre el plano funcional (tumbas, epígrafes sobre los monumentos, los monumentos mismos, inscripciones, etc.) que, a diferencia de los textos históricos —con su exposición pragmática *(sic)*—, no representan una interpretación de los acontecimientos, sino la *memoria* de ellos, pueden cumplir para una colectividad la función de *signos de existencia*.

Sostiene también Lotman que toda cultura históricamente dada genera un modelo cultural propio. Por ello el estudio comparado de la semántica del término *cultura* en un arco de siglos, dice Lotman, constituye material utilísimo para construcciones tipológicas. Conscientes, pues, de la dificultad de definir *la* cultura sin alterar la especificidad de *cada* cultura que darían a su vez diferentes definiciones, el grupo de investigadores rusos optaron por caracterizar de modo cauto a la cultura como *la información no hereditaria que recogen, conservan y transmiten las sociedades humanas.*

Por poner un solo ejemplo que confirma la concepción de cultura como información, Uspenskij, asiduo colaborador de, y coautor con Lotman, afirma que «en una perspectiva semiótica se puede representar el proceso histórico como un proceso de comunicación durante el cual el flujo de infomación no cesa de condicionar reacciones-respuestas en un destinatario social» (Uspenskij, 1979: 209).

Al considerar la cultura como «información», Lotman hace uso de los conceptos de «código» y «mensaje» a partir sobre todo de las investigaciones de Jakobson, de quien se reconoce deudor [51].

Para percibir una información es necesario responder a dos preguntas diferentes: «¿qué se dice?» y «¿en qué lengua se ha dicho?».

---

[51] En distintos trabajos, Lotman hace mención expresa de la deuda contraída con Jakobson. En concreto, intentó que la distinción establecida en lingüística por R. Jakobson entre el código y el mensaje se aplicara a otros fenómenos culturales e incluso a la historia de la literatura y del arte. Considera Lotman como condición *sine qua non* del análisis de los textos culturales la separación del contenido de los textos culturales de la estructura de su lengua. En otras palabras, propugna la distinción entre el sistema reconstruido teóricamente (La *langue* de esa cultura) y su manifestación en la masa de los hechos fuera del sistema (su *parole*). Es consciente Lotman, sin embargo, del carácter aproximativo en la identificación de tales categorías estructurales.

En 1977 Lotman escribió un artículo: «La cultura come mente colectiva e i problemi dell'intelligenza artificiale», *Documento di Lavoro,* 66.

Allí critica el famoso esquema de la comunicación de Jakobson, afirmando que al representar el mecanismo de circulación de los mensajes propios de esta o aquella sociedad no sólo no consigue explicar de modo claro los mecanismos del proceso comunicativo, sino que excluye también la posibilidad de que surjan nuevos mensajes en el interior de la cadena «Emisor-Destinatario» (p. 5). Recordemos el esquema de Jakobson:

$$
\begin{array}{c}
\text{Contexto} \\
\text{Mensaje} \\
\text{Emisor} \, \text{———} \, \text{Destinatario} \\
\text{Contacto} \\
\text{Código}
\end{array}
$$

La primera cuestión es de carácter semántico y podrá resolverse a través de la confrontación del sistema sígnico empleado con la realidad extralingüística o con otros sistemas sígnicos autónomos. A este problema se conectará una serie de otras preguntas siempre sobre el aspecto semántico de la información: «¿Cuál es el contenido del texto tomado en examen?» «¿Cuál es la relación con la realidad?» «¿De qué factores está condicionada la existencia del texto tomado en examen?»

Respecto a la segunda pregunta, «¿Qué lengua ha sido usada en la comunicación en examen?», otras cuestiones deben, según Lotman, plantearse: «¿Por qué comprendemos y en qué medida comprendemos una cierta comunicación?» «¿Cómo ha sido codificado el texto?» Lo que, a su vez, lleva a preguntarse: «¿Qué tipos de codificación son posibles en el ámbito de un determinado sistema semiótico?»

Pasando a los problemas del estudio de la historia de la cultura, es necesario distinguir el contenido del proceso cultural de la «lengua de la cultura» de aquel particular sistema extraordinariamente complejo de códigos formados en el curso de la historia gracias a los cuales determinados hechos de la vida cultural devienen una información que se presta a ser conservada y transmitida.

En la propuesta de Lotman, la construcción de abstracciones particulares del tipo «la lengua de la cultura del Medioevo», «la lengua de la cultura del Renacimiento», ofrecerá sin duda al investigador códigos de extraordinaria importancia para descifrar la información cultural y permitirá al mismo tiempo evitar esa mezcla entre las lenguas asistemáticamente reconstruidas de las culturas antecedentes, por una parte, y por otra la lengua de la cultura del investigador mismo, que confiere a las investigaciones de tipo humanístico un incómodo carácter de aproximación.

Definir la esencia de la cultura como información, significa poner el problema de la relación que subsiste entre la cultura y las categorías fundamentales de su transmisión y conservación (Lotman, 1975: 29). Para Lotman, el entero material de la historia de la cultura puede ser considerado desde dos puntos de vista:

1. Desde el punto de vista de una *información significativa*.
2. Desde el punto de vista del *sistema de códigos sociales* que permiten expresar tal información con determinados signos.

Uno de los muchos problemas que plantea esta posición es la relación entre las tipologías histórico-culturales y el material histórico cultural. (En algún sentido esta relación correspondería, para Lotman, a la contraposición estructural entre *langue* y *parole*.)

El material efectivo será indefectiblemente más rico, más complejo y más contradictorio que los esquemas tipológicos. De todas formas, sugiere Lotman, en este caso el problema se resolverá de modo muy diferente de cuanto sucede con la tradicional confrontación entre el material histórico y la «concepción» del historiador.

Entre los mucho casos que pueden observarse, queremos destacar aquel en el que un *hecho* no encuentra lugar en una determinada estructura del código cultural relativo y, sin embargo, tiene pleno valor informativo para el investigador.

Varias interpretaciones pueden explicar este fenómeno. En todo caso, cabe mencionar el que la informatividad está determinada por el hecho de que el investigador aplica el material estudiando los códigos de la propia época.

A este respecto, Lotman advierte y subraya la conocida aberración científica por la que todo el antecedente desarrollo cultural de la humanidad tiene sentido en la medida en que preanuncia la posición del investigador.

Recuerda Lotman también que toda manifestación de significado es una traducción, una recodificación. Por ello la traducción de un texto de cultura en la lengua de nuestro tiempo es el presupuesto necesario para tal manifestación de significado en nuestro tiempo. Por eso hay que distinguir los casos en que decodificamos un texto cultural históricamente dado con la ayuda de los códigos reconstruidos de su época de aquel en que lo desciframos con el método de la traducción en la lengua de los conceptos en acto.

6.2. Los códigos y tipología de las culturas

6.2.1. Códigos culturales

Se debe señalar en primer lugar que ninguna época tiene un solo unitario y simple código cultural, aunque, dice Lotman, la construcción de un código de este tipo es a menudo una abstracción científica bastante útil. También señala Lotman que se puede suponer que el número de los códigos culturales elementales posibles en el ámbito del sistema general de la «cultura de la humanidad» sea relativamente exiguo.

Al considerar la cultura, en este sentido, como jerarquía de códigos desarrollados en el tiempo, tras la descripción de los códigos principales, se puede conocer a su vez las «lenguas» de las culturas singulares que toman forma sobre la base de dichos códigos.

En semejante perspectiva, se puede considerar a los códigos como Sistemas de Modelización del Mundo. El sistema de modelización primario es el lenguaje; el sistema de modelización secundario, basado en el anterior son, para los semiólogos rusos, los otros sistemas culturales, desde la mitología hasta el arte.

El relativismo cultural lotmaniano y, en general, de la semiótica rusa encuentra conexión con el relativismo de Sapir y Whorf, que ya habían advertido que «vemos, oímos y experimentamos de esta manera porque los hábitos lingüísticos de nuestra comunidad nos han predispuesto a la elección de ciertas interpretaciones».

Es precisamente en la atención que presta a los distintos puntos de vista y a las diferentes interpretaciones culturales como diferencias de códigos donde Lotman puede proporcionar sugerentes propuestas para el análisis histórico. Entre otras consideraciones advierte, por ejemplo, del riesgo de considerar el propio punto de vista no como uno de los puntos de vista posible, sino como «natural» y «evidente».

Por otra parte, y como ha señalado Miceli (1982: 468), seleccionar acontecimientos y conferirlos —más que a otros— categoría de «existencia» cultural, modelizar el mundo, dar relevancia o pertinencia a la realidad y a la experiencia privilegiando unos aspectos más que otros, programar el comportamiento según ciertas reglas con exclusión de otras, son todas ellas cuestiones que reenvían sobre todo a la naturaleza estructural de los códigos, a las reglas semióticas de los mecanismos de la cultura.

En uno de sus primeros trabajos sobre tipología de la cultura, Lotman consideraba que cualquier texto cultural puede ser visto como un texto único con un único código y como un conjunto de textos con un determinado conjunto de códigos (relativos a los textos). Además, el conjunto de los códigos puede ser mecánico: consistir en una determinada pluralidad de textos que en principio no es posible descifrar mediante un código común; o bien puede ser estructural: comprender textos que exigen códigos diversos sólo en un determinado nivel, mientras en otros niveles son descifrables con un único sistema de signos. En este último caso, dos códigos culturales diferentes pueden ser considerados como variantes de un esquema invariante.

Para ejemplificar lo que acabamos de decir, Lotman facilita el siguiente caso: las normas ideales del comportamiento del caballero y del monje en el cuadro de la cultura medieval —para el historiador de esta cultura los textos serán dados tanto de los monumentos reales, fijados a través de la escritura, cuanto de las normas ideales reconstruibles; es probable que tenga sentido hablar aquí de textos de diferentes niveles— serán diferentes. Su comportamiento parecerá sensato —comprenderemos el «significado»— sólo adoptando, para cada uno de ellos, estructuras de códigos particulares —toda tentativa de emplear otro código hace aparecer tal comportamiento como «sin sentido», «absurdo», «ilógico» y no lo descifra [52].

En un determinado nivel, estos códigos —aclara Lotman— resultarán opuestos entre sí. Mas no se trata de la oposición de sistemas no conexionados entre ellos y por consiguiente diferentes, sino de una oposición interna en un mismo sistema; por ello en otro nivel puede ser reconducida a un sistema de codificación invariante.

Lotman en el ejemplo citado muestra otra hipótesis, esto es, la de imaginar que las normas del comportamiento del santo o del caballero son descritas en textos funcionalmente diferentes: por ejemplo, en un texto jurídico y en uno artístico. Bajo un cierto perfil, señala Lotman, también estos textos son invariantes, pero contemporáneamente los modos de formar los significados en ellos serán profusamente diferentes.

Indica también Lotman otra circunstancia: «Una propiedad importante de los textos culturales es su movilidad semántica: el mismo texto puede proporcionar a sus varios "consumidores" una diferente información.» Por poner un ejemplo, sirva el que nos da Lotman: el lector moderno de un texto sagrado del Medioevo descifra la semántica recurriendo a códigos diferentes de los usados por el creador del texto. Además, cambia también el tipo de texto: en el sistema de su creador pertenecía a los textos sagrados, mientras en el sistema del lector pertenece a los artísticos.

Se puede comprender, pues, a partir de estas consideraciones por qué Lotman relativiza, por ejemplo, la afirmación de absoluta demarcación entre literario y no literario. La aceptación de un texto como texto literario está determinada por el código que el receptor emplea al decodificarlo. Util sugerencia ésta que permitirá a su vez, como veremos en el siguiente capítulo, relativizar y relacionar «texto de ficción» y «texto de historia». Sobre ello volveremos.

También hay que señalar que en el nivel de la *parole,* de su concreción empírica, todo texto cultural representa no la encarnación de un cierto código, sino la unión de diferentes sistemas. En consecuencia, ningún código, por compleja que sea la construcción jerárquica, puede descifrar adecuadamente todo lo que está realmente

---

[52] En otro sentido análogo, extraen Lotman y Uspenskij (1975: 58) un ejemplo de la obra del cibernético Wiener: para los maniqueos el diablo es un ser malévolo, que dirige consciente e intencionalmente su poder contra el hombre; para San Agustín, en cambio, el diablo es fuerza ciega, entropía, dirigida sólo objetivamente contra el hombre, a causa de la debilidad e ignorancia de éstos. Si se contrapusiera diablo a cultura, la diferencia entre la aproximación maniquea y agustina correspondería a dos tipos de cultura.

dado en un texto cultural en el nivel de la *parole*. El código de una
época, se nos recuerda, no es el único cifrario, sino el cifrario preva-
lente. La característica esencial de cada código cultural será dada
de la indicación de un rol hegemónico o subordinado y de la lista de
los otros códigos culturales compatibles e incompatibles con ello.

Si la cultura, en general, puede ser representada como un conjunto de textos, desde el punto de vista del investigador es más
exacto hablar de la cultura en cuanto mecanismo que crea un conjunto de textos y hablar de textos en cuanto realización de la cultura. Es esa una idea que se repite en toda la obra de Lotman y de
sus colaboradores; dicho en otras palabras, más que un depósito
de ideas y de textos, la cultura es el mecanismo vivo de la conciencia colectiva.

Como han recordado recientemente Lotman y Uspenskij (1980:
405), la esencia de la cultura consiste en el hecho de que en ella el
pasado, a diferencia del discurrir natural del tiempo, no «se disuelve
en el pasado» y no desaparece. Cuando el pasado se fija en la memoria de la cultura, su presencia constante está garantizada al menos
en un nivel potencial. La memoria de la cultura, reiteran, se constituye no sólo como un conjunto de textos, sino también como un
cierto mecanismo generativo. La cultura ligada al pasado de la memoria genera el propio futuro y el propio pasado mostrando, bajo
este aspecto, el mecanismo con el que se opone al tiempo natural.

Una cultura viva no puede ser, dicen, una repetición del pasado: genera indefectiblemente sistemas y textos estructuralmente nuevos. Mas ella, afirman, no puede contener en sí *memorias* del pasado. La correlación entre las imágenes de su pasado y las de su futuro que potencialmente están presentes en toda cultura, y el grado
de influencia que unas ejercen sobre otras, constituyen para Lotman
y Uspenskij la característica tipológica para los fines de un examen
comparativo de culturas diferentes.

Nos permitimos incluir ahora una larga cita de Lotman y Uspenskij que pensamos sintetiza de modo extraordinariamente claro su posición respecto a lo que nos estamos refiriendo:

La cultura, en el sentido más amplio del término, puede ser considerada
como memoria no hereditaria de una colectividad que toma forma a través
de un determinado sistema de prohibiciones y de prescripciones. Esta noción
de cultura no excluye, sin embargo, una concepción axiológica de ella; en
efecto, para la colectividad, la cultura aparece siempre como un cierto sistema
de valores. La diferencia entre estas dos interpretaciones de la cultura puede
ser referida a la diferencia que existe entre el punto de vista externo de una
observación hecha por un extraño y el punto de vista interno del portador de
la cultura: la aproximación axiológica presupone necesariamente que se tenga

en cuenta el punto de vista interno, es decir, el de la autoconciencia de la cultura.

Los estudiosos de la cultura también en este caso se sitúan en el punto de vista separado de un observador externo, desde el momento en que para su objeto de estudio es la propia posición desde donde se mueve la observación hecha desde el interior. Bajo este aspecto, la historia de la cultura no es sólo la dinámica de estas u otras prohibiciones y prescripciones, sino que es también la dinámica de la autoconsciencia de la cultura la que da alguna explicación del relativo cambio que sufren las orientaciones normativas (o bien las prescripciones y las prohibiciones). En este sentido se puede afirmar que la cultura en cuanto sistema de una memoria colectiva resulta ser necesariamente la única estructura válida para la colectividad. El hecho de que la cultura esté caracterizada por una fuerte tendencia a la descripción en cuanto inducida, en un cierto momento, a regularse a sí misma como un todo único en el nivel de contenido y de estructura, implica que la cultura misma se manifiesta fuertemente como un fenómeno que debe ser descrito. La cultura, cada vez que advierte la necesidad de crearse un modelo propio, actúa sensiblemente sobre el proceso de autoorganización, se organiza a sí misma en modo jerárquico, reconoce la autenticidad de algunos textos y excluye otros.

Sucesivamente este modelo deviene un hecho de la historia de la cultura y, por norma, influye sobre las concepciones de los historiadores. De todas formas, se trata no ya de aplicar automáticamente los modelos de la auto-descripción de la cultura del pasado a un texo objeto de una investigación sino de transformar los modelos mismos en objeto de estudio particular, en la medida en que representan el mecanismo mismo de la cultura. (Lotman y Uspenskij, 1980: 372-373).

Antes de continuar con las aportaciones de Lotman queremos contrastar este largo párrafo con una observación de Norbert Elias. Dice Elias: «Las investigaciones históricas adolecen con frecuencia de la heteronomía de sus valoraciones. La diferencia entre aquello que parece significativo al investigador en razón de la escala de valores de su propia época, y especialmente en virtud de sus propios ideales, y aquello que es relevante en el contexto de la época estudiada, es de ordinario sumamente vaga —p. ej., lo que en la escala valorativa de los que vivían entonces tenía un rango superior o inferior—. La escala valorativa del historiador personal y condicionado por su época goza generalmente de la supremacía. Determina en gran medida el tipo de planteamientos y la selección de las pruebas documentales (...)

(...) Los investigadores no pueden seguir adelante con su trabajo y se quedan empantanados en la incertidumbre, cuando acríticamente y desde fuera trasponen a las épocas por investigar las valoraciones políticas, religiosas e ideológicas de su propio tiempo, como si fueran evidentes, en vez de enfocar, ya en la elección y

orientación de los problemas, los vínculos específicos, así como
—y en especial— las específicas escalas axiológicas de las asociacio-
nes humanas que se estudian» (Elias, 1982: 43).

Un primer aspecto a destacar es la distinción existente entre una
concepción de la cultura desde su propio punto de vista y una concepción de la cultura desde el punto de vista de un metasistema científico que la describe[53]. Ambas concepciones pertenecen, pues, a
culturas diferentes que poseen a su vez códigos diferentes. El historiador que intenta acercarse pertrechado con sus métodos y sus hipótesis, desde determinados códigos culturales, a unos textos de otra
cultura distinta porque, entre otras cosas, es también distinto el
tiempo actúa como el «Forastero», del que nos hablara desde la teoría social Alfred Schütz[54].

La posible analogía entre el comportamiento del forastero tratando de incorporarse a un grupo social diferente al suyo y el historiador interpretando textos del pasado se puede aceptar si se comparte alguna de las características que definen, según Schütz, al

---

[53] Shütz (1974: 95 y ss.). Allí dice Shütz: «En este artículo nos proponemos estudiar, en términos de una teoría interpretativa general, la situación típica en que se encuentra un forastero cuando procura interpretar el esquema
cultural de un grupo social al cual se acerca, y orientarse dentro de él» (loc.
cit.: 95).
«El sociólogo (como sociólogo y no como hombre entre sus semejantes,
cosa que sigue siendo en su vida privada) es un observador científico desinteresado del mundo social. Es 'desinteresado' en cuanto se abstiene intencionalmente de participar en la red de planes, relaciones entre medios y fines,
motivos y posibilidades, esperanzas y temores, que utiliza el actor situado dentro de ese mundo para interpretar sus experiencias en él; como hombre de
ciencia, procura observar, describir y clasificar el mundo social con la mayor
claridad posible en términos bien ordenados de acuerdo con los ideales científicos de coherencia, consistencia y consecuencia analítica. El actor situado
dentro de un mundo social, en cambio, lo experimenta principalmente como
un campo de sus actos actuales y posibles, y sólo en forma secundaria como
objeto de su pensamiento. En la medida en que le interesa el conocimiento
de su mundo social, organiza este conocimiento no en términos de un sistema
científico, sino de la significatividad para sus acciones» (loc. cit.).
[54] Schütz (1974: 100): «Sin duda también desde el punto de vista del forastero la cultura del grupo al que se incorpora tiene su historia peculiar que
incluso le es accesible. Pero nunca ha sido parte integrante de su biografía,
como la historia de su grupo de origen (...). Los sepulcros y los recuerdos
no pueden ser transferidos ni conquistados. El forastero aborda al otro grupo
como un recién llegado, en el verdadero sentido del término. A lo sumo puede estar dispuesto a (y en condiciones de) compartir el presente y el futuro
con el grupo al que se incorpora, en experiencias vívidas e inmediatas; pero
en todas las circunstancias permanecerá excluido de tales experiencias de su
pasado. Desde el punto de vista del grupo al que se incorpora, él es un hombre sin historia.»

forastero. Así, por ejemplo, dice: «El forastero (...) pasa a ser, esencialmente el hombre que debe cuestionar casi todo lo que le parece incuestionable a los miembros del grupo. Para él, la pauta cultural de dicho grupo no tiene la autoridad de un sistema verificado de recetas, y ello, sino por otro motivo, porque no comparte la tradición histórica vivida en la cual se ha formado aquél» (*loc. cit.*, 100).

Y en otro pasaje afirma Schütz: «Para el forastero la pauta cultural de su grupo de origen sigue siendo el resultado de una evolución histórica ininterrumpida y un elemento de su biografía personal, que por esta misma razón ha sido y todavía es el esquema incuestionado de referencia para su «concepción relativamente natural del mundo». En consecuencia, es obvio que el forastero comience a interpretar su nuevo ambiente social en términos de su pensar habitual. Sin embargo, encuentra dentro del esquema de referencia que trae de su grupo de origen una idea ya elaborada de la pauta supuestamente válida dentro del grupo al que se incorpora, idea que, inevitablemente, no tardará en resultar inadecuada» (*loc. cit.*, 100).

Aunque sean diferentes los ámbitos de observación —y no es necesario insistir, los «tiempos» de los diferentes dominios—, se puede aceptar la analogía sobre la base de diferencias de códigos entre el observador extraño (sea forastero, sea historiador) y el portador de cultura (sea del grupo al que se incorporará el forastero, sea un período, un personaje; en suma, un texto del pasado leído por el historiador). Sobre esta diferencia de códigos culturales nos proporciona inestimable ayuda las propuestas de Lotman [55].

6.2.2. Tipología de las culturas

En su intento de dar una interpretación tipológica a la historia de la cultura, rusa en su caso pero que quizá pueda servir también con pequeñas variaciones para toda Europa, Lotman ha propuesto un esquema basado en la superioridad o escasa importancia de los valores paradigmáticos que él llama semánticos —o lo que es lo mismo, relaciones de sustitución entre signos y valores sintagmáticos que se refieren a las relaciones de combinación entre los signos—. Así, en el esquema siguiente (Lotman y Escuela de Tartu, 1979: 49):

---

[55] Aunque, como veremos en 6.2.2., tanto el establecimiento de códigos culturales y su jerarquía, así como su diseño de tipología de culturas plantea numerosas dificultades; en ese sentido daremos cuentas de las objeciones de Zolkiewski.

II (Significado sintagmático)

	1	2
	$I(+)II(-)$	$I(-)II(+)$
	3	4
	$I(-)II(-)$	$I(+)II(+)$

I (Significado paradigmático)

La casilla 1 representa el tipo en que el código cultural constituye solamente la organización semántica.

En 2, el código cultural constituye solamente la organización sintagmática.

En 3, el código cultural está orientado hacia la negación de ambas organizaciones, es decir, hacia la negación del carácter sígnico.

En 4, el código cultural constituye la síntesis de ambos tipos de organización.

El primer tipo 1, definido como semántico o simbólico, representa el Medioevo. No es casual, para este tipo de modelización de la realidad, la idea de que «en el principio fue la palabra». El mundo es imaginado como palabra y el acto de creación como formación de un signo.

Los distintos signos no son otra cosa que distintas semblanzas de un mismo significado. Existir equivalía a aspirar a los signos y despreciar las cosas. Por eso la parte es homeomorfa al todo como recuerda el símbolo de la hostia donde se da la ecuación *parte* (de la hostia) = *todo* (cuerpo de Cristo); la parte no es fracción del conjunto, sino símbolo suyo. Un ejemplo puede ser la «lectura» en el sentido medieval: no es la acumulación cuantitativa de los textos leídos, sino la profundización de un texto, penetración continua y reiterada en su estructura. Es justamente así como se cumple el paso de la parte (del texto) al todo (a la verdad)

Relación ésta entre la parte y el todo que imprimía un rasgo particular al concepto de persona. Sus derechos jurídicos o la ausencia de éstos dependían del hecho de si el hombre formaba parte o no de un grupo. La divergencia entre persona biológica y social era, según Lotman, uno de los resultados del alto grado de semioticidad del tipo medieval de cultura.

El hecho de que la visión medieval del mundo se basara no ya en el principio sintagmático, sino en el paradigmático, y que toda la variedad de los textos se redujera a un texto ideal de cultura no por efecto de su suma, sino por el proceso de construcción de una estructura paradigmática, conducía, según Lotman, a otra consecuencia.

Todo el conjunto de las oposiciones semánticas particulares tendía a reducirse en antítesis culturales fundamentales (cielo-tierra, eterno-temporal, salvación-ruina, bien-pecado, etc.), las cuales, a su vez, se reducían a series semánticas que en un nivel más abstracto podían reducirse a una posición semántica fundamental de la cultura.

De aquí surgía el que, debido a esta estructura del código cultural, toda la gama de las distintas calidades se representara como un conjunto de grados distintos de una misma calidad.

Sobre el contenido y la expresión para el código medieval de cultura, Lotman hace las siguientes observaciones:

1. La expresión siempre es material, el contenido es siempre ideal.

Entre los múltiples ejemplos que proporciona Lotman podemos reseñar la oposición honor-gloria, que ocupó un lugar de gran importancia en el sistema ético de la primera parte de la Edad Media rusa. El «honor» es una diferencia ligada a una expresión material: un regalo, una parte del botín, un legado principesco. La «gloria» es una honra con expresión cero: ésta se atribuye a los muertos, se expresa en la memoria, en las canciones, en la notoriedad de pueblos lejanos. La «gloria», desde un punto de vista jerárquico, ocupa un lugar infinitamente más alto que el «honor», y un simple feudatario no puede aspirar a ella.

2. Entre el contenido y la expresión existe una relación de semejanza: el signo está construido según el principio icónico. La expresión es como una huella del contenido. No por nada se utilizará la imagen del espejo tanto para la materia, en cuanto plano de expresión del signo cuyo contenido es el espíritu, como para la representación icónica. También el hombre, como imagen de Dios, es icónico.

3. Las relaciones entre expresión y contenido no son ni arbitrarias ni convencionales: son eternas y preestablecidas por Dios. Es por esto por lo que el escritor que escribe el texto, el artista que pinta un cuadro, no son creadores sino simplemente mediadores, a través de quienes se da la expresión inherente al contenido mismo.

Por tanto, un juicio sobre el valor de las obras de arte no puede contemplar el criterio de originalidad.

El cuadro del mundo construido sobre la negación del cuadro sintagmático era sistemáticamente acrónico. Ni la estructura eterna del mundo, su esencia, ni su expresión material sujeta a la destrucción se sometían a las leyes del tiempo histórico. Aquello que tenía una ligazón con el tiempo no era históricamente existente, era simplemente inexistente. Es suficiente, dice Lotman, con poner un ejemplo para convencerse: las categorías de «principio» y «fin» en los textos rusos pertenecientes a la primera mitad de la Edad Media.

El juicio natural para las categorías de la conciencia moderna, «aquello que tiene principio pero no tiene fin», no se confirma, asegura Lotman en estos textos. Encontramos en ellos otra oposición semántica: «Aquello que tiene principio es eterno, es decir, no tiene fin, existe; a ello se le contrapone lo que tiene principio, es decir, lo inexistente. Y es a este último, siendo efímero como es, a quien corresponde el fin.» Tan sólo aquello que tiene principio es digno de atención. Como ejemplo cita Lotman la crónica de la antigua Kiev, *Relatos de los tiempos pasados,* de la que ya hemos dado noticia.

Brevemente comentaremos ahora el tipo en el que el código natural está orientado hacia la negación del carácter sígnico.

En la oposición entre la Edad Media y el Iluminismo, considerado en el esquema propuesto por Lotman en la casilla 3, denominado de tipo aparadigmático y asintagmático, el Iluminismo concede más valor a las cosas reales que no pueden usarse como signos: no el dinero, los uniformes, los niveles o las reputaciones, sino el pan, el agua, la vida, el amor. Y existe lo que existe separadamente.

El Iluminismo tiene una actitud decididamente negativa frente al principio mismo de signicidad. El mundo de las cosas es real, no así el mundo de los signos, que se convierten en símbolos de la mentira. La sinceridad, considerada como ausencia de signicidad, se convierte así en el máximo criterio de valor.

La «palabra», por ejemplo, en cuanto signo, se convierte también en modelo de mentira; la antítesis natural-innnatural, propia del Iluminismo, es sinónima de la oposición realidad-palabras. Lotman pone como ejemplo la expresión de Gogol: «El horrendo reino de las palabras en lugar del de los hechos».

Como ejemplo de estas ideas, Lotman nos recuerda una novela de L. Tolstoi, *Historia de un caballo,* en la que el falso mundo social es el mundo de los conceptos expresados en el lenguaje. A éste se halla contrapuesto el mundo sin palabras de un caballo. La relación de propiedad no es otra cosa que *palabras*. El narrador, un caballo, cuenta:

> Entonces yo no lograba entender lo que significaba el hecho de que *me* llamaran propiedad del hombre. Las palabras: mi caballo, referidas a mí, caballo viviente, me parecían igual de extrañas como las palabras: mi tierra, mi aire y mi agua.
>
> Pero estas palabras han tenido una influencia enorme en mí. Continuamente yo pensaba sobre esto, y sólo mucho tiempo después, tras las relaciones más variadas con los hombres, comprendí por fin el significado que los hombres atribuyen a estas extrañas palabras. El significado es éste: los hombres son guiados en la vida no por las acciones, sino por las palabras. Ellos aman no ya tanto la posibilidad de hacer o no hacer algo, cuanto la posibilidad de pronunciar sobre los distintos objetos las palabras acordadas entre ellos. Dichas palabras, consideradas entre ellos muy importantes, son: mío, mía, míos (...). Ellos llegan al acuerdo de que tan sólo uno diga *mía* ante una misma cosa. Y quien de entre ellos diga más veces *mío* cuando hable de cosas, según este juego acordado entre ellos, es considerado el más feliz. Por qué esto es así, no lo sé; pero es así. Antes traté de explicármelo durante largo tiempo con una ventaja directa, pero me equivocaba.
>
> Por ejemplo, muchos de los hombres que me llamaban caballo suyo nunca me habían montado, mientras que otros sí lo hacían. No eran ellos quienes me daban de comer, sino otros ... Y los hombres en su vida aspiran no ya a hacer lo que ellos consideran bien, sino a llamar *mías* al mayor número de cosas posibles. Ahora estoy convencido de que justamente aquí está la diferencia entre los hombres y nosotros. La actividad de los hombres (...) está guiada por las palabras; sin embargo, la nuestra lo está por la acción.

En este ejemplo se subraya el carácter convencional de todos los signos culturales, desde las instituciones sociales a la semántica de las palabras.

Si para el hombre medieval el sistema de los significados tenía carácter preestablecido y toda la pirámide de las subordinaciones sígnicas reflejaba la jerarquía del orden divino, en la época iluminística el signo, entendido como quintaesencia de la incivilización artificial, se contrapone al mundo natural de los no-signos. Justamente en esta época se descubrió el carácter convencional, inmotivado, de la relación significante-significado. La sensación de la relatividad del signo penetra profundamente en las estructuras del código cultural. En el sistema medieval la palabra se percibe como icono, imagen del contenido; en la época iluminística, hasta las imágenes pictóricas parecen convencionales.

La base de la cultura del Iluminismo, sostiene Lotman, está en la tendencia hacia la desemiotización, en la lucha contra el signo. No por ello puede deducirse que esta cultura no sea un sistema semiótico. De haber sido así, ésta no hubiera sido un tipo particular

de cultura, sino que hubiera sido una anticultura; y destruyendo las
otras maneras de conservar y transmitir la información, no hubiera
podido cumplir la función de sistema comunicativo. Pero las cosas
no son así. Por tanto, al destruir los signos de las culturas anteriores el Iluminismo crea los signos de la destrucción de los signos.
Esto puede verse claramente con un solo ejemplo: el Iluminismo
invita a abandonar las quimeras del mundo sígnico y a volverse a la
realidad de la vida natural, no deformada por las «palabras». La
esencia de las cosas está contrapuesta a los signos como lo está lo
real a lo fantástico. Pero este «realismo» es de tipo particular. Puesto que el mundo que rodea al escritor es un mundo de relaciones
sociales, se le llama entonces quimérico. Real es, en cambio, el hombre, llevado a su esencia, que no existe en realidad. De esta forma
la realidad resulta fantásticamente irreal, mientras que la realidad
superior es excluida totalmente del mundo de la realidad social. El
no-signo del iluminista, concluye Lotman, se vuelve signo de segundo grado.

Se puede reprochar a Lotman, observando el esquema que sintetiza culturas rusas desde el siglo XI al siglo XIX, de reduccionismo.
El propio Lotman ha contestado que su construcción tipológica se
dirigía a un objetivo mucho más modesto que el de pretender atender a «todo el organismo de la cultura en cuanto tal».

No han faltado críticas a la propuesta de Lotman. Acaso la más
relevante sea la del sociólogo de la cultura polaca Stefan Zólkiewski [56], que sin embargo reconoce la fecundidad de su pionero análisis.
Se pregunta Zólkiewski cómo es posible destacar y deslindar el código dominante en una cultura históricamente determinada. Es más,
en el esquema el código dominante del Medioevo ruso es de tipo
semántico y, sin embargo, Zólkiewski sostiene que la cultura del
carnaval estudiada por Bajtin [57] testimonia la presencia de un tipo
de código sintáctico.

---

[56] Cfr. S. Zólkiewski, «Sociologie de la culture et semiotique» in J. Kristeva, J. Rey-Debove, D. J. Umiker (eds.), *Essays in Semiotics-Essais de Sémiotique*, Mouton, París, 1971; «Des principes de classements des textes de culture», *Semiotica*, VII, 1973, 1; «Quelques problèmes de semiotique de la culture chez les auters est-europeens», comunicación en el primer congreso de la
IASS (International Association for Semiotic Studies), Milano, 1974, mimeo.
[57] Cfr. Mijail Bajtin, *La cultura popular en la Edad Media y en el Renacimiento. El conxto de François Rabelais*, Seix Barral, Barcelona, 1971. Consideramos importantísimo el artículo de Lotman y Uspenskij «Nuovi modelli nello
studio della cultura dell'antica Russia», *Strumenti Critici*, 42-43, 1980; artículo
que toma como pretexto el trabajo de D. Lichacèv y A. Pancenko sobre la antigua
Rusia, y que revisa las concepciones bajtinianas sobre la «cultura de la risa».

La defensa de Lotman[58] se ha basado en argumentar que él y Zólkiewski hablan en sustancia de objetos diferentes, en cuanto que se trata de puntos de vista diversos. Zólkiewski observa la cultura medieval desde un punto de vista externo de estudioso e individualiza así los diferentes códigos en la cultura medieval en el nivel de su mecanismo semiótico: códigos que le aparecen, vistos desde el exterior, dispuestos sobre el mismo plano y todos igualmente susceptibles de valorizar. Lotman, en cambio, trataba de observar la cultura medieval desde el punto de vista de su autodescripción.

Dominante para Lotman es un código que tiene un rol hegemónico respecto a los otros que consigue imponer sus principios estructurales, su propia estructura organizativa. Para Lotman, los códigos *dominantes* se pueden definir como tales no desde el propio punto de vista de externo de estudiosos, sino desde el punto de vista de la cultura estudiada, es decir, desde el punto de vista de su autodescripción.

Si hemos incluido las propuestas de Lotman es porque consideramos —aún lejos de ser un método exacto— utilísimas sus sugerencias que permiten orientar al historiador en un trabajo de decodificación de un período que no es el suyo, distinguiendo, ya lo hemos dicho, el punto de vista externo del investigador y el punto de vista interno de la autodescripción de la cultura. Como hemos visto, no distinguirlos implica defectuosas valoraciones.

El análisis del documento, una vez enunciada su no inocencia o su posibilidad de encubrir significaciones extrañas tanto al propio autor cuanto al historiador, no se agota en un *content analysis,* que destacaría el nivel de contenido manifiesto[59]. Lotman, consciente de todas esas enumeradas deficiencias, ha demostrado la importancia de atender al régimen de signicidad de una cultura, que proporciona un nivel de relevancia analítica al que el historiador, pensamos, no puede sustraerse[60].

---

[58] Cfr. Remo Faccani, «Appunti in margine ad alcuni saggi di Ju. M. Lotman», «Prefazione» a Lotman y Uspenskij (1975: 16 y ss.).

[59] Definido por Berelson como una técnica de investigación para la descripción objetiva, sistemática y cuantitativa del contenido manifiesto de la comunicación. B. Berelson, *Content Analysis in Communication Research,* The Free Press of Glencoe, New York, 1952. Stone y Dunphy, en P. L. Stone, D. C. Dunphy, M. S. Smith, D. M. Ogilvie, *The General Inquirer: a Computer Approach to Content Analysis,* MIT Press, Cambridge, 1966, describen aplicaciones de análisis del contenido en ámbitos empíricos como la historia *(sic).* Para una visión comprensiva, cfr. Klaus Krippendorff, *Analisi del Contenuto,* ERI, Torino, 1983.

[60] Segre (1985: 170 y ss.) señala la existencia de utilizaciones descriptivas e historiográficas de los modelos de Lotman en diversos ámbitos históricos. Cabe destacar la contribución de Maria Corti, «Modelli e antimodelli nella cultura medievale», *Strumenti Critici,* XII, núm. 35 (1978).

Capítulo III

LA HISTORIA COMO NARRACION

> Pues todo el cuerpo de la historia no es otra
> cosa que una larga narración.
>
> LUCIANO

1. La historia entendida como narración

Al sentido de *investigación* de lo que realmente ha acaecido o
«conocimiento adquirido mediante investigación» o «información adquirida mediante busca» que se encuentra en la etimología de *historia,* a la que ya hemos aludido y prestado atención, se le añade otro
sentido, del que nos ocuparemos en este capítulo, esto es, el de narración de esos mismos hechos que ya han sido investigados. Dos
significados, pues, en la misma palabra que ha provocado tanta con-
fusión como diferentes explicaciones acerca de la ambigüedad y posible relación entre ambas acepciones.

Por ejemplo, en el tratado aristotélico *Historia animalium,* la
palabra historia se refiere a la primera de las acepciones más arriba
referida (Ferrater Mora, 1979: 1519), por lo que Lledó, recogiendo
una sugerencia de P. Louis[1], advierte que no es correcta la traducción del título y que más bien debiera decirse *Investigaciones sobre
los animales* (Lledó, 1975: 99).

---

[1] Cfr. «Le mot 'historia' chez Aristotele», *Revue de Philologie,* XXIX,
1975. En pp. 39-44 indica los distintos contenidos significativos de «historia»
en Aristóteles. Lledó, en un resumen, habla de cuatro: 1, historia como narración de los hechos pasados; 2, historia como investigación, búsqueda;
3, historia como conocimiento, saber, etc. ...; y 4, historia como tipo peculiar de ciencia. Lledó (1975: 98).

No es gratuito, entonces, subrayar la ambigüedad, tantas veces comentada, de significar al mismo tiempo lo que realmente ha sucedido y el relato de tales acontecimientos. Como recuerda Hegel, la palabra *historia* «significa tanto *historiam rerum gestarum* como las *res gestas* mismas, tanto la narración histórica como los hechos y los acontecimientos» (Hegel, 1974: 137). Y añade el filósofo de la historia *(loc. cit.):* «Debemos considerar esta unión de ambas acepciones como algo más que una casualidad externa; significa que la narración histórica aparece simultáneamente con los hechos y los acontecimientos.»

Por su parte Ortega, fiel comentador de Hegel, afirma que: «Desde Grecia (...) la historia es narración. Se cuenta la vida humana contemporánea o del pasado como se cuenta la propia. Esta narración podrá ser más o menos aguda y complicada —en Tucídides y Polibio lo es muy respetablemente—, pero el caso es que la actitud fundamental desde la cual el historiador trabaja es la de un narrador» (Ortega y Gasset, 1983: 157).

Aún más, en *Una interpretación de la historia universal* dice: «¿Cómo llamar a una operación intelectual por medio de la cual conseguimos descubrir, hacernos patente, averiguar lo que una cosa es, el ser de una cosa? Sin duda, razón. Pero es el caso que para averiguar el ser de aquella palabra no hemos ejecutado otra operación intelectual que la simplísima de narrar unos acontecimientos; como si dijésemos de contar un cuento bien que verídico. De donde se deduce inapelablemente que *la narración es una forma de razón* al lado y frente a la razón física, la razón matemática y la razón lógica» (Ortega y Gasset, 1979: 108) (subrayado nuestro). En efecto, para Ortega la razón histórica no consiste en inducir ni en deducir, sino *lisamente en narrar (sic)* [2].

De estos comentarios cabe indicar dos consideraciones. Una, aquella citada por Hegel según la cual la narración histórica aparece simultáneamente *(sic)* con los hechos y acontecimientos. Según esta aserción, los hechos y acontecimientos existen en cuanto que pertenecen a una narración o, también, como veremos, será en la narración donde habrá que descubrir los hechos y acontecimientos. La segunda, sugerida por Ortega, permite pensar, si se acepta que *la narración es una forma de razón,* que el razonamiento histórico, y por ende el conocimiento de la historia, se encuentra también en la narración. Ambas consideraciones estarán presentes a lo largo de este capítulo.

---

[2] Cfr. *Una interpretación de la historia universal,* p. 119; la cita exacta es: «La razón histórica, que no consiste en inducir ni en deducir sino lisamente en narrar, es la única capaz de entender las realidades humanas.»

1.1. La relación entre historia y poética

En español *historia* o en italiano *storia* significan tanto historia como relato o narración. En inglés, en cambio, se marca la diferencia al existir dos palabras: *history* y *story*. La lengua alemana, a su vez, dispone de *Geschichte* e *Historie*. En fin, cabe mencionar el intento en Francia por distinguir, tipográficamente, *Histoire* (con H mayúscula) de *histoire* (con h minúscula).

El que la palabra historia designe tanto aquello sobre lo que se escribe como el escribir mismo muestra en la misma palabra la relación íntima que existe entre historia y lo que, en términos muy generales, podemos llamar poética; relación que se encuentra entre los griegos.

Como ha observado Mazzarino (1966: 38 y ss.), entre los griegos la dimensión histórica del hombre fue un descubrimiento de la poesía; ya en el siglo VII a.d.C. el poeta elegíaco Mimnermo de Colofón, en la narración de los avatares de la colonización de su ciudad natal y de los sucesivos episodios de guerra, interpretaba las presentes desventuras como expiación de una antigua culpa, según un principio de causalidad impuesto por la voluntad divina que tiende a restablecer el orden en los acontecimientos humanos (Gentili y Cerri, 1983: 5). En general, continúan Gentili y Cerri, un elemento recurrente en la poesía griega arcaica fue precisamente la narración de hechos de historia (...) que tal vez el poeta mismo había vivido como protagonista, con animoso espíritu parcial.

En *Heinrich von Ofterdingen* el poeta Novalis hace decir al héroe: «Cuando pienso más de cerca, me parece que un historiador debe necesariamente ser también un poeta, pues sólo los poetas conocen verdaderamente el arte de encadenar los acontecimientos», sugiriendo la necesaria relación entre historia y poesía.

Queremos recordar que don Marcelino Menéndez y Pelayo, en su discurso de ingreso a la Real Academia de la Historia el 13 de mayo de 1893, se ocupó de esa relación. En uno de los pasajes de su discurso podemos leer: «(...) como si la forma fuese mera exornación retórica y no el espíritu y el alma misma de la historia, que convierte la materia bruta de los hechos y la selva confusa y enorme de los documentos y de las indagaciones en algo real, ordenado y vivo».

Según estas palabras, lejos de ser reducida en cuanto forma a los elementos retóricos del discurso histórico, se convierte en el alma misma de la historia, ordenando el material y dando vida a lo que yacía en manos del historiador, antes de la narración, muerto.

En el mismo discurso, en otro pasaje dice: «Así la poesía, unas veces precede y anuncia a la historia, como en las sociedades primitivas, y es la única historia de entonces, creída y aceptada por todos, fundamento a la larga de las narraciones en prosa, donde entran casi intactos los *hórridos* metros épicos, a guisa de documentos; y otras veces por el contrario, la materia que fue primero épica y luego histórica, *cantar de gesta* al principio y crónica después, o la que teniendo absoluta fidelidad histórica nunca fue cantada sino relatada en graves anales pasa al teatro y por obra de Shakespeare o de Lope vuelve a manos del pueblo transfigurada en materia poética y en única historia de muchos. Y vienen finalmente siglos de reflexión y de análisis en que los poetas cultos sienten la necesidad de refrescar su inspiración en la fuente de lo real y acuden a la historia con espíritu desinteresado y arqueológico, naciendo entonces el drama histórico de Schiller y la novela histórica de Walter Scott, que influyen a su vez en los progresos del arte histórico, y en cierto sentido la renuevan.»

En estas líneas, Menéndez y Pelayo establece una íntima relación entre la poesía y la historia considerada como *arte bella*. Es más, ambos —poeta e historiador— sólo difieren en el modo de interpretación: «El poeta no inventa ni el historiador tampoco; lo que hacen uno y otro es componer e interpretar los elementos dispersos de la realidad. En el modo de interpretación es en lo que difieren.»

La concepción clásica de historia como *bella arte,* a la que aludía Menéndez y Pelayo, quedó reflejada en las siguientes palabras de fray Jerónimo de San José en su ya citado *Genio de la historia,* de 1561, y que retomaría don Marcelino:

Yacen como en sepulcros, gastados ya y deshechos, en los monumentos de la venerable antigüedad, vestigios de sus cosas. Consérvanse allí polvo y cenizas, o, cuando mucho, huesos secos de cuerpos enterrados, esto es, indicios de acaecimientos, cuya memoria casi del todo pereció a los cuales, para restituirles vida, el historiador ha menester, como otro Ezequiel, vaticinando sobre ellos, juntarlos, unirlos, engarzarlos, dándoles a cada uno su encaje, lugar y propio asiento en la disposición y cuerpo de la historia; añadirles, para su enlazamiento y fortaleza, nervios de bien trabadas conjeturas, vestirlos de carne, con raros y notables apoyos; extender sobre todo este cuerpo, así dispuesto, una hermosa piel de varia y bien seguida narración, y últimamente infundirle un soplo de vida, con la energía de un tan vivo decir, que parezcan bullir y menearse las cosas de que trata, en medio de la pluma y el papel.

Con tal metáfora sugiere fray Jerónimo de San José la posibilidad, a través de la narración, de restituir la vida y la relación de los acaecimientos o incluso de sus indicios. Es más, *sólo* la narración puede, en última instancia, dar sentido a los acontecimientos y los hechos. También de ese modo la relación entre poética e historia es íntima.

Queremos señalar que tal relación subsiste también en nuestro tiempo. Baste de momento transcribir las palabras de Walsh: «Lo que todo historiador busca no es un relato escueto de hechos inconexos, sino una fluida narración en la que cada acontecimiento esté, por así decirlo, en su lugar natural y forme parte de un todo inteligible. En este respecto el ideal del historiador es en principio idéntico al del novelista o el dramaturgo. Así como una buena comedia parece consistir no en una serie de episodios aislados, sino en el desarrollo ordenado de la situación compleja de la cual parte, así una buena historia posee una cierta unidad de argumento o tema» (Walsh, 1978: 34).

Cabe señalar asimismo un artículo de Hayden White, de significativo título, «The historical text as literary artefact» [3], que demuestra la vigencia de tan antiguo vínculo.

Puesto que la posible relación entre poética e historia será globalmente el tema preferente en esta parte, puede ser pertinente prestar atención a las consideraciones de Aristóteles sobre este aspecto.

En primer lugar, cabe indicar que Aristóteles, aunque maestro de Alejandro Magno y habitante en un mundo pletórico de acontecimientos históricos, no escribió ningún tratado específico de historia; él que se ocupó de examinar todo: animales y plantas, tierra y cielo, política y ética, física y metafísica, retórica y poética.

Parece ser, y así lo explica Finley, que los filósofos griegos —hasta el último de los neoplatónicos— comparten con Aristóteles la indiferencia por la historia en tanto que disciplina. Según Finley (1979: 15), Teofrastro, discípulo de Aristóteles, escribió un libro llamado *De historia*. Y lo mismo hizo un amigo suyo, más joven, llamado Praxífanes. Pero de ambos sólo queda el título. Siglos después, alrededor del 166 d.d.C., el satírico Luciano de Samosata escribió *Quomodo sit historia conscribenda* (*Cómo escribir la historia*). Para Finley es simplemente un rosario de lugares comunes de la educación retórica. Para Lledó, comentado en nota, la primera metodología de la historia. Fuera lo que fuere, sí es digno de reseñar que quinientos años después de Aristóteles, Luciano relacionaba, como él, la historia con la poesía (y por supuesto con la retórica).

---

[3] «The Historical Text as Literary artefact», in *Clio* 3, núm. 3, 1974, ahora incluido en *Tropics of Discourse* (1978).

Conviene recordar con Vernant (1983: 91 y ss.) que el poeta, poseído de las Musas, es el intérprete de Mnemosyne —diosa titán, hermana de *Cronos* y de *Océanos,* madre de las Musas cuyo coro dirige y con las cuales, a veces, se confunde; Mnemosyne preside la función poética—, como el profeta inspirado por el dios lo es de Apolo.

La actividad del poeta se orienta casi exclusivamente del lado del pasado (Vernant, 1983: 92). No su pasado individual, ni tampoco el pasado en general como si se tratase de un cuadro vacío independiente de los acontecimientos que allí se desarrollan, sino el «antiguo tiempo», con su contenido y sus cualidades propias: la edad heroica o, más allá aún, la edad primordial, el tiempo original.

De estas épocas cumplidas el poeta tiene una experiencia inmediata. El conoce el pasado porque tiene el poder de estar presente en el pasado. Acordarse, saber, ver, son términos que se corresponden (Vernant, *loc. cit.*).

Un lugar común de la tradición poética, continúa Vernant, es contraponer el tiempo de conocimiento que es propio del hombre ordinario —saber de oídas que descansa en el testimonio de otro, sobre las palabras referidas— al del aedo presa de la inspiración y que es, como el de los dioses, una visión personal directa. La memoria traslada al poeta al corazón de los acontecimientos antiguos, dentro de su tiempo. La organización temporal de su relato no hace sino reproducir la serie de los acontecimientos a los cuales, de alguna manera, asiste, en el mismo orden en el que ellos se suceden a partir de su origen (Vernant, *loc. cit.*).

En fin, el poeta, señala Vernant en nota, pide a las musas iniciar el relato a partir de un momento bien definido, para seguir luego de manera tan fiel como sea posible la sucesión de los acontecimientos (Vernant, 1983: 92).

Tras este comentario sobre el poeta en cuanto intérprete de Mnemosyne, volvamos a las consideraciones de Aristóteles, que es en *Retórica* y en *Poética* donde hace referencia a la historia.

En la primera de ellas (*Retórica,* 1360 a 33-37), Aristóteles se limita a recomendar a los dirigentes políticos que amplíen su experiencia mediante la lectura de relatos de viaje y libros de historia. Es en *Poética* (1451b4-1451b10) donde, en cambio, diferencia al historiador *(istorikos)* del poeta *(poietes).* Dicha diferencia se expresa precisamente en función del tipo de relato que uno y otro escriben.

Tras afirmar que «resulta claro (...) que no corresponde al poeta decir lo que ha sucedido, sino lo que podría suceder, esto es, lo posible según la verosimilitud o la necesidad», Aristóteles *(loc. cit.),* dice:

En efecto, el historiador y el poeta no se diferencian por decir las cosas en verso o en prosa (pues sería posible versificar las obras de Heródoto, y no serían menos historia en verso que en prosa); la diferencia está en que uno dice lo que ha sucedido, y el otro lo que podría suceder. Por eso también la poesía es más filosófica y elevada que la historia; pues la poesía dice más bien lo general, y la historia lo particular. Es general a qué tipo de hombres se les ocurre decir o hacer tales o cuales cosas verosímil o necesariamente, que es a lo que tiende la poesía, aunque luego ponga nombre a los personajes, y particular, qué hizo o qué le sucedió a Alcibíades»[4].

Muchos comentarios han merecido estas palabras de Aristóteles. El mismo Menéndez y Pelayo en su famoso discurso le prestó atención[5]. Según Ricoeur (1983: 69), que también se ha ocupado de dichas palabras, quiere decir Aristóteles que en la medida en que la historia se ocupa de lo contingente falta lo esencial, mientras que la poesía no siendo esclava del acontecimiento real puede dirigirse directamente a lo universal, es decir, a lo que una cierta especie de personas diría o haría probablemente.

Se da, pues, una distinción entre lo que ha sucedido realmente y lo que podría haber tenido lugar en el orden de lo verosímil y lo necesario. El primar uno sobre otro se explica porque, para Aristóteles (1460 a 26-27), «es preferible lo que es imposible pero verosímil a lo que es posible pero no es persuasivo»; y por persuasivo entiende que «no es sino lo verosímil considerado en su efecto sobre el espectador y, por tanto, el último criterio de la mímesis».

El concepto de mímesis que formaliza la relación con la realidad, según Segre (1985: 314), es completamentario de una concepción gnoseológica del arte que produce placer a través del reconocimiento y de la realidad representada y celebra como efecto conclusivo la catarsis, superación de las pasiones a través del conocimiento. La

---

[4] Según traducción de Valentín García Yebra, en edición trilingüe, Gredos, Madrid, 1974, pp. 157 y 158.
[5] En su discurso de ingreso, pp. 12 a 16; en la p. 15, a la pregunta ¿por qué dijo Aristóteles que era más honda y filosófica que la historia?, responde: «Díjolo porque siendo el poeta (...) dueño de sus personajes, históricos o inventados, puede penetrar hasta el fondo de su alma, escudriñar lo más real e íntimo, sepultarse en los senos de la conciencia de sus personajes, poner en clara luz los recónditos motivos de sus acciones, mostrar en apretado tejido las relaciones de causa y efecto, eliminar lo accesorio, agrupar en grandes masas los acaecimientos y los personajes, borrar lo superfluo, acentuar la expresión, marcar los contornos y las líneas, y hacer que todo color y toda superficie y todo detalle hable su lengua y tenga su valor y conspire, además, al efecto común»; y añade: «Algo de esto hace también la historia, pero de un modo mucho más imperfecto y somero, procediendo por indicios, conjeturas y probabilidades, juntando fragmentos mutilados, interrogando testimonios discordes, pero sin ver las intenciones, sin saberlas ni penetrarlas a ciencia cierta, como la ve y sabe el poeta, arrebatado de un numen divino.»

mímesis no es imitación de hechos concretos, sino de actos humanos universales. De ahí la importancia de conceptos tales como posible, verosímil y necesario, y la preferencia por lo imposible verosímil respecto a lo posible increíble (1460 a, 27-29) y la reconocida superioridad de la poesía como «visión de lo general» sobre la historia que es siempre historia de lo particular (1451 b, 6-12; 1451 a, 21-25), como ya hemos dicho.

Para Segre *(loc. cit.)*, dentro de esta teoría *(Poética)* se encuentran impresionantes anticipaciones *(sic)* formalistas: conexión entre las partes de la acción (peripecia, anagnórisis, desgracia), distinción entre trama y motivos accesorios (1455 b, 16-23). Se podría afirmar, concluye Segre (1985: 315) —dentro de una perspectiva moderna—, que la *Poética* es una gran teoría de la fábula.

Caben otras consideraciones. Como se sabe, la retórica clásica tiene como criterio de medida de la «ficción» su oponente: la imitación o mímesis; y todas las discusiones sobre las licencias que se pueden conceder a los narradores se encasillan bajo la rúbrica de lo verosímil. Según Segre (1985: 250), las desviaciones de la verosimilitud pueden servir para una clasificación de los tipos literarios. Así, los postaristotélicos catalogan, entre los posibles contenidos de la poesía, lo verosímil, lo inverosímil *(mythos)* y lo verdadero, es decir, historia *(istoria)*. Por decirlo con los tratadistas latinos, la *res ficta* o *argumentum*, la *fabula* y la *fama*. En este caso, dice Segre, la *res ficta* es invención, sí, pero dentro de los límites de lo verosímil («la invención es un hecho inventado que sin embargo puede ser verificado, como el asunto de las comedias». *Rhetorica ad Herennium*, I, 13).

Así se puede, según Segre *(loc. cit.)*, entender las *species narrationum* de Prisciano *(Praeexercitamina rhetorica, 2, 5)*: «Fabulística, relativa a las fábulas, imaginativa, en forma de tragedias o comedias; histórica, para la narración de hechos reales; civil, la empleada por los oradores al tratar las causas.»

Volvamos a Aristóteles. En *Poética* (1460 b, 24-26) afirma: «En una obra de poesía han sido introducidas cosas imposibles. Es un error. Pero ya no es un error si el poeta consigue el fin que es propio de su arte: esto es, si de acuerdo con lo que sobre este fin se ha dicho consigue, gracias a dichas imposibilidades, hacer más sorprendente e interesante la parte misma que las contienen u otra parte.»

Las infracciones a la verdad, es decir, las mentiras, quedarían justificadas por lo que es el primer objetivo del poeta: hacerse oír o leer (y por supuesto, como veremos, deleitar). Según Segre (1985: 252), la admisibilidad de las mentiras no se mide, según Aristóteles, por la distancia de la realidad, sino por la manera de estar insertas en la narración. Como subraya Segre, es sintomática la comparación con el paralogismo. En *Poética* (1451 a, 34), Aristóteles insiste en el hecho de que las partes de la fábula «deben estar coordinadas de modo que, quitando o suprimiendo una, no quede como dislocado o roto todo el conjunto».

No importa la desviación de lo posible; importa que esta desviación quede convalidada por la lógica de la narrativa, afirma Segre (1985: 253), que es, continúa, la racionalidad exigida por los aristotélicos del siglo XVI, como Castelvetro: «La imposibilidad puede ser fingida por el poeta siempre que vaya unida a la credibilidad, esto es, que esté informada de razón, ya que la imposibilidad así creada, al ir acompañada de la razón, pasa de la imposibilidad a posibilidad»[6].

A la explicación de Ricoeur sobre la preferencia de Aristóteles por la poesía frente a la historia añadimos la de Finley. Según este helenista, la competición de la historia con la poesía se explica en que ésta es entendida como poesía épica, como poesía lírica antigua, como la de Píndaro, y como la tragedia, géneros todos ellos que ponían en escena las grandes figuras y los grandes acontecimientos del pasado. El problema, dice Finley, no era saber si, o en qué medida, una tal poesía era históricamente digna de fe (en su sentido actual); el problema más fundamental era el de la universalidad, el de la verdad de un decir sobre la vida en general. En suma, según Finley, el problema era el del mito en su relación con la historia.

1.2. *La relación entre historia y mito*

Una característica común la hallamos si se consideran a ambos, mito e historia, relatos cuyo modo narrativo está fundado en la acción.

Para Dumézil, por ejemplo, los mitos son «unos relatos basados o no en una situación o un suceso real que tienen en ambos casos dos misiones: ayudar a que la sociedad admita, prefiera, mantenga las condiciones y las formas de su existencia actual, o bien justifique y refuerce una pretensión o una aspiración tradicional o nueva de esa misma sociedad» (Dumézil, 1984: 60).

El mito habla de *thaúmatas,* de hechos admirables, que sin embargo constituyen una tradición oral, una fuente histórica; en suma, un material histórico en absoluto despreciable, máxime si, como se-

---

[6] L. Castelvetro, *Poetica d'Aristotele vulgarizzata et sposta per Lodovico Caltelvetro,* Pietro de Seclabonis, Basilea, 1576: 650; cfr. Segre (1985: 253).

ñala García Gual: «En las versiones del mito se introducen notas del
contexto social y en ese sentido (...) las versiones del mito guardan
los trazos, la impronta de un momento determinado de la historia»
(García Gual, 1981: 16).

Por ello el mito no puede ser relegado como ahistórico o irreal.
Incluso lo que pudiera no haber sucedido puede haberse basado en
algún acontecimiento real. En ese sentido, Dumézil dice que «la *gue
rra de Troya* de la literatura se basa sin duda en acciones auténticas,
o quizá ha condensado en una sola acción varias expediciones y varias
coaliciones griegas contra la opulenta ciudad que dominaba el comercio de los Dardanelos. Conocemos su influencia sobre la historia ulterior de esa parte del mundo» (Dumézil, 1984: 65).

Los mitos, pues, no sólo son tradiciones históricas, sino que se
basan en algo que aconteció. En su trabajo sobre mitos griegos, Veyne (1984) advierte: «¿Cómo se podría de hecho hablar de lo que
no existe?» Se puede alterar la verdad, pero no se podría hablar de
la nada.

Lo más que puede ocurrir es que se deforma la verdad; pero no
se puede mentir *ex nihilo*. El relato mítico, entonces, puede caracte-
rizarse como aquel en el que la verdad de los hechos está alterada,
que puede ser mera leyenda. Lo que no implica que no se pueda
creer como si fuera cierto.

Refiriéndose a la guerra de Troya, dice Dumézil que Paris po-
seyó ciertamente a Helena, pero ésta arruinó a Troya. Se puede ob-
jetar, dice Dumézil, que se trata de una leyenda y no de la historia.
«*Pero ¿dónde se sitúa —pregunta Dumézil— la frontera entre
ellas?*» (Subrayado nuestro.)

Los griegos creían firmemente en la historia de Príamo, de Héc-
tor y del propio Paris, y el sitio de Troya les indicaba los rastros
de una gran guerra. Esos espíritus, esencialmente críticos, creían sin
duda menos en la autenticidad del juicio del príncipe pastor, pero
esta falta inicial les resultaba útil para comprender una victoria tan
tremenda y paradójica, que se convirtió en seguida para ellos en las
primicias de una vocación: la conquista de Asia por Europa. A este
comentario añade Dumézil: «*El mito y la historia quedan, pues, inextricablemente mezclados*» (subrayado nuestro).

Así, en un mismo relato se pueden encontrar mezclados elementos míticos y elementos históricos, como sucede, por ejemplo, en las
Historias de Heródoto. Cuando Heródoto en la primera frase de
sus *Historias* dice: «Esta es la exposición del resultado de las investigaciones de Heródoto de Halicarnaso para evitar que con el tiempo los hechos humanos queden en el olvido (...)» En cuanto une a
sus investigaciones (*histories*) demostración y exposición (*apodexis*)

se convierte en historiador capaz de exponer con competencia y celo el *logos* de un discurso que se puede considerar histórico. Mas en cuanto trata de «evitar que con el tiempo los hechos humanos queden en el olvido», introduce en su relato histórico diferentes tradiciones contradictorias, mitos y leyendas que ha podido recoger y con los que se deleita y deleita.

Como ya hemos señalado, junto al Heródoto que investiga y explica lo que ve, otro Heródoto que cuenta lo que se dice. El primero, historiador; el segundo, un relator de fábulas.

Como relator de fábulas, Heródoto incluía, con fines de deleite, relatos de la tradición en forma mítica que, como dice Aristóteles en *Metafísica* (1074 b), tienen por objeto persuadir a la multitud.

Voltaire detectó esta característica cuando afirma que «recitando a los griegos los nueve libros de su historia los encantó por la novedad de su empresa, por el encanto de su dicción y *sobre todo por sus fábulas*» (cfr. Hartog, 1982: 14) (subrayado nuestro).

El «se dice...», característica de una leyenda o de un relato mítico, actúa como fuente informativa que, en palabras de Veyne (1984), tiene una misteriosa autoridad; y al mismo tiempo permite conformar al relato mítico·como «un relato anónimo» que se puede escuchar y repetir, pero del que no se puede ser autor» (Veyne, 1984). La fuerza persuasiva reside, acaso, en que «se dice...» en que, como el rumor, circula y por otra parte descarga de responsabilidad al que lo enuncia, que no es el autor. Limitándose a decir, contribuye a mitigar el posible olvido incorporándolo en la memoria, y está exento al mismo tiempo de tener que verificarlo v ni siquiera de creerlo.

En VII, 152, 3, Heródoto afirma: «Por mi parte, mi deber es decir lo que me ha sido dicho, pero *no de creer* en todo; y lo que estoy diciendo vale para el resto de mi obra» (subrayado nuestro).

Tal enunciado, auténtica declaración de principios, ayuda a mitigar las acusaciones de mentiroso que Heródoto fue recibiendo a lo largo de los siglos. Entre los muchos ejemplos sirvan los siguientes: Aristóteles le define como «narrador de fábulas» (Momigliano, 1984: 140). En la misma frase del *De legibus* I, I, 5, en que Cicerón llama a Heródoto «padre de la historia», lo asocia a Teopompo como embustero notorio: «Quamquam et apud Herodotum patrem historiae et apud Theopompum sunt innumerabiles fabulae» (Momigliano, 1984: 134); incluso en el siglo xvi Luis Vives se refería a él como «más que padre de la historia, padre de la mentira»: «Herodotus quem verius mendaciorum patrem dixeris quam quomodo illum vocant nonnulli, parentem historiae.»

Voltaire sostenía, refiriéndose a Heródoto, que todo lo que ha contado sobre la fe de los extranjeros es fabuloso, pero todo lo que ha visto es verdadero. Coexistían en un mismo relato fábula y verdad.

En los mitos, si se mezcla lo verdadero con lo falso la mentira servía para adornar la verdad, lo que permite colegir que *mythos* y *logos* no se contraponen como el error y la verdad. El mito era un *tertium quid,* ni verdadero ni falso (Veyne, 1984). Cuando se trata de indagar sobre el origen de la fabulación y de lo sobrenatural, es difícil decidir si los mitos son vagos relatos o historia alterada[7].

En ese sentido, Dumézil se preguntaba: «¿En qué momento en la imagen que se forja una sociedad de sus orígenes y de su pasado pasa a ser preponderante lo que corresponde a los *hechos,* a lo auténtico, aunque esté adornado? ¿En qué momento ha dejado la mitología de penetrar en los hechos hasta el punto de configurarlos de nuevo según formas conceptuales preexistentes?»

Lo que nos interesa destacar es el aspecto ya señalado, esto es, que mito e historia están inextricablemente mezclados y que, como ha subrayado Dumézil, «si quitamos el mito la historia deja de ser inteligible y, por ende, interesante».

Por otra parte, retomando la relación entre historia y poesía que ha dado pie a estos comentarios, veamos ahora cómo se establece tal relación a través del mito.

Detienne (1980) encuentra, en el siglo v a.d.C., complicidad entre las *Historias* contadas por Heródoto y las *Odas* de Píndaro: uno fabricante de relatos y otro artesano del elogio, que producen por escrito y para el oído discursos que ellos llaman *logoi.* Palabras de deleite e historias memorables donde se mezclan en unas el castillo de Cronos, el viaje de los Argonautas y los altos hechos del espacio agonístico anclados en una severa cronología, mientras que en las otras, Salamina y Marathon se relatan al mismo tiempo que el origen egipcio de los dioses griegos y la intrusión de las Amazonas en el país de los escitas nómadas.

Para este autor, Heródoto no pone por escrito y no cuenta sino *logoi:* algunos llamados «sagrados», otros aprobados por todos y otros aún más o menos creíbles.

Dentro de estos decires, empero, el solo dominio asignado al «mito», a lo que Heródoto llama explícitamente *mythos,* es lo absurdo, lo puramente ilusorio.

El mito, *mot geste,* según Detienne, aparece solamente dos veces

---

[7] Veyne (1984: 8), quien añade que ninguna crítica positivista llega al comienzo de la fabulación y de lo sobrenatural.

en sus *Historias:* para censurar, para excluir; lo insensato de lo que
cuentan los griegos sobre un pretendido sacrificio de Heracles ordenado por Busiris, rey de los egipcios, el más piadoso de los habitan-
tes de la tierra, o la aberración de aquellos, griegos también y falsos
sabios, que se imaginan que pueden explicar la crecida del Nilo alegando un río llamado Océano cuyas aguas correrían en círculo alrededor de la tierra (Heródoto, II, 23; 45).

En estos casos el mito es objeto de escándalo, figura de ignorancia, palabras de ilusión, relatos mentirosos. Lo que induce a Detienne a sostener que el mito es «la insignia de lo ficticio, pero de
un ficticio cuya degeneración es la sola apariencia de realidad, siempre provisoria, siempre efímera. Rumor gris u opinión sin fundamento, el «mito» se define como un no-lugar: la ilusión de los otros,
una ausencia evocada brevemente, un silencio todavía insignificante en la plenitud de una palabra o de un discurso» (Detienne,
1980: 47).

Se puede pensar con García Gual que el mito, con esas características, «como la guerra de Troya, queda abandonado a los poetas
—"que muchos mienten (decía Solón)"— y a los sacerdotes» (García Gual, 1981: 15).

Una característica fundamental nos la proporciona Vernant. Según este autor, el mito, multiforme como Proteo, se aplica a las realidades más diversas: teogonías, cosmogonías, gestas de héroes...,
pero también a fábulas, genealogías, cuentos..., y por tanto no extrae su identidad de un objeto. La marca es una *toma de distancia
respecto a lo que enuncia.* El mito es siempre el envés, *lo otro del
discurso verdadero,* del logos. Si se trata de una leyenda heroica, el
mythos entonces es lo que en la tradición misma parece a tal poeta
increíble o escandaloso; si se trata de un relato histórico, lo *mítico*
de las fabulaciones incontroladas referidas por otros se opone a los
hechos que el autor, él mismo, ha verificado de primera mano (Vernant, 1980: 23).

Podemos entonces pensar con Pouillon que un mito lo es para
el que lo denuncia, no para el que lo enuncia (Pouillon, 1980: 85).
Y es en esa denuncia y en el ir desembarazándose de la fabulación
en aras de una búsqueda de la verdad en donde podemos situar el
inicio de la construcción del discurso histórico.

Por eso cobra especial interés Hecateo de Mileto, que señaló el
primero el paso de la narración mítica a la indagación geográfica, et-
nográfica e histórica [8]. Su ejemplo parte de las tan citadas palabras

---

[8] Según expresión de B. Lavagnini, *Saggio sulla storiografia greca,* Laterza, Bari, 1933; cfr. Saitta (1983: 61); cfr. también, el comentario de Momigliano (1983) referido en el primer capítulo.

que inician sus *Genealogías*. «Así habla Hecateo de Mileto: escribo
lo que sigue según lo que me parece ser la verdad, ya que los discursos de los griegos son muchos y me parecen ridículos», y que, según De Sanctis, consigue que todos los historiadores antiguos y
modernos sean discípulos de Hecateo en cuanto que fue el primero
en querer, con absoluta libertad de espíritu, afirmar una tradición
histórica que elimine los mitos (cfr. Saitta, 1983: 61 y 62).

Aunque está claro que en ese período, como hemos señalado,
no se puede oponer *falso* a *verdadero* de modo drástico ni podemos
entender la historia en la antigüedad como hoy la entendemos —la
historia en Grecia era *vulgata,* nos dice Veyne—, la configuración
de la historia como disciplina se va diseñando cuando Tucídides expresamente no acepta ciegamente todas las historias que le son referidas: «En cuanto al relato de los acontecimientos de la guerra,
para escribirlo no me he creído obligado a fiarme... (...) Quien me
oiga podrá lamentar *la ausencia del mito y de sus encantos* (...)»
(subrayado nuestro).

Tucídides condena así a los logógrafos, es decir, gentes que
transcriben los *logoi.* Y los condena porque fundamentalmente su
discurso obedece a una economía del placer; buscan deleitar al
auditorio, ceden al placer de la oreja. En cambio, como ya hemos
señalado en el primer capítulo, el autor de *La guerra del Peloponeso* opone su propia elección, que consiste en ser simple y perdu-
rablemente verdadero.

La Guerra del Peloponeso está «fuera del mito»; comienza allí
donde, por decreto, se detiene la actividad de la memoria antigua
(Detienne, 1985: 75). Es ahí donde existe mayor fractura entre
Tucídides y Heródoto. *La Guerra del Peloponeso,* dice Detienne
(loc. cit.) inaugura una política de la memoria que relega al investigador de Halicarnaso a la calidad de «mitólogo» bastante antes
de Aristóteles.

En el prefacio de Plutarco a la *Vida de Teseo* (I, 5) se lee:
«Hagamos que lo que pertenece a la especie del mito (*mythôdes*)
se someta a la razón (*logos*), una vez que ésta lo haya expurgado,
y adopte el aspecto de la historia. Pero cuando lo mítico (*mythôdes*) desafíe con audacia la credibilidad y no admita ningún acuerdo con la verosimilitud, entonces pediremos a los oyentes que se
muestren indulgentes y acojan con paciencia esas antiguas historias.»

También Tucídides rechazaría este prefacio de Plutarco a la
primera de sus biografías paralelas, tanto por el tono que predica
como por la intención de dar al «mito» la apariencia de historia
racional (Detienne, 1985: 72). La estrategia de Tucídides es radi-

calmente diferente: no hay compromiso posible con lo que pertenece al orden del «mito». Tucídides se lanza a la guerra contra las «antiguas historias», la *arqueología* de Plutarco, quien, por otra parte, pensaba que la verdad y el mito se relacionan como el sol y el arco iris, que transforma la luz en una variedad de colores. Frente a un oyente momentáneo al que deleitar, Tucídides exige un lector que escaparía al tiempo y a sus sorpresas.

Heródoto, lo hemos dicho, en cuanto viajero, se sitúa entre lo oral y lo escrito. Tucídides, por el contrario, está decididamente comprometido con la escritura, la escritura que Detienne (loc. cit.) llama conceptual, la que permite «ver claro», «lo adquirido para siempre» *(Ktêma es aiei)* [9].

2. Texto histórico «versus» texto de ficción

A partir de las consideraciones indicadas anteriormente se puede detectar, tras el esfuerzo en lo «histórico» por desembarazarse de lo mítico, una primera oposición que irá perdurando a lo largo del tiempo y de la investigación historiográfica. Nos referimos a la oposición entre texto histórico y texto de ficción.

Múltiples son los ejemplos que pueden ser mencionados aquí. Entre ellos elegimos la definición que de Historia da San Isidoro de Sevilla en sus *Etimologías* (I, 41, 44). Para este autor la historia es «la narración de hechos acontecidos por la cual se conocen los sucesos que tuvieron lugar en tiempos pasados». Y la historia debe, según él, integrarse en la gramática, «porque a las letras se confía cuanto es digno de recuerdo».

Distinguía San Isidoro entre *historia, argumento* y *fábula.* «Historias son hechos que han sucedido; *argumentos,* sucesos que no

---

[9] Como ejemplo elocuente de la concepción de Tucídides, la siguiente historia de Nicias: «Nicias (...) enviaba también él mensajeros a Atenas en repetidas ocasiones dando noticias sobre todo lo que sucedía; pero entonces más que nunca, por considerar que sus tropas estaban en peligro, y que a no ser que les hicieran regresar cuanto antes, o que enviaran un gran ejército de refuerzo no había ninguna salvación. Y temeroso de que los enviados, o por incapacidad oratoria o por falta de memoria, o por hablar adulando a la multitud, no describieran la situación real, escribió una carta, pensando que de esta manera sería como los atenienses, enterándose de su pensamiento sin que sufriera alteración por culpa del mensajero, mejor podrían deliberar sobre la verdadera situación. Los mensajeros partieron llevando, como Nicias dispuso, la carta y el encargo de lo que habían de decir, y él dedicó su atención al ejército ateniense, prefiriendo en adelante mantenerlo bien guardado en vez de exponerlo a peligros voluntarios. (Tucídides, VII, 8 según traducción de Rodríguez Adrados.)

han tenido lugar, pero pueden tenerlo; *fábulas,* en cambio, son aquellas cosas que ni han acontecido ni pueden acontecer, porque son contrarios a lo natural.»

Once siglos más tarde, en el artículo «Histoire» de *Enciclopédie ou Dictionnaire raisonné des Sciences, des Arts et des Métiers* (1751-1799), Voltaire retomó la misma opinión, aunque dándole una diferente significación. La historia, dice, «c'est le récit des faits donnés pour vrais; au contraire de la fable, qui est le récit des faits donnés pour faux».

La diferencia de significación aparece explícita. Para San Isidoro la diferencia entre historia y fábula es de orden ontológico; se trata de distinguir entre hechos posibles e imposibles. En este sentido, y como ya indicábamos en el primer capítulo, los hechos de los que se ocupa la historia pertenecerían al dominio de lo visible.

Para Voltaire, en cambio, historia y fábula se distinguen en función de la intención de cada relato, en el modo en que cada uno presenta los hechos. En su definición, pues, se señala una diferencia de tipo discursivo que atañe al modo y a la intención. Mas es necesario, en cualquier caso, se apunta, que todo discurso sobre la historia debe ser él mismo un discurso histórico.

Para que ello ocurra es necesario que el texto histórico posea «marcas de historicidad» (Pomian, 1983). Ya hemos referido en el primer capítulo las del tipo «yo he visto» o «yo he oído de una persona creíble que ha visto lo que yo refiero», a las que, según Pomian (1983: 154), pertenecerían, sin tener en cuenta otras diferencias, las antiguas historiografías china, griega y romana, al igual que las historiografías medievales: china, árabe, turca, bizantina, eslava y occidental, sea en latín o en lenguas vernáculas. El otro tipo, resumido en la fórmula «he constatado estudiando las fuentes», del que hemos dado cuenta en el segundo capítulo, es, según el mismo autor, el tipo de historia que comienza en Italia en el siglo XV, se propaga en los siglos siguientes en los diferentes países europeos y, pasando a otros continentes a partir del siglo XIX y sobre todo en el XX, se impone como el único modelo que tiene validez universal.

Se puede añadir, además, y no es ocioso señalarlo, que las marcas tipográficas características de un texto de historia tienen como objeto, también, indicar que tal texto no es un producto de la imaginación. Rápidamente referimos algunos ejemplos: antes de la invención de la imprenta, las marcas de historicidad (Pomian, loc. cit.) son ante todo fórmulas solemnes, situadas en general ora en la obertura ora al final, y que aseguraban que el autor había visto con sus propios ojos lo que describe. En el siglo XVI aparecen los

mapas, así como las citas con reenvío a las fuentes impresas o manuscritas. Los cuadros con columnas de cifras aparecen en el XVIII.
Los gráficos no figurarán sino desde los últimos decenios del XIX.
Más recientemente han aparecido las fotografías, consideradas como
fuentes...

Con estos ejemplos se subraya el esfuerzo por distinguir una
obra histórica de una obra de ficción. Mas en absoluto es suficiente.
Baste pensar, de pasada, por ejemplo, en la marca «yo he visto»,
característica de la *autopsia* griega; hoy, sin embargo, la misma
marca, por procedimientos enunciativos, pertenecería a otro género, ya no «de historia» como otrora, sino, por ejemplo, libro de
memorias, o crónica, o libro de viajes..., géneros en que el tiempo
de la enunciación y el tiempo del enunciado coinciden.

Mas estos géneros: crónica, memorias, libro de viajes, autobiografía, etc., ¿pueden ser considerados textos históricos? Una primera respuesta parece ser la comúnmente aceptada: si, y sólo si, cuentan la *verdad*. La *verdad* de lo que se cuenta, se convierte, en efecto, en el criterio fundamental para definir un texto como histórico
si se le opone a texto de ficción en el que se supone que lo que se
cuenta es inventado y, por lo tanto, falso.

Consideramos, sin embargo, sin detenernos en prolijas explicaciones, que la convención de este criterio es igualmente insuficiente:
lo verosímil, por ejemplo, no sólo es como nos enseñara Aristóteles, lo persuasivo, esto es, lo que hace que el destinatario *crea* (que
es verdad), sino que puede producir, discursivamente, que no ontológicamente, un *efecto de realidad* [10], un efecto de sentido, llamado
verdad. Verdad como ilusión y como efecto es, como iremos viendo, una característica común a lo «histórico» y a lo «ficticio». Aquello sobre lo que se escribe, el objeto de la investigación, dice Norbert Elias (1982: 14 y 15), no es ni falso ni verdadero; *quizá* sólo
pueda serlo aquello que se escribe, el resultado del estudio.

Mas el resultado del estudio es siempre una narración del tipo
que sea. Es por lo que fijamos en la narración el lugar de pertinencia para establecer las diferencias entre texto de historia y texto de

---

[10] «L'effet de réel» es el título de un artículo que Barthes publicó en la
revista *Communications* en 1968. Allí hablaba de *ilusión referencial* para caracterizar la carencia de significado en benficio del solo referente. Como ejemplo señala una descripción de Michelet (*Histoire de France, La Révolution*,
t. V, 1967, p. 292), en que, contando la muerte de Charlotte Corday y refiriendo que en su prisión (...), precisa que «au bout d'une heure et demie, on
frappe doucement à une petite porte qui était derrière elle». Tal ilusión referencial, en este caso la «pequeña puerta», produce un *efecto de realidad*; cfr.
Barthes, *Essais Critiques IV, Le bruissement de la langue,* Seuil, París, 1984;
167-175.

ficción. En ese sentido hacemos nuestras las palabras de J. P. Faye: «Parce que l'histoire ne se fait qu'en se racontant, une critique de l'histoire ne peut être exercée qu'en racontant comme l'histoire, en se narrant, se produit.»

History tells stories, afirma Danto [11], subsumiendo también la acepción de que la historia es un tipo, entre otros, de relato; o como dice Furet [12], la historia es hija del relato. No es definida por un objeto de estudio, sino por un tipo de discurso.

Pero ¿qué tipo de discurso? En primer lugar, podemos decir que es un relato de acontecimientos verdaderos (Veyne, 1972). En cuanto relato de acontecimientos, es inevitable la analogía con la novela. Los dos coinciden en que ambos, historia y novela, no hacen revivir. Lo vivido, tal como sale de las manos del historiador, no es lo que han vivido los actores; es una narración, dice Veyne (1972: 12), lo que permite eliminar algunos falsos problemas: lo mismo que la novela, la historia selecciona, simplifica, organiza, hace que un siglo quepa en una página.

Por otra parte, la narración histórica no es, por decirlo con palabras de Veyne (1972: 13), un fotomontaje documental y no presenta el pasado «en directo, como si se estuviera allí mismo». Como ha mostrado Genette, en cuanto narración, es *diégesis* y no *mímesis* [13].

En fin, en cuanto relato de acontecimientos verdaderos, los hechos narrados para tener rango de historia deben haber acaecido realmente.

Ahora bien, ¿cómo podemos definir el discurso «histórico» diferenciándolo de otro tipo de discurso, en concreto del de imaginación?

Como primera aproximación, y por su importancia, comentaremos la aportación de Roland Barthes en un trabajo intitulado precisamente «El Discurso de la Historia».

---

[11] Danto (1965). Por su parte, W. B. Gallie, *Philosophy and Historical Understanding,* 1968, piensa que la historia es un tipo particular de relato (*story*) y comprender la historia es el desarrollo y el perfeccionamiento de una capacidad o competencia previa, la de «seguir» un relato. En la introducción, p. XI, afirma Gallie que «todo lo que una obra de historia puede contener en hecho de comprensión y de explicación debe ser evaluado en relación al relato (*narrative*) de donde procede y de donde sostiene el desarrollo». En fin, en la página 66 se puede leer «la historia de los historiadores (*history*) es una especie de género historia contada (*story*)».

[12] En el artículo ya citado, «De l'histoire-récit à l'histoire-problème», en Furet (1982: 73).

[13] Gerard Genette, *Figures II,* Seuil, p. 50; cfr. Veyne (1972: 13). La palabra griega *diegesis* equivalía a relato. Retomado de la tradición griega por Genette, designa el aspecto narrativo del discurso.

2.1. El Discurso de la Historia

Roland Barthes escribió un artículo en 1967, «Le Discours de l'histoire» [14], en donde se planteó, desde el análisis estructural, enfocar la tipología de los discursos, tarea en la que se está ocupando la semiótica textual y que reflexiona también sobre la descripción del discurso histórico.

En dicho artículo Barthes comenzaba haciéndose la siguiente pregunta: «La narración de los acontecimientos pasados, sometidos comúnmente en nuestra cultura, desde los griegos, a la sanción de la 'ciencia' histórica, situada bajo la caución imperiosa de lo 'real', justificada por los principios de exposición 'racional', esta narración ¿difiere verdaderamente, por algún rasgo específico, por una pertinencia indudable, de la narración imaginaria, tal como se la puede encontrar en la epopeya, la novela, el drama?» (Barthes, 1967: 65). Si tal rasgo o tal pertinencia existe, se pregunta también Barthes, «¿en qué lugar del sistema discursivo, en qué nivel de la enunciación es necesaria situarla?» (Barthes, loc. cit.).

De modo expresamente libre y en ningún caso exhaustivo, Barthes comenta, para sugerir respuestas a tales preguntas, el discurso de algunos historiadores clásicos, tales como Heródoto, Maquiavelo, Bossuet y Michelet.

Divide Barthes el artículo en tres partes: la primera se refiere a la Enunciación, la segunda al Enunciado y la última a la Significación.

En la primera parte la pregunta inicial es: «¿En qué condiciones el historiador clásico es llevado —o autorizado— a designar él mismo, en su discurso, el acto por el cual lo profiere?», o en otros términos: «¿Cuáles son en el nivel del discurso los shifters —o conmutadores [15]— que aseguran el pasado del enunciado a la enunciación (o inversamente)?» Distingue Barthes dos tipos de shifters que, según él, se encuentran regularmente en el discurso histórico:

1. Conmutadores de escucha (embrayeurs d'écoute). Coincide este tipo con la categoría que, en el nivel de la lengua, Jakob-

---

[14] «Le Discours de l'histoire» (1967: 65-75), ahora en Barthes (1985: 153 y ss.).

[15] Shifters, que a veces, no siempre, ha sido traducido en español por conmutadores. Jakobson, en su trabajo «Shifters, Verbal Categories and the Russian Verb», se ocupó de estas unidades de código que remiten al mensaje y que aseguran el paso del enunciado a la enunciación; débrayage y embrayage en la semiótica narrativa definen las dos operaciones de relación entre enunciación y enunciado.

son [16] denominaba *testimonial*, bajo la fórmula $C^e \; C^a{}_1/C^a{}_2$: además del acontecimiento referido (C^e), el discurso menciona a la vez el acto del informador ($C^a{}_1$) y la palabra del enunciante que se refiere ($C^a{}_2$).

Para Barthes este *shifter* designa, pues, toda mención a las fuentes, de los testimonios, toda referencia a una *escucha* del historiador, recogiendo un *ailleurs* de su discurso y diciéndolo. La escucha explícita, según Barthes, es una elección del historiador, pues es posible no referirla; cuando hace mención de su informador, el historiador se aproxima al etnólogo. En efecto, este tipo de *shifters* se encuentra abundantemente entre historiadores etnólogos como Heródoto.

Se pueden dar diferentes formas: /como yo he oído/, /según nuestro conocimiento/, uso del presente del historiador —tiempo que prueba la intervención del historiador—, cualquier mención a la experiencia personal del historiador, etc.

También Michelet se encuentra en este grupo, según Barthes, pues Michelet «escucha» la Historia de Francia a partir de una iluminación subjetiva —la revolución de julio de 1830— y da prueba de ello en su discurso [17].

Aclara Barthes, sin embargo, que este *shifter* de escucha no es, evidentemente, pertinente del discurso histórico. En efecto, se le puede encontrar con frecuencia en la conversación y en ciertos artificios de exposición de la novela —anécdotas contadas por ciertos informadores ficticios de los que se hace mención.

El segundo tipo cubre todos los signos declarados por los que el enunciante, en la ocurrencia el historiador, organiza su propio

---

[16] En *Saggi di linguistica generale,* Feltrinelli, Milano, 1966, donde se encuentra el artículo citado, «Shifters, categorías verbales y el verbo ruso». En la página 156 dice: «Proponemos llamar testimonial (*evidential*) la categoría verbal que hace entrar en juego tres procesos: el proceso del enunciado, el proceso de la enunciación y un proceso de enunciación enunciada, es decir, la fuente de información ligada relativamente al proceso del enunciado. El hablante, dice Jakobson, refiere un proceso sobre la base de la relación (relato) hecha por alguno (prueba por haberlo oído) o de un sueño (prueba por revelación), o de una conjetura (prueba por presunción) o sobre la base a la propia experiencia anterior (prueba de la memoria).»

[17] En el «Preface de 1869», en efecto, Michelet comienza diciendo: «Cette oeuvre laborieuse d'environ quarante ans fut conçue d'un moment, de l'éclaire de Juillet. Dans ces jours mémorables, une grande lumière se fit, et j'aperçus la France.» Muy recientemente ha aparecido el trabajo de F. Hartog, «L'oeil de l'historien et la voix de l'histoire», *Communications,* 43, 1986, donde, siguiendo trabajos anteriores, se ocupa también de Michelet, en lo que respecta a esta actitud a la que se refiere en ejemplo Barthes: si bien Hartog se refiere a cómo Michelet *ve* y no, como diría Barthes, *escucha*.

discurso, lo retoma, modifica el curso del relato; en una palabra, dispone de *repères* explícitas. Es este un tipo de *shifter* importante que según nuestro autor da cuenta del movimiento del discurso en relación a su materia, como los deícticos temporales o locativos: aquí, allí, etc...

En relación al flujo de la Enunciación puede darse:

— La inmovilidad: /como habíamos dicho más arriba/.

— La *remontée*: /altius repetere, replicare da piú alto luogo/.

— La *redescente*: /ma ritornando all'ordine nostro, dico come/.

— La parada: /sobre él no diremos nada más/.

— El anuncio: /he aquí otras acciones dignas de memoria que realizó durante .../

El *shifter* de organización plantea un problema, esto es, el de la existencia de dos tiempos, el tiempo de la enunciación y el tiempo de la materia enunciada. Distinguiéndolos nuestro autor, descubre importantes hechos de discurso.

1) Los fenómenos de aceleración de la historia: un número igual de «páginas» —suponiendo que tal fuera la media grosera del tiempo de la Enunciación— cubre lapsos de tiempos diferentes —tiempo de la materia enunciada— en las *Historias Florentinas,* de Maquiavelo; la misma medida, un capítulo, cubre aquí varios siglos y allí unos veinte años. Una conclusión se puede derivar: cuanto más se aproxima al tiempo del historiador, más fuerte se hace la presión de la enunciación, más se ralentiza la historia.

2) Historia de zig-zags: por ejemplo, en cada personaje que aparece en sus *Historias* Heródoto se remonta a los ancestros para luego volver al punto del comienzo, para continuar un poco más lejos y comenzar.

3) Se refiere al papel destructor de los *shifters* de organización en relación con el tiempo crónico de la historia: se trata de las inauguraciones del discurso histórico, lugares donde se juntan el comienzo de la materia enunciada y el exordio —codificación de las rupturas del silencio y lucha contra la afasia de la enunciación.

El discurso de la historia conoce, en general, dos formas de inauguración:

i) Lo que podría llamarse *obertura performativa,* donde la palabra es verdaderamente un acto solemne de fundación y su modelo es poético; equivale, según Barthes, al /yo canto/ de los poetas. Como ejemplo, el comienzo de Joinville en su historia: «Au nom de Dieu, le tout-puissant, je, Jehan, sire de Joinville, fais écrire la vie nostre Saint rois Louis», o también, el comienzo, «introito purificador» de *Histoire de dix ans* (1842) del socialista Louis Blanc: «Avant de prendre la plume, je me suis interrogué sévérement, et, comme je ne trouvais en moi ni affections intéressées ni haines implacables, j'ai pensé que le je pourrais juger les hommes et les choses sans manquer à la justice et sans trahir la verité.»

ii) El *Prefacio,* caracterizado acto de Enunciación, sea éste prospectivo cuando anuncia el discurso venidero, sea retrospectivo cuando lo juzga. Este último lo ejemplifica el *Préface* con el que Michelet coronó su *Histoire de France,* una vez que había sido enteramente escrita y publicada.

Observa Roland Barthes que al dar noticia de estas unidades pretende sugerir que la entrada de la enunciación en el enunciado histórico, a através de los *shifters* organizadores, tiene como fin no tanto el dar al historiador la posibilidad de expresar su «subjetividad», como se dice comúnmente, como el de «complicar» el tiempo crónico de la historia al afrontarla con otro tiempo, que es el del discurso mismo.

En suma, la presencia de signos explícitos de enunciación en la narración histórica llevaría a «descronologizar» el «hilo» histórico y a restituir un tiempo complejo, según él, paramétrico, en ningún caso lineal, «cuyo espacio profundo recordaría el tiempo mítico de las antiguas cosmogonías, ligado también por esencia a la palabra del poeta o del adivino».

Hace mención también de los signos de destino en el discurso histórico. Normalmente, estos signos, que harían referencia a un /tú/, están ausentes en el discurso de historia. Se encontrarán solamente, según él, cuando la Historia se presenta como una lección. Tal es el caso de la *Histoire universelle,* de Bossuet, discurso dirigido normalmente por el preceptor al príncipe, su dicípulo [18].

Los signos del enunciante o destinador son, por el contrario, más frecuentes. Un caso particular es aquel en el que el enunciador se «ausenta» de su discurso y donde hay, por consiguiente, carencia sistemática de todo signo que reenvíe al emisor del mensaje histórico: la historia parece contarse ella misma. Este caso, dice

---

[18] La explicación que da Barthes a este respecto se refiere a la homología con el discurso de Dios; es decir, la homología entre la historia de los hombres y la escritura de Dios permite a Bossuet, mediador de esa escritura, establecer una relación de destino entre el joven príncipe y él.

Barthes, corresponde de hecho al discurso histórico llamado «objetivo», en el cual el historiador no interviene nunca. De hecho, en sus propias palabras, el enunciante anula su persona pasional, pero le sustituye otra persona, la persona «objetiva»: el sujeto subsiste en su plenitud, pero como sujeto objetivo; es —dice Barthes— lo que Fustel de Coulanges llamaba significativamente, y bastante ingenuamente, la «castidad de la Historia».

En el nivel del discurso la objetividad o carencia de los signos del enunciante aparece también como una forma particular de imaginario, el producto de lo que se lo podría llamar la *ilusión referencial,* puesto que aquí el historiador pretende dejar al referente hablar él solo [19].

Otro caso particular, en cuanto a Enunciación se refiere, es el del enunciante del discurso, que es al mismo tiempo participante del proceso enunciado. Un ejemplo de historiador actor cercano al acontecimiento y, posteriormente, narrador del mismo es, para nuestro autor, Jenofonte. Mas el ejemplo más ilustre, dice, de la conjunción del *yo* enunciado y del *yo* enunciante es, sin duda, el /il/ de César. Este célebre /il/ pertenece al enunciado; cuando César deviene explícitamente enunciante, pasa al *nosotros (/ut supra demostravimus/).*

La segunda parte del artículo la dedica Barthes, como ya hemos señalado, al Enunciado, cuyas unidades, tras un trabajo de segmentación, pueden clasificarse. A través de las observaciones de Barthes —meras sugerencias— se podría, pensamos, atender a los *temas,* perceptibles en las unidades de enunciado, y establecer diferencias entre discursos diferentes.

En fin, la tercera parte la dedica a la Significación. En primer lugar cabe una primera observación: para que la Historia no signifique es necesario que el discurso se limite a una pura serie desestructural de notaciones. Es el caso para Barthes de las cronologías y de los anales —en el sentido puro del término—.

Se podría decir que la virtual elaboración ideológica que supone la construcción de un discurso histórico se establece en la significación de tal discurso. Conformado así, el discurso histórico, como venimos diciendo, es el responsable de la «creación» del hecho histórico en el propio discurso.

En este sentido Barthes recuerda el famoso aforismo de Nietzsche: «No hay hechos en sí. Es necesario siempre comenzar por introducir un sentido para que pueda haber un hecho.»

---

[19] Cfr. nota 10.

Para el semiólogo francés el discurso histórico supone, en este sentido, una doble operación. En un primer momento el referente es separado del discurso, deviene exterior; es el tiempo de las *res gestas* y el discurso se da simplemente como *historia rerum gestarum;* pero en un segundo tiempo es el significado mismo el que se confunde con el referente; el referente entra en relación directa con el significante, y el discurso, encargado solamente de *expresar* lo real, «cree hacer economía del término fundamental de las estructuras imaginarias que es el significado. Como todo discurso tiene pretensión «realista», el de la historia no cree conocer así sino un esquema semántico con dos términos, el referente y el significante» [20].

Afirma Barthes que «el discurso histórico no sigue lo real, no hace sino significarlo, no cesando de repetir *ha sucedido (c'est arrivé),* sin que esta aserción pueda ser otra cosa que una característica de significado de toda la narración histórica» [21].

Concluye Barthes su artículo subrayando que el abandono, si no la desaparición, de la narración en la ciencia histórica actual —recordemos que el artículo está datado en 1967—, que intenta hablar más de estructuras que de cronologías, implica mucho más que un simple cambio de escuela: una verdadera transformación ideológica; la narración histórica muere porque el signo de la Historia es actualmente menos lo real que lo inteligible.

· Si hemos reseñado extensamente «Le Discours de l'Histoire» se debe a varias razones. En primer término, porque pensamos que supone un hito en los estudios y análisis del discurso, afrontando, por primera vez con esa orientación, la historia como un discurso susceptible de descripción a partir de una primera oposición cual es la del relato imaginario o de ficción *versus* discurso de la historia.

En segundo término, si bien de modo impresionista y difuso, da cuenta, también leyendo discursos concretos de historiadores, de la diferencia que consideramos fundamental entre la instancia de la

---

[20] Sería éste un caso de *acribia,* como indicábamos en el primer capítulo; sería igualmente la concreción del aserto de Ranke de contar las cosas tal como sucedieron. Barthes, francés, prefiere citar a Thiers: «Être simplement vrai, être ce que sont les choses elles mêmes, n'être rien de plus qu'elles, n'etre rien que par elles, comme elles, autant qu'elles.»

[21] Barthes (1967: 74) señala también el prestigio de este *c'est arrivé*; en nuestra civilizaciónu hay gusto por el efecto de realidad, probado por el desarrollo de los géneros específicos como la novela realista, el diario íntimo, la literatura del documento, el suceso, el museo histórico y, sobre todo, el desarrollo masivo de la fotografía, cuyo solo trazo pertinente (en relación al dibujo) es precisamente el de significar que el acontecimiento representado tuvo lugar *realmente.* En este sentido cabe señalar el artículo de Pierre Nora, «Le rétour de l'événement» en (Le Goff, Nora: 1978).

Enunciación y el enunciado histórico [22], que permite descubrir tanto al sujeto de la Enunciación como al sujeto del enunciado y poder describir sus estrategias, de las que nos ocuparemos en el capítulo IV.

Es claro que al tomar ejemplos tan dispares de cuatro historiadores tan heterogéneos como son Heródoto, Maquiavelo, Bossuet y Michelet, comentados tan brevemente y de modo tan disperso, no puede por menos de resultar insatisfactoria su tarea. Tómese, pues, como un conjunto de indicaciones sugerentes y como un trabajo de pionero que sin duda requiere profundización y continuación en un campo como es el de la semiótica, que se ocupa de la descripción de los distintos tipos de discursos y que, mal signo, ha reflexionado poco sobre el discurso que nos ocupa, esto es, el histórico [23].

Críticas, pues, a este trabajo no pueden faltar ni sorprender. Por indicar una sola, la que le dirigió Michel De Certau (1975: 53 y ss.), ve un riesgo al postular la univocidad del género «histórico» a través de los tiempos. Según De Certau, así hace Roland Barthes cuando se pregunta al inicio de su trabajo si «la narración de los acontecimientos pasados (...) difiere verdaderamente (...) de la narración imaginaria (...)». Querer responder a esta cuestión, dice De Certau, ¿no es suponer demasiado rápidamente la homología entre esos discursos, tomar demasiado fácilmente los ejemplos más próximos a la narración, pero alejado de las investigaciones presentes; tomar el discurso fuera del *geste* que la constituye en una relación específica con la realidad (pasada) de la que se distingue, y no tener en cuenta, por consiguiente, los modos sucesivos de esta relación; en fin, negar el movimiento actual que hace de este discurso científico exposición de las condiciones de su producción mucho más que la «narración de los acontecimientos pasados»? (De Certau, 1975: 54).

Se puede suscribir sin dificultad todas y cada una de las aserciones, que, elegantemente, sostiene en modo interrogativo. En efec-

---

[22] Precisamente en la instancia de la Enunciación, en su operación y en el nivel de la enunciación enunciada, pensamos que se sitúa el lugar privilegiado de análisis para poder establecer el lugar y la especificidad del discurso histórico en una tipología de los discursos. Sobre ello hablaremos en el capítulo IV.

[23] En efecto, el campo privilegiado de los análisis semióticos ha sido lo «literario», cuyos modelos se han exportado a lo mítico, religioso, político, científico, filosófico, etc., pudiendo detectarse, por el contrario, poca literatura sobre lo *histórico*. En un momento como el actual, en que muchos semiólogos se están ocupando, a su vez, por construir una historia de la semiótica, pensamos que es oportuno ocuparse de una semiótica de la historia.

to, ahí se encuentran todas las preguntas que el debate historiográfico actual está tratando de responder y que en el punto que nos interesa el mismo De Certau toma partido cuando afirma, esta vez taxativamente, que «la historia no es una crítica epistemológica. Permanece siendo un relato. Cuenta su propio trabajo y simultáneamente el trabajo legible en un pasado» (De Certau, 1975: 56). Y añade: «Elle ne comprend d'ailleurs celui-ci qu'en elucidant sa propre activité productrice et, réciproquement, elle se comprend elle-même dans l'ensemble et la sucession de production dont elle est elle-même un effet» (loc. cit.).

En todo caso, nos interesa insistir en un aspecto que creemos subyace en el conjunto de estas cuesiones, y es lo que Barthes ha calificado como el paso de la narración a lo inteligible, que considera como el abandono, en la historiografía actual, de la narración. Este eclipse de la narración se lo puede inscribir en el paso de la historia-relato a la historia-problema.

3.   De la historia-relato a la historia-problema

Hemos querido hacer coincidir el título de este epígrafe con el del artículo del historiador François Furet, «De l'histoire-récit à l'histoire-problème» [24], que, pensamos, sintetiza los aspectos que consideramos más interesantes del abandono de la naración histórica.

Sostiene Furet, como ya hemos indicado, que la historia es hija del relato y se define por el tipo de discurso. Hacer historia es contar una historia, o lo que es lo mismo, contar «lo que ha sucedido»,; dicho en otras palabras, es restituir el caos de acontecimientos que constituyen el tejido de una existencia, la trama, dice, de un *vécu*. El modelo para él sería, pues, el relato biográfico, porque «se presenta como la imagen misma del tiempo para el hombre».

Y no en vano este tipo de historia ha sido, si no únicamente, sí principalmente biográfica o política; una historia, dice Furet (loc. cit.) que se ocupaba del hecho histórico revestido de la dignidad de acontecimiento.

Mas el acontecimiento, tomado en sí mismo, es ininteligible, o más precisamente está privado de significación. Para que adquiera significación, propone también este historiador, es necesario que se lo integre en una red de otros acontecimientos en relación a los cua-

---

[24] Este artículo apareció en la revista *Diógenes,* núm. 89, en 1975, que se ocupaba de «Problèmes des sciences humaines», Ahora incluido en *L'atelier de l'historien,* 1982.

les tomará sentido: es la función del relato. Es, pues, en el interior de la *histoire-récit* donde el acontecimiento, aunque por naturaleza sea único y no comparable, adquiere significación por su posición sobre el eje del relato, es decir, del tiempo.

Toda historia-relato es una sucesión de *événements-origines,* que se puede llamar, propone este autor, *histoire-événementielle,* que es una historia teleológica, pues sólo el «fin» de la historia permite elegir y comprender los acontecimientos.

En suma, la historia-relato la caracteriza Furet como la reconstrucción de una experiencia vivida sobre el eje del tiempo: reconstrucción inseparable de un *minimum* de conceptualización, aunque, se reconoce, dicha conceptualización jamás se explicita. Se oculta, dice, en el interior de la finalidad temporal que estructura todo relato como su sentido mismo.

Sin embargo, en la evolución reciente de la historiografía se produce una mutación al abandonar la historia-relato a lo que él llama historia-problema, en el que, a diferencia de aquélla, la conceptualización está explicitada y es sistemática. Así lo explicita Furet:

1. El historiador ha renunciado a la inmensa indeterminación del objeto de su saber: el tiempo. Ya no tiene la pretensión de contar lo que ha sucedido, o incluso lo que ha sucedido de importante en la historia de la humanidad, o de una porción de la humanidad. Es consciente que elige, en ese pasado, aquello de lo que habla, y haciendo así, pone a ese pasado cuestiones selectivas. Dicho de otro modo, construye un objeto de estudio delimitando no solamente el período, el conjunto de acontecimientos, sino también los problemas puestos por este período y estos acontecimientos y que tendrá que resolver. No puede, pues, escapar a un *minimum* de elaboración conceptual explicitada: la buena pregunta, un problema bien planteado importan más que la habilidad o la paciencia para poner al día un hecho desconocido pero marginal.

2. Rompiendo con el relato el historiador rompe también con su material tradicional: el acontecimiento único. Si en lugar de describir un *vécu* único, fugitivo, incomparable, trata de explicar un problema, tiene necesidad de hechos históricos menos difusos que los que encuentra constituidos bajo ese nombre en la memoria de los hombres. Es necesario conceptualizar los objetos de su encuesta, integrarlos en una red de significaciones y, por consiguiente, hacerlos, si no idénticos, al menos comparables sobre un período dado de tiempo. Es el privilegio de la historia cuantitativa al ofrecer la vía más fácil —pero no la única— a este tipo de trabajo intelectual.

3. Definido su objeto de estudio, el historiador tiene que, igualmente, «inventar» sus fuentes, que no son, generalmente, apropiadas tal cual a su tipo de curiosidad. Puede suceder que meta la mano sobre tal paquete de archivos que no solamente será utilizable tal cual, sino que incluso le conducirá a ideas, a una conceptualización nueva o más rica. Es una de las bendiciones del oficio. Pero sucede más frecuentemente a la inversa. Ahora el historiador que trata de plantear y de resolver un problema debe encontrar los materiales pertinentes, organizarlos y hacerlos comparables, permutables, de modo que pueda describir e interpretar los fenómenos estudiados a partir de un cierto número de hipótesis conceptuales.

4. De donde la cuarta mutación del oficio de historiador. Las conclusiones de un trabajo son cada vez menos separables de los procedimientos de verificación que las subyacen, con las constricciones intelectuales que entrañan. La lógica muy particular del relato del «post hoc, ergo propter hoc» no se adapta ya a este tipo de historia, que, tradicionalmente también, consiste en generalizar lo singular. Aquí aparece el espectro de las matemáticas: el análisis cuantitativo y los procedimientos estadísticos, a condición de adaptarse al problema y ser juiciosamente conducidos, están entre los métodos más rigurosos de la prueba de datos.

Con estas cuatro mutaciones Furet nos explica el paso de una historia-relato a una historia-problema. Abandonar en tal evolución el relato implica abandonar el acontecimiento y, por tanto, como veremos, el paso a la *long-durée,* bajo el dominio de la estructura.

4. El eclipse del acontecimiento

4.1. *Crisis de la historia basada en acontecimientos*

Barthes (1967) concluía su trabajo, ya lo hemos dicho, sancionando la crisis de la narración histórica manifestada por una preferencia entre los historiadores por lo inteligible. A su vez, Furet ha sugerido, como hemos referido, la aparición de la nueva historia como una consecuencia de la atención merecida a la por él llamada historia-problema, que supone un cambio de objeto que pone en cuestión el hecho histórico si es considerado como la irrupción de un acontecimiento importante y no como un fenómeno elegido y construido. Por su parte, Veyne (1978: 83) opone la historia conceptualizante a la historia basada en acontecimientos. Y como la historia como narración se entendía como historia de acontecimientos y éstos normalmente como acontecimientos políticos, tal historia pierde hegemonía y pasa a ser considerada historia tradicional, sustituida por una nueva-historia[25]. Nos ocuparemos en esta parte de dicho cambio.

A lo largo de la historia, y mientras la narración histórica, entendida como narración de acontecimientos verdaderos, pareciera constituir el máximo anhelo de los historiadores, se oyeron, sin embargo, voces que se lamentaban de un historia que sólo atendiera al relato de los acontecimientos y no se preocupara también, y entre otras cosas, de analizar las causas. Que se limitara a narrar y no a explicar.

Por otra parte, el indagar las causas, el tratar de explicar *por qué* ocurrieron ciertos acontecimientos y no sólo *qué* acontecimientos se produjeron, podría, se pensó, elevar a rango de ciencia a la historia que, en cuanto sólo narración, permanecería inscrita en el campo del arte y excluida, por ende, de las disciplinas científicas[26].

En las páginas que siguen nos detendremos en exponer las razones por las que tanto una historia-arte como el deseo de una historia-ciencia necesitan, bien que con motivos del todo diferentes, definir y clarificar el concepto de «acontecimiento». Es más, sobre su definición girarán las orientaciones que unos y otros tratarán de fijar para la historia.

Si ya hemos hecho referencia en capítulos anteriores a la distinción entre crónica e historia, también contribuye a iluminar su oposición la relación que ambas mantienen con los acontecimientos. Sirva como ejemplo el caso de un tribuno militar, Sempronio Aselio,

---

[25] Como ha señalado Couteau-Begarie (1983: 46), los defensores de la historia-problema (opuesta a la historia-narración) suscribirían las palabras de Max Weber según las cuales «el historiador construye conceptos cuyo contenido es necesariamente variable y que es necesario definir precisamente cada vez y cuya validez está limitada al punto de vista singular que orienta el trabajo para el cual han sido elaborados». En loc. cit.: 47 sostiene que todo el razonamiento de la historia-problema está fundado sobre la oposición sesgada entre una «historia narrativa ingenua» que se contenta con narrar y una historia-problema que conceptualiza. Sin embargo, consideramos que los historiadores desde Tucídides han pretendido que el relato fuera explicativo. Cfr. Couteau-Begarie (1983: 43-53).

[26] De ese modo surgen las tesis antinarrativas: así Ricoeur (1983), ora en la búsqueda del apoyo de las otras ciencias humanas, ora buscando analogía con las ciencias físicas. Y en todo caso, considerando que la narración, en cuanto arte, se contentaba con conceptos simples. En otro sentido, Simmel (1950: 252) afirmó: «El hecho de que de todas las actividades científicas la historia sea la que con mayor frecuencia haya sido comparada con el arte, se explica (...) [porque] la extensión en extremo variable de los acontecimientos es abarcada en la representación histórica por *una* sola mirada interior. La obra de arte emplea este mismo procedimiento en su perfección.»

en el sitio de Numancia, rememorado por Aulio-Gelio en sus *No-ches Aticas:*

> Entre los que han querido dejar Anales y los que se han esforzado por escribir la historia romana hay, dice Sempronio Aselio, una distinción absoluta. Los Anales no hacían sino contar lo que ha sucedido cada año; por así decir un diario, o lo que se llama en griego «efemérides». Pero nosotros no nos contentamos en enunciar lo que se ha hecho (...). Escribir bajo qué cónsul ha comenzado una guerra, bajo cuál ha terminado, a quién le ha valido una entrada triunfal, lo que se ha hecho, sin indicar también los decretos del Senado, los proyectos y votos de leyes, sin retomar las deliberaciones y decisiones que han precedido los actos, es contar fábulas a los niños, no escribir la historia» [27].

Tan remoto ejemplo nos muestra la preocupación por escribir una historia diferente al mero narrar acontecimientos. Queremos insistir en que alcanzar esa otra historia, ora más verdadera, ora más científica, supone, en primer lugar, revisar el propio concepto de acontecimiento y atender a acontecimientos diferentes.

Fue progresando la insatisfacción por la narración de algunos acontecimientos y el olvido de otros. Así, por ejemplo, Voltaire denunció aquella historia dominante, que atendía *sólo a ciertos* acontecimientos: lo que se cuenta de los príncipes y de los grandes hombres, de sus pompas y de sus obras, y que según este autor es una historia que dimana de la anécdota, que no tiene sino un interés limitado y evanescente.

La «verdadera historia», por el contrario, es la de los grandes acontecimientos que han fijado el destino (sic) de los imperios. Se trata entonces de describir los «grandes acontecimientos» o, lo que es lo mismo, los hechos significativos que determinarán los cambios históricos.

Al distinguir los grandes acontecimientos de aquellos irrelevantes en su simple distinción se promueve, al mismo tiempo, la atención a otros acontecimientos.

---

[27] Aulio Gelio, *Noches Aticas,* V, 18, 8-9. Cfr. Guenée (1973: 999) y Gentili, Cerri (1983: 54). Los autores italianos, refiriéndose a este texto de Sempronio Aselio, afirman que «quedan así contrapuestos dos diversos modos de estructurar el discurso histórico, uno puramente expositivo, orientado en el sentido de la simple narración de los hechos, y el otro analítico y demostrativo». Por su parte, Mandelbaum, en «El análisis causal en la historia», afirma que casi todas las páginas de la historia escrita prueban que la tarea principal del historiador es la de establecer lazos de dependencia entre los acontecimientos. Tal generalización se encuentra manifiesta explícitamente en Gibbon, Mommsen, Macaulay Trevelyan, etc., etc. «Este interés en el análisis causal es el que ofrece la clave de la distinción entre *Historia* y *Crónica*» (Teggart, Cohen, Mandelbaum, 1959: 95).

Así, de modo próximo a Voltaire (quien en *Nouvelles Consi-dérations sur l'histoire* [28] afirmaba que después de haber leído tres o cuatro mil descripciones de batallas y el contenido de algunos centenares de tratados sólo aprendía acontecimientos) se expresa-ba el padre Martín Sarmiento en 1775: «No hallaré dificultad en proferir que la mayor parte de los libros que se han escrito de his-toria lo que menos contienen es lo que debiera ser el objeto prin-cipal de ella. Si tomo un libro de historia en la mano no tropiezo con otra cosa sino con un tejido continuo de guerras, con una fas-tidiosa repetición de oraciones que jamás han dicho los capitanes, y cuando más, con tal o cual nacimiento y muerte de príncipes, como si sólo las acciones de éstos fueran el único objeto de la his-toria. Esta debe instruir a los hombres, presentándoles los sucesos memorables, no sólo los belicosos, sino también físicos, cosmográ-ficos, políticos, morales, teológicos y literarios» (cfr. Altamira, 1948: 84).

Los sucesos memorables, los grandes acontecimientos de Vol-taire, no son ya sólo los belicosos, sino también los físicos, etcétera, enseña el padre Martín Sarmiento, desplazando a otros confines la historia que ocupándose de sólo «ciertos» acontecimientos es san-cionada como insatisfactoria.

Años después, en el prefacio a los *Estudios históricos,* 1831, Chateaubriand da constancia de este desplazamiento: «Los analis-tas de la antigüedad no hacían entrar en sus relatos el cuadro de las diversas ramas de la administración: las ciencias, las artes, la instrucción pública estaban excluídas del campo de la historia. Clío caminaba ligera (...). A menudo el historiador era sólo un viajero que contaba cuanto había visto. Ahora la historia es una enciclo-pedia; todo entra, desde la astronomía hasta la química, del arte financiero al del fabricante (...), del estudio del derecho eclesiásti-co, civil y penal, hasta el de las leyes políticas» [29].

---

[28] Voltaire, *Nouvelles Considérations sur l'histoire,* 1744, en *Oeuvres his-toriques,* ed. R. Pomeau, París, Bibliothèque de la Pleiade, 1957. En la pá-gina 46 se puede leer: «On a grand soin de dire quel jour s'est donnée une bataille, et on a raison. On imprime les traités, ont décrit la pompe d'un cou-ronnement, la cérémonie de la réception d'une barrette, et même l'entrée d'un ambassadeur dans laquelle on n'oublie ni son suisse ni son laquais. Il est bon qu'il y ait des archives de tout afin qu'on puisse les consulter dans le besoin; et je regarde à present tout les gros livres comme des dictionnaires. Mais, après avoir lu trois ou quatre mille descriptions de batailles, et la teneur de quelques centaines de traités, j'ai trouvé que je n'étais guère plus instruit au fond. Je n'apprenais là que des événements.»

[29] Cfr. parcialmente en Guy Bourdé y Hervé Martin (1983: 103).

Ese desplazamiento en el orden de los acontecimientos se encuentra en el origen de la llamada historia global y que en la historiografía francesa se ha acuñado como «nouvelle histoire» (Le Goff, 1980), que ha visto en Michelet a uno de sus precursores. En efecto, en el prefacio de *Précis de l'histoire moderne* escribe: «En primer lugar hemos insistido sobre la historia de los acontecimientos políticos más que sobre la historia de la religión, de las instalaciones, del comercio, de las letras y de las artes. *No ignoramos que la segunda es más importante incluso que la primera;* pero es por el estudio de la primera que se debe comenzar» (subrayado nuestro).

Como inductor de una historia total y profunda, propugna también un desplazamiento de la historia esencialmente política a otros dominios. En su famoso «préface de 1869» a su *Histoire de France,* dice: Francia «avait des annales, et non point une histoire. Des hommes éminents l'avaient étudiée surtout au point de vue politique. Nul n'avait pénetré dans l'infini détail des développements divers de son activité (religieuse, économique, artistique, etc.). Nul ne l'avait encore embrassée du regard dans l'unité vivante des éléments naturels et géographiques qui l'ont constituée. Le premier je la vis comme une âme et une personne (...). En résumé, l'histoire, telle que je la voyais (...) me paraissait encore faible en ses deux méthods: *Trop peu materielle,* tenant compte des races, non du sol, du climat, des aliments, de tant de circonstances physiques et phisiologiques. *Trop peu spirituelle,* parlant des lois, des actes politiques, non des idées, des moeurs, non du grand mouvement progressif, interieur, de l'âme nationale. Surtout peu curieuse du menu détail érudit, ou le meilleur, peut-être, restait enfoui aux sources inédites».

El punto de mira acertado, se pensaba, se dirigiría a una historia satisfactoria que superase el simple relato de *sólo* algunos acontecimientos. Por eso se buscarán otros y se establecerán distinciones.

Incluso para los más firmes sostenedores de una historia-arte un simple relato basado en acontecimientos no tenía sino poco valor, puesto que no los individualizaba lo suficiente y no permitía tener un conocimiento íntimo de los actores, impedía identificarse con ellos, resucitarlos mediante la imaginación. En esta perspectiva (Pomian, 1984: 11) no se ponía en cuestión el hecho mismo de concentrarse sobre la descripción de los acontecimientos, sino el carácter de la descripción que se daba.

Acaso en este sentido se justifique de modo más preciso la respuesta de Michelet, en *Histoire de la Révolution Française,* a la pregunta «¿Qué es la historia?»: «La especificación. Cuanto más especifica, precisa, caracteriza, más es histórica, más es ella misma. Mi mérito, el de este libro, es un constante esfuerzo por escapar a las vagas generalidades para encontrar la personalidad, penetrarla, seguirla en sus variaciones, anotarla día a día.»

Una posición muy diferente a ésta es la sostenida, por ejemplo, por Buckle [30], quien pensaba, en cambio, que la historia real del género humano es la historia de las tendencias percibidas por el intelecto (*mind*) y no la de los acontecimientos discernidos por los sentidos (cfr. Stern, 1970: 136). Para Buckle, la muerte de un príncipe, la pérdida de una batalla, el cambio de una dinastía son cosas que entran dentro del campo de los sentidos. Pero las «grandes revoluciones intelectuales», los «movimientos del espíritu humano» deben ser aprehendidas por el intelecto: estudiadas, dice, bajo varios aspectos para coordinar en seguida los resultados de esos estudios.

Una historia de los acontecimientos, cambios que se ven producir y que son, por tanto, particulares y sensibles, se opone así a una historia de esos otros cambios que afectan al espíritu humano y que son generales e inteligibles, operándose el pasaje de la primera a la segunda gracias a la inducción (Pomian, 1984: 10). En este caso se justificaría el relato de los acontecimientos asimilándolo a un protocolo de experiencias que es necesario acumular, una después de otra, para poder pasar al estadio superior: el descubrimiento de leyes (Pomian, 1984: 12) [31].

En unos casos, podemos resumir, es insatisfactoria aquella historia que no individualiza suficientemente los acontecimientos, que no especifica bastante; en otros es insatisfactoria aquella que no establece distinciones firmes entre tipos de acontecimientos, dificultando entonces la explicación.·

En este último aspecto cabe recordar una vez más a Ranke, quien, como ya dijimos en el capítulo anterior, puso en el centro de su concepción de la historia la oposición entre lo sigular y lo universal para definir, respectivamente, la forma insatisfactoria y la forma suprema de la historia. En ese sentido sentenciaba Ranke [32]: «Se equivocan aquellos historiadores ... que consideran la historia

---

[30] Citado en F. Stern (1970: 136). Se refiere a un pasaje del cap. 14: «Proximate causes of the French Revolution after the middle of the eighteenth century», de su *History of Civilization in England (1856-1861)*.

[31] De ese modo se llegaría a lo universal. Cabe recordar aquí la diferencia entre Natur y Geistes-wissenschaften. Las primeras permiten explicar, las segundas comprender. Como síntesis cfr. el trabajo de Aron (1981).

[32] Se trata de un pasaje en «A fragment from the 1830's» seleccionado por Stern (1970:59) para referirse al ideal de historia universal.

únicamente como un inmenso agregado de hechos particulares que
es necesario salvar en la memoria. De ello se deriva la práctica de
acumular particulares sobre particulares, mantenidos conjuntamente sólo por algún principio moral. Considero más bien que la disciplina de la historia —en su mejor expresión— (...) esté en condiciones de elevarse en su modo, precisamente de la investigación
y observación de particulares a una visión universal de los acontecimientos, a un conocimiento de la relación objetivamente existente» (cfr. Stern, 1970: 59).

Cuando se abandona la descripción de acontecimientos particulares se vislumbra la posibilidad de hacer una historia científica, buscando leyes generales que justifiquen tal pretensión. En ese momento
se propugna un abandono progresivo de la narración histórica que
relega a un segundo plano la historia-arte. La historia, se pensaba,
podría aspirar a ser ciencia con pleno derecho: la analogía con otras
ciencias comenzó a proliferar, y como ya indicamos en el primer capítulo, la historia imita —sin fortuna— a la física [33].

En este sentido no se puede soslayar la aportación contenida
en el artículo de 1942 de Carl Hempel «The function of General
Laws in History» (Hempel, 1979).

4.1.1. Las Leyes Generales en Historia

En dicho artículo, Hempel comienza afirmando que «es una
creencia bastante generalizada que la historia, a diferencia de las
llamadas ciencias físicas, trata sobre la descripción de hechos particulares del pasado antes que de la búsqueda de las leyes generales
que regían dichos sucesos» (Hempel, 1979: 233).

Frente a esta creencia sostiene, por el contrario, que las leyes
generales tienen funciones totalmente análogas en la historia y en
las ciencias de la naturaleza; que son un instrumento indispensable
de la investigación histórica y que incluso constituyen la base común de diversos procedimientos considerados a menudo como propios de las ciencias sociales, a diferencia de las naturales. De ese

---

[33] Pomian (1975: 935 y 936) explica cómo el siglo XIX fue el siglo de la
historia considerada como ciencia. Al final del siglo, en cambio, el clima comenzó a cambiar. Filósofos, sociólogos y también historiadores comenzaron a
demostrar que la objetividad, los hechos dados una vez por todas, las leyes
del desarrollo, el progreso, todas ellas nociones que habían sido consideradas
hasta entonces como evidentes y que fundaban las pretensiones científicas de
la historia no eran sino equivocaciones. Lo mismo ocurrió con la física. Lo
que lleva a decir a Pomian (1975: 937): «Para la historia de la historiografía,
la historia no es una ciencia.»

modo el empirismo o positivismo lógico de Hempel subsume la unidad metodológica de las ciencias empíricas.

Por *ley general* entiende este autor un enunciado de forma condicional universal que puede confirmarse o rectificarse por hallazgos empíricos adecuados.

Puesto que el término «ley» sugiere la idea de que el enunciado en cuestión, efectivamente, ha sido confirmado por los elementos adecuados disponibles —lo que es irrelevante para sus propósitos—, opta Hempel por utilizar la expresión «hipótesis de forma universal» o «hipótesis universal» que se supone que afirma una regularidad del siguiente tipo:

En todos los casos en donde un hecho de una clase específica C ocurre en un cierto lugar y tiempo, otro hecho de una clase específica E ocurrirá en un lugar y tiempo relacionados de un modo específico con el lugar y el tiempo de ocurrencia del primer suceso.

(Los símbolos C y E sugieren los términos «causa» y «efecto».)

En las ciencias naturales la función principal de las leyes generales es conectar hechos en pautas, a las que habitualmente se las denomina *explicación* y *predicción*.

La explicación de la ocurrencia de un hecho de una clase específica E en un cierto lugar y tiempo consiste, como generalmente se lo expresa, en indicar las causas o determinar los factores de E. La afirmación de que un conjunto de hechos, digamos de la clase c_1, c_2 ... c_n, ha originado el hecho que ha de explicarse, equivale a expresar que según ciertas leyes generales un conjunto de hechos de las clases mencionadas se acompañan regularmente de otro de la clase E. Así, la explicación científica del hecho en cuestión consiste en:

1) un conjunto de enunciados que afirman la ocurrencia de ciertos hechos c_1, c_2 ... c_n en ciertos lugares y momentos;
2) un conjunto de hipótesis universales, según las cuales

a) los enunciados de ambos grupos se encuentran razonablemente bien confirmados por pruebas empíricas;
b) de ambos grupos de enunciados puede deducirse lógicamente la oración que afirma la ocurrencia del hecho E.

El ejemplo que proporciona Hempel es el de la explicación del estallido del radiador de un automóvil durante una noche fría. Las oraciones del grupo 1) pueden establecer las siguientes condiciones iniciales y extremas: el vehículo permaneció en la calle durante

toda la noche; su radiador de hierro se encontraba lleno de agua
hasta el borde y con la tapa atornillada herméticamente. La temperatura durante la noche descendió de 4° C a —4° C; la presión
barométrica era normal; la presión que soporta el material del radiador es x. El grupo 2) contendría ciertas leyes empíricas, tales
como: a 0° C, con presión atmosférica normal, el agua se congela;
por debajo de 4° C la presión de una masa de agua aumenta al
descender la temperatura si el volumen permanece constante o dis-
minuye; cuando el agua se congela, la presión nuevamente aumenta. Por último, este grupo tendría que incluir una ley cuantitativa
referente al cambio de la presión del agua en función de su temperatura y volumen.

A partir de enunciados de estas dos clases puede deducirse por
razonamiento lógico la conclusión de que el radiador estalló durante
la noche: se ha establecido una explicación del hecho considerado
(Hempel, 1985: 235).

Muchas de las explicaciones brindadas en la historia, según
Hempel (1979: 240), parecen admitir un análisis de esta índole:
si fueran formuladas plena y explícitamente establecerían ciertas condiciones iniciales y ciertas hipótesis de probabilidad, de modo que
la ocurrencia del hecho que ha de explicarse es sumamente probable si se producen las condiciones iniciales, en vista de esas hipótesis. Pero al margen de que las explicaciones históricas se interpre-
tan como causales o probabilísticas, sigue siendo verdad que, en general, las condiciones iniciales, y especialmente las hipótesis implicadas, no se indican con claridad y no pueden completarse sin am-
bigüedades. Por eso, reconoce Hempel que lo que los análisis
explicativos de hechos históricos ofrecen son *explanatory sketches,*
esbozos de explicación.

La posición de Hempel en cuanto al problema de la *explicación*
se encuentra en los exponentes del positivismo lógico y entre los
filósofos analíticos. Se encuentra también en Popper [34], quien reivin-
dicó contra Hempel la paternidad de esta teoría de la *explicación
causal,* como él prefiere llamarla (von Wright, 1977: 29).

No es ocioso recordar que estas concepciones sugieren que explicar un acontecimiento equivale a mostrar que debía acaecer como
de hecho ha acaecido, lo que significa mostrar que es efecto de una
causa o, en otros términos, que es un caso de una ley.

El artículo de Hempel, o mejor dicho, sus concepciones, como
las de Popper, son variantes de la teoría de la explicación expues-

---

[34] K. Popper, *La lógica de la investigación científica,* sección 12; cfr. también Burleigh Taylor Wilkins, *¿Tiene la historia algún sentido?,* F. C. E., Mé-
jico, 1983, en concreto el capítulo II, «Interpretaciones históricas», pp. 36-154.

ta, entre otros clásicos del positivismo, por Mill. Pero las discusiones y controversias que suscitó más que a tal adscripción se debieron, según von Wright (loc. cit.), al hecho, casi irónico, de que se aplicara a la disciplina que parecía menos adecuada, esto es, la historia.

De las críticas al modelo de Hempel surgieron nuevas denominaciones; así, a partir de Dray [35] es conocido como *Covering Law Model* o *Covering Law Theory*. Por su parte, von Wright propuso llamarlo *Teoría de la explicación por subsunción (Subsumption Theory of Explanation)*.

Una controversia se centró en los ya citados *esbozos de explicación* en la historia. Hempel sostenía que las leyes generales en historia son demasiado complejas y su conocimiento no suficientemente precisas. En suma, las explicaciones proporcionadas por los historiadores son típicamente elípticas e incompletas.

Más drástico, Popper aducía que la razón por la que en las explicaciones históricas no se formulen leyes generales es que tales leyes son demasiado banales para ser mencionadas explícitamente (cfr. von Wright, 1977: 44).

Otra explicación nos la proporciona Dray (1957), quien considera que la razón por la que las explicaciones históricas, normalmente, no hagan referencia a leyes no reside en el hecho de que tales leyes son tan complejas y poco conocidas que debamos contentarnos con dar sólo un esbozo, ni en el hecho de que son demasiado banales para ser mencionadas. La razón para Dray es, simplemente, que las razones históricas no se basan en ningún modo sobre leyes generales: sólo puede aspirar a una *explicación racional,* que sería aquella que trata de establecer las conexiones y factores, los motivos y acciones que concurren en un determinado acontecimiento, de forma que pueda llegar a comprenderse la «racionalidad» de dicho acontecimiento. Se trata, por tanto, de explicar por razones y no por causas [36].

También Gardiner (1961: 111 y ss.) refutó a Hempel: la historia, según él, no nos suministra ningún sistema de correlaciones precisas. Las generalizaciones, en la medida en que son enunciadas

---

[35] Dray (1957); se trata de un modelo según el cual una ley *cubre* los casos particulares que se convierten en ejemplos de la ley. Dray sostiene (op. cit.) que la idea de *explicación* no implica la de *ley*. Cfr. Ricoeur (1983: 173-187).

[36] En (1957: 122) Dray afirma que explicar una acción individual por razones es «reconstruir el cálculo, hecho por el agente, de los medios que debe adoptar en vista al fin que ha elegido a la luz de las circunstancias en las cuales se ha encontrado. Dicho de otro modo: para explicar la acción debemos conocer las consideraciones que le han convencido de que debía actuar como lo ha hecho.»

por los historiadores —y esto es relativamente raro—, son de naturaleza esencialmente disgregada y «porosa».

Los historiadores no esperan que sus generalizaciones sean interpretadas con rigurosidad alguna, y cuando se las menciona son introducidas, si no con excusas previas, cuando menos con un grado considerable de reserva. Se las considera como proveedoras de referencias o señales que ayudan al historiador a abrirse paso entre la densa masa de su material. Una explicación postulada no es, por lo general, justificada (o impugnada) por la demostración de que una ley dada implicada por ella es (o no es) válida; mucho menos por la demostración de que tal ley se deriva (o no se deriva) de una teoría o hipótesis aceptada, o de que es confirmada (o refutada) por la experimentación; ni tampoco por la indicación de que el caso en consideración satisface (o no satisface) en los términos requeridos las condiciones exactamente especificadas en la formulación de la ley (Gardiner, 1961: 117).

Las situaciones históricas presentan, en decir de Gardiner, una multitud de factores relacionados entre sí cuya pertinencia o impertinencia respecto de los acontecimientos que deseamos explicar es difícil de determinar. Mientras más complejos son los acontecimientos tratados, mayores son las exigencias que se hacen al criterio del historiador. Los historiadores ofrecen varias causas para cualquier acontecimiento de cierta magnitud o complejidad.

Hay pues, dice Gardiner (1961: 12), un «deslizamiento» de la explicación según ocurre en la historia.

En este sentido, y tras señalar distintas observaciones al modelo de Hempel, queremos prestar atención a las sugerencias de von Wright (1977) sobre explicación en historia. Distingue von Wright, refiriéndose a la explicación en la historia y en las ciencias sociales, entre interpretación y comprensión, de una parte, y explicación, por otra. Los resultados de la interpretación son respuestas o preguntas del tipo «¿Qué es esto?» Sólo cuando preguntamos por qué ha habido una demostración, cuáles eran las «causas» de la revolución, buscamos, en un sentido más restringido, el explicar qué sucede, los hechos. La explicación en un determinado nivel a menudo prepara el terreno para una reinterpretación de los hechos en un nivel más alto.

La posición de von Wright sostiene que «es incorrecto afirmar que comprensión *versus* explicación indica la diferencia entre dos tipos de inteligibilidad científica. Se podría decir, en cambio, que el carácter intencional o no intencional de sus objetos es lo que distingue dos tipos de comprensión y de explicación» (von Wright, 1977: 158).

A la pregunta de si hay espacio en la historia para la explicación causal —genuina—, responde von Wright afirmativamente, mas aclara que es un tipo de explicación peculiar y típicamente subordinado a otros tipos de explicación.

Por ejemplo, la explicación de un acontecimiento en historia —véase el comienzo de una guerra, su explosión— consiste a menudo en el indicar uno o más acontecimientos antecedentes —por ejemplo, un asesinato, la violación de un tratado, un incidente en la frontera— que se consideran «causas que han contribuido a determinar aquel acontecimiento». Si los antecedentes son llamados *explanantia,* entonces, dice von Wright, en tales explicaciones históricas, *explananda* y *explanantia* son, en efecto, lógicamente independientes. Lo que las conecta no es un conjunto de leyes generales, sino un conjunto de aserciones singulares que constituyen las premisas de inferencias prácticas.

Atiende también von Wright a aquella característica de la investigación histórica por la que el mismo pasado se reexamina constantemente, se considera a menudo como una reevaluación del pasado.

Se podría pensar a ese respecto que el juicio histórico pareciera depender de los gustos y preferencias del historiador, de lo que *él* considera importante y digno de anotación. Indudablemente, sostiene von Wright, en la historiografía está presente también este elemento, pero «esencialmente la atribución de una nueva relevancia a acontecimientos pasados no es una cuestión de 'reevaluación' subjetiva, sino una cuestión de explicación sujeta a controles en principio objetivos en cuanto a su corrección». Por ejemplo, la aserción de que un acontecimiento precedente x ha hecho posible un acontecimiento sucesivo y, puede no ser verificable o confutable en modo conclusivo; se trata, sin embargo, de una aserción basada sobre *hechos* y no sobre aquello que el *historiador* piensa de ellos [37].

Para concluir esta parte queremos, en fin, detenernos en el comentario que el artículo de Hempel ha merecido para Paul Ricoeur (1983: 161 y ss.) y que nos parece el comentario más pertinente para nuestra perspectiva.

Considera Ricoeur que la discusión sobre la operatividad o no de este modelo —que él considera nomológico— en la historia, requiere previamente de una definición del estatuto de acontecimiento.

Como ya hemos visto, la tesis de Hempel concierne precisamente a los acontecimientos singulares. Pero estos acontecimientos, sub-

---

[37] von Wright (loc. cit.); cfr. también los comentarios de Ricoeur al filósofo finés en (1983: 187-203).

raya Ricoeur, no están considerados en su encuadramiento inicial, el de una crónica o de un testimonio, sea ocular o indirecto.

Esta especificidad del primer nivel de dicurso, que es el que nos interesa por su relación con la narración, al que hace referencia este autor, está completamente silenciado en la tesis de Hempel en beneficio de la relación directa entre la singularidad del acontcimiento y la aserción de una hipótesis universal, o, lo que es lo mismo, la aserción de una regularidad de un cierto tipo.

Al situar la noción de acontecimiento en el cuadro conceptual de la oposición entre singular y universal *queda despojada de su estatuto narrativo*. Es así que los acontecimientos se alinean sobre un concepto general de acontecimiento que incluye ocurrencias tales como el estallido de un radiador —como en el ejemplo transcrito—, un cataclismo geológico, un cambio de estado físico, etc., lo que consiente dar un carácter homogéneo a todo lo que cuenta como acontecimiento, que como ya hemos dicho puede ser deducido de las condiciones iniciales y cuya regularidad merece el nombre de ley.

Ricoeur (loc. cit.) considera, yendo más allá de los otros críticos de Hempel que brevemente hemos glosado, que no se trata sólo de comprobar que la particularidad principal del conocimiento histórico en lo que concierne al estatuto de la explicación no es tanto que las explicaciones en historia resten *bocetos de explicación* y, por consiguiente, leyes de rango inferior, sino el hecho de que no funcionan en historia de la misma manera que en las ciencias de la naturaleza. El historiador, dice Ricoeur, a diferencia de los otros críticos, no establece leyes: las utiliza (Ricoeur, 1983: 165).

Lo que nos interesa más especialmente de la aportación en la crítica de Ricoeur concierne a la distinción entre un acontecimiento físico, que simplemente acontece, y un acontecimiento que ya ha recibido un estatuto histórico del hecho de que ya ha sido relatado en las crónicas, relatos legendarios, memorias, etc.

Frente a la definición neutra de Hempel —«conjunto de enunciados que afirman la ocurrencia de ciertos hechos c_1 ... c_n en ciertos lugares y momentos»— sostiene Riroeur que los acontecimientos históricos derivan su estatuto histórico no solamente del hecho de que ellos figuran en tales enunciados, sino también de la posición de estos enunciados singulares en configuraciones de un cierto tipo que constituyen, hablando con rigor, una historia. Por eso, propone Ricoeur, es necesario situar en el centro de la discusión epistemológica no ya la *naturaleza* de la explicación en la historia, sino su *función*. La cuestión, en definitiva, no es, para Ricoeur, saber si la estructura de la explicación es diferente, sino de saber en qué tipo de discurso esta estructura explicativa *funciona*.

4.2. La historia «non-événementielle»

No podemos obviar otra perspectiva, ésta más historiográfica que filosófica, que al cuestionar el concepto de acontecimiento culmina en una historia *non-événementielle* que encontrará en la(s) escuela(s) de los *Annales* que fundaran Febvre y Bloch, a sus máximos exponentes, principalmente F. Braudel y sus dicípulos. Dicho muy brevemente: cierta concepción del acontecimiento impide a éste ser objeto de ciencia. Tal es la idea que encontramos en *De l'histoire considerée comme science,* de Lacombe: todo acto humano considerado en tanto que único no puede ser objeto de ciencia, pues ésta comienza por establecer similitudes constantes entre los fenómenos. Por lo mismo, un hecho individual no puede ser causa de ningún hecho. Para convertirse en ciencia la historia debe, por consiguiente, eliminar los acontecimientos, o más exactamente, lo que para numerosos historiadores constituía el aspecto más importante: su carácter singular, único, individual[38].

Al atender a su vocación científica la historia debe preocuparse por lo no *événementielle,* y en el mismo plano abandonar la tradicional narración histórica, que ya hemos dicho se basaba en acontecimientos (políticos).

Son ya clásicas las palabras de Braudel (1968) que critican el término acontecimiento: «Por lo que a mí se refiere, me gustaría encerrarlo, aprisionarlo en la corta duración: el acontecimiento es explosivo, tonante. Echa tanto humo que llena la conciencia de los contemporáneos; pero apenas dura, apenas se advierte su llama.»

De modo paralelo, Braudel ataca la historia tradicional. La historia tradicional, dice, atenta al tiempo breve, al individuo y al acontecimiento, desde hace largo tiempo nos ha habituado a su relato precipitado, dramático, de corto aliento.

Como alternativa, el historiador francés propugna la «nueva historia económica y social», que coloca en primer plano de su investigación la oscilación cíclica y apuesta por su duración.

De esta forma, afirma Braudel (1968: 64), existe hoy junto al relato (o al «recitativo») tradicional un recitativo de la coyuntura que para estudiar el pasado lo divide en amplias secciones.

En una primera aprehensión, el pasado, según Braudel (loc. cit.), está constituído por esa masa de hechos menudos, los unos resplan-

---

[38] A Lucien Febvre, por ejemplo, le interesan, sí, los acontecimientos, pero no a causa de su unicidad. Los acontecimientos le interesan en tanto que elementos de una serie, en tanto que desvelan las variaciones coyunturales de las relaciones entre las clases sociales cuyo conflicto permanece a lo largo del período estudiado (Pomian, 1984: 15).

decientes, los otros oscursos e indefinidamente repetidos. Pero esta masa, advierte, no constituye toda la realidad, todo el espesor de la historia.

Su desconfianza y la de sus discípulos a la historia tradicional o historia de los acontecimientos se explica también por la duración de éstos, por el tiempo de los acontecimientos: el tiempo corto, dice, es la más caprichosa, la más engañosa de las duraciones, lo que le lleva a preferir ocuparse de las *estructuras,* que para los historiadores, aun siendo ensamblajes, arquitecturas, son sobre todo una realidad que el tiempo tarda enormemente en desgastar.

La historia estructural aparece entonces como una nueva dimensión de la historia, que como dice en el prefacio de *La Méditerranée et le monde méditerranéen à l'époque de Philippe II* (p. XIII), es muy lenta, casi inmóvil, hecha a menudo de retornos insistentes de ciclos que recomienzan sin cesar [39].

Las coyunturas económicas, políticas, culturales, sociales, militares que se desarrollan en un tiempo más corto y más rápido que el anteriormente considerado, sin embargo se articulan sobre las transformaciones de las estructuras mismas.

Y atendiendo a la *longue durée* ve Braudel la posibilidad de hacer una historia que invierta el principio de inteligibilidad propio de las narraciones de acontecimientos mediante la cual se sigue la interminable causalidad de los hechos, contentándose, dice, con ordenarlos secuencialmente.

De este modo, los acontecimientos cobran una nueva significación al ser engendrados por las estructuras y las coyunturas.

Son, pues, manifestaciones visibles de las rupturas del equilibrio o de su restablecimiento [40].

Queremos aquí suscribir también el comentario que acerca del concepto de acontecimiento, del que hacen uso los adversarios de la historia «événementielle», ha dirigido Ricoeur (1980, 1983), afirmando que se apoyan sobre un concepto no crítico.

Admiten no demasiado fácilmente, dice Ricoeur (1980: 18), que la noción de acontecimiento debe estar ligada a la de acción individual en el dominio político, militar o diplomático, que el acontecimiento excluye la larga duración y que es dado anteriormente a toda cuestión planteada por el historiador.

Según Ricoeur, por acontecimiento no es necesario entender otra cosa que ocurrencia. Y el concepto de ocurrencia se aplica tanto al nacimiento, al desarrollo, a la decadencia y a la caída de un imperio,

---

[39] Y que Pomian (1884: 86) considera una de las grandes aportaciones de *La Méditerranée* al pensamiento histórico de nuestro tiempo.

[40] Cfr. Pomian (1984: 87).

al desarrollo de las tendencias sociales, a la evolución de las instituciones, de creencias o de actitudes espirituales, como a los altos hechos de los «grandes hombres históricos».

Añade Ricoeur que incluso las entidades colectivas, como las que son familiares a la historia económica, social y política, conciernen a la historia en la medida solamente en que son individualizadas y que son individualizadas solamente en la medida en que su ascensión, su desarrollo y su caída está *narrada*. En este sentido, los cambios que les afectan son tipos de ocurrencias.

Así lo explica Ricoeur, que evoca las *frases narrativas* de Danto a las que nos hemos referido en el capítulo primero: algo ha acaecido y lo que ha acaecido exige el uso de frases que usan tiempos verbales, a fin de expresar el hecho de que la ocurrencia considerada pertenece al pasado del historiador.

Tampoco la velocidad del tiempo tiene nada que ver con el derecho a hablar de ocurrencia. Es inesencial, en efecto, que los cambios se produzcan rápida o lentamente; también la historia de larga duración comporta una forma de duración, por tanto, de ocurrencia.

Estos y otros comentarios llevan a Ricoeur a considerar que es perfectamente compatible con la noción de ocurrencia decir —cosa que sostenemos— que *los acontecimientos son construidos al mismo tiempo que lo son los relatos que los encuadran* [41].

Otra aportación nos la proporciona Greimas (1976). Refiriéndose a la escuela de *Annales,* cuya preocupación principal, dice, es la de establecer y asegurar una dimensión fundamental de la historia sobre la cual se encuentran situadas las estructuras históricas profundas, independientes de las fluctuaciones coyunturales de la historicidad (*sic*), considera que esta dimensión fundamental, lugar de organizaciones taxonómicas y de transformaciones estructurales de los fenómenos sociales puede oponerse a lo que él llama *parecer histórico,* dimensión de superficie, lugar de manifestación de la historicidad, caracterizada por la infinidad de microacontecimientos y que no es susceptible de ninguna descripción exhaustiva o sistemática.

Es innegable, sin embargo, dice (1976: 163), que, en la práctica, es a partir de esa multiplicidad de microhechos como se efec-

---

[41] Los acontecimientos de una historia forman lo que Aristóteles llamó *mythos,* intriga: la composición de una serie de actos o hechos. Tal composición, pensamos, la realiza el discurso. Dicho de otro modo, los acontecimientos en el discurso se transforman en la intriga del relato, o sea, por el modo en que son preguntados. Veyne ha asignado a una noción de intriga considerablemente ampliada la función de integrar componentes tan abstractos del cambio social como los que han sido destacados por la historia *non-événementielle* e incluso por la historia serial.

túa la selección de los acontecimientos que, porque son juzgados como significativos, adquieren la dignidad de acontecimientos históricos y, encadenados los unos a los otros, constituyen series de acontecimientos integrables en el discurso histórico.

De ese modo considera Greimas (loc. cit) que una dimensión intermedia entre los niveles de la historia profunda y de la historicidad de superficie, esto es, una dimensión «événementielle», debe ser postulada.

Cabe, en fin, señalar que para este autor un acontecimiento es una configuración discursiva y no unidad narrativa simple (cfr. Greimas y Courtés, 1979: 136 y 137). Lo que supone un concepto de acontecimiento muy diferente del que usan los que critican la historia narrativa, identificándola con historia de acontecimientos.

Como resumen de lo que venimos diciendo queremos señalar a modo de conclusión que ni las críticas de la filosofía analítica de la historia ni las de la nueva historia francesa agotan en su programa el carácter narrativo de la historia.

En su trabajo sobre historiografía considerada como retórica de la historia, J. H. Hexter afirmó que «a pesar de su venerable antigüedad, la narración ha sido atacada últimamente como medio de dar coherencia a la historia. El motivo más general de estos ataques parece ser el argumento de que la coherencia que proporciona no es explicativa, o que no lo es suficientemente. En este sentido se la compara desfavorablemente con el principio de coherencia por inclusión en leyes generales que se supone normal en el lenguaje científico, y del que se dice que proporciona una explicación adecuada. Si la inclusión en leyes generales es el principio de coherencia normal en las ciencias, si según los criterios de las ciencias este principio es el único que proporciona la explicación adecuada y si el dar una explicación adecuada es la única función o la función primordial de las ciencias, es evidente que la narración *no* satisface la norma científica de coherencia ni proporciona la explicación científica adecuada. Falta preguntar, sin embargo, añade Hexter (1977: 455), por qué los historiadores habrían de preferir un principio de coherencia y unos criterios de suficiencia explicativa tomados del lenguaje de las ciencias a la narrativa, que es su propio principio tradicional de coherencia, y a la visión de la naturaleza y de las condiciones de la explicación histórica que el uso de la narrativa implica».

No se trata, pensamos, de defender la narración porque sea el principio de coherencia tradicional o porque sostengamos aquellas palabras de Agustín de Thierry (1840), que cita Barthes (1967): «Ha sido dicho que el objetivo del historiador era el de narrar, no el de probar; no sé, pero estoy convencido que en historia el mejor género de prueba, el más capaz de golpear y de convencer a los espíritus, el género que permite la menor desconfianza y deja las menores dudas, es la narración completa.» Se trata, por el contrario, de ver que aquellos mismos que desde la filosofía analítica rechazaron la narración, han reconocido, como Danto, que la simple conexión espacio-temporal de acontecimientos es ya en algún modo una selección y una explicación; que, como señala mucho más recientemente Atkinson (1978), la «narrative as explanatory» no puede relegarse a un segundo plano; que el principio de inteligibilidad de la producción histórica requiere del principio narrativo, o, como ya hemos dicho con Gallie (1968), comprender la historia es el desarrollo y el perfeccionamiento de una capacidad o competencia previa, la de «seguir un relato».

Por otra parte, podemos leer en historiadores encuadrados en la nueva historia palabras como las siguientes, pronunciadas por Georges Duby (1980: 50): «Considero que la historia sea ante todo un arte, un arte esencialmente literario. La historia existe sólo con el discurso.»

En fin, a continuación nos ocuparemos de un aspecto que ha promovido un apasionado debate historiográfico recientemente, y es lo que ha dado en llamarse «retorno a la narratividad», que es, en todo caso, permite mitigar la drástica oposición entre historia entendida como narración y nueva historia.

5. ¿Retorno a la narración?

En 1979, el historiador británico Lawrence Stone publicó en la revista *Past and Present* un artículo intitulado «The Revival of Narrative: Reflections on a New Old History»[42], que comienza con la siguiente aserción: *los historiadores han contado siempre historias.* Desde Tucídides y Tácito hasta Gibbon y Macaulay, la composición narrativa en prosa vívida y elegante se daba de suyo como su más elevada ambición: se veía a la historia como una rama de la retórica.

Empero, continúa el profesor de Princenton, durante los últimos cincuenta años esta función de narrador ha rebajado su reputación entre aquellos que se han considerado a sí mismos como la vanguardia de la profesión, aquellos practicantes de la llamada *Nueva Historia,* esto es, del período que siguió a la Segunda Guerra Mundial,

---

[42] *Past and Present,* núm. 85, 1979, pp. 3-24. Rápidamente suscitó controversia y fue traducido a otras lenguas. La revista francesa *Le Débat* lo publicó en 1980 y la revista colombiana *Eco* en septiembre de 1981.

y que, por tanto, no deben confundirse con los «nuevos historiadores» americanos de una generación anterior como Charles Beard y James Harvey Robinson.

Tras la crisis de la narración histórica, a la que ya hemos aludido anteriormente, Stone detecta ahora indicios de una contracorriente que está arrastrando de nuevo a muchos «nuevos historiadores» prominentes hacia alguna forma de narrativa.

Con *narrativa* Stone quiere significar la organización del material en un orden de secuencia cronológica y el encuadramiento del contenido en una narración singular coherente, aunque con sub-argumentos o intrigas secundarias (*sub-plots*).

Dada esa definición, la historia narrativa se diferenciaría de la historia estructural por dos aspectos esenciales, a saber: su *arragement* es más descriptivo que analítico y en que su foco central se dirige al hombre, no a las circunstancias. Este segundo aspecto, que nos permitimos calificar de sorprendente, pueden entenderse mejor cuando detalla que trata con lo particular y específico más que con lo colectivo y estadístico.

Una primera conclusión colige Stone de lo hasta aquí dicho: *la narración es un modo de escribir la historia, pero también es un modo que afecta y se ve afectada por el contenido y por el método.*

El tipo de narrativa en la que piensa no es el del simple coleccionista de antigüedades o el del cronista. Es una narración orientada por algún «principio seminal» y que posee un tema y un argumento. Ejemplos: el tema de Tucídides fueron las guerras del Peloponeso y sus efectos desastrosos sobre la política y la sociedad griega; el de Gibbon, la decadencia y la caída del Imperio Romano; el de Maucaulay, el surgimiento de una constitución liberal de participación en medio de las tensiones de una política revolucionaria.

El tipo de historiador narrador que propugna Stone no evita el análisis, aunque según él no sea éste el esqueleto estructural alrededor del cual se construye su trabajo. Algunas de las características de este hacer histórico sería la tendencia a la elegancia estilística, incluso a la agudeza y al aforismo. Ello se deriva de no aceptarse que la historia, al ser una ciencia, no requiere de arte alguno que la ayude en su curso.

Adelantándose a posibles críticas, Stone aclara que con estas propuestas no pretende enarbolar una bandera o de comenzar una revolución en la historiografía; no exhorta a nadie, dice, a arrojar su calculadora y a contar cuentos.

En la parte segunda de dicho artículo, el autor trata de explicar el abandono por parte de muchos historiadores hace cincuenta años de una tradición narrativa de dos mil años.

En primer lugar fue reconocido que responder preguntas del *qué* y del *cómo* de una manera cronológica, bien que estuvieran orientadas por un argumento central, de hecho no va lejos en el sentido de responder preguntas de *por qué*.

Cabe señalar también que tales historiadores, al estar influidos fuertemente tanto por la ideología marxista como por la metodología de las ciencias sociales, estaban también interesados en sociedades y no en individuos y confiaban en que podía realizarse una «historia científica» que produciría con el tiempo leyes generales para explicar el cambio histórico.

Como referencia, la primera «historia científica», en palabras de Stone, fue formulada por Ranke en el siglo XIX y se basaba, como ya hemos dicho, en el estudio mediante minuciosa crítica textual de nuevas fuentes que establecería los hechos de la historia política.

En los últimos treinta años ha habido, para Stone, tres clases muy diferentes de «historia científica» usuales en la profesión histórica, basadas todas ellas no en nuevos datos, sino en nuevos modelos y nuevos métodos:

1. Modelo económico marxista.
2. Modelo ecológico/demográfico francés.
3. Metodología cliométrica americana.

Respecto al primer modelo, dicho muy sucintamente, Stone detecta que en los años treinta la utilización del marxismo desembocó en un determinismo económico social muy simplista, y propugnaba hasta los años cincuenta una noción de «historia científica». Empero, dice Stone, debe observarse que la generación actual de «neo-marxistas» parece haber abandonado la mayoría de las afirmaciones básicas de los historiadores marxistas de los años treinta. Ahora ellos, concluye Stone, están tan preocupados con el Estado, la política, la religión y la ideología como sus colegas no marxistas y en el proceso parecen haber abandonado la pretensión de concluir una «historia científica».

El segundo modelo lo identifica Stone con el utilizado desde 1945 por la escuela francesa de los *Annales*. De los distintos historiadores de dicha escuela, Stone elige como representante a Enmanuel Le Roy Ladurie. De él, para no entrar en más detalles, recuerda su famoso aserto de que «la historia que no es cuantificable no puede pretender ser científica» [43].

El tercer grupo de «historiadores científicos» lo conforman los *cliometras* americanos a partir de los años sesenta, que operan con

---

[43] E. Le Roy Ladurie, *Le territoire de l'historien*, París, Gallimard, 1973.

una propia y especial metodología cuantitativa y que han pretendido dividir, según ellos, en dos la comunidad de historiadores. Por una parte se encuentran los *tradicionalistas,* que incluyen tanto a los historiadores narrativos del viejo estilo que se ocupan principalmente de una política estatal y de historia constitucional, cuanto los «nuevos» historiadores económicos y demográficos de las escuelas de *Annales* y de *Past and Present.*

Por otra parte están los *historiadores científicos,* los cliometras que se definen por una metodología más bien que por algún tema o alguna interpretación particular sobre la naturaleza del cambio histórico. Estos historiadores construyen modelos paradigmáticos, en ocasiones modelos contrafactuales que nunca existieron en la vida real; ponen a prueba la validez de los modelos mediante las más sofisticadas fórmulas matemáticas y algebraicas, aplicadas a cantidades enormes de datos procesados electrónicamente. Su campo específico es la historia económica.

A lo sucinto de nuestro resumen debemos señalar lo reduccionista que es la descripción, en esta tipología propuesta por Lawrence Stone, de los distintos grupos de historiadores.

A los tres grupos añade Stone, limitándose a citarlos, las importantes aportaciones del estructuralismo francés y del funcionalismo parsoniano. En palabras de este autor, ambos, estructuralismo y funcionalismo, han proporcionado perspectivas valiosas, pero según él ninguno se ha prestado para armar a los historiadores con una explicación científica del cambio histórico.

La primera causa del renacer actual de la narrativa, según Stone, es un extendido desencanto con el modelo económico determinista. Como ejemplo sugiere las consecuencias desafortunadas de separar la historia social de la historia intelectual.

El determinismo económico y demográfico, dice en otro pasaje, no ha sido minado solamente por el reconocimiento de las ideas, de la cultura y aun de la voluntad individual como variables independientes. Ha sido socavado también por un reconocimiento revivido de que el poder político y militar, el uso de la fuerza bruta, ha determinado muy frecuentemente la estructura de la sociedad, la distribución de la riqueza, el sistema agrario y aún la cultura de élite.

En la práctica, añade Stone, el grueso de la profesión continuó preocupándose por la historia política como siempre había sucedido, pero no era ahí donde generalmente se pensaba que estaba lo más avanzado de la profesión. Un reconocimiento tardío de la importancia del poder, de las decisiones políticas personales tomadas por individuos, de las incertidumbres de las batallas, han regresado a la fuerza a los historiadores hacia el modo narrativo, les guste o no (*sic*).

Para usar expresiones de Maquiavelo, ni la *virtú* ni la *fortuna* pueden ser manejadas en otra forma que narrativamente, puesto que la primera es un atributo individual y la segunda un accidente feliz o desgraciado.

Considera también Stone que el golpe que ha recibido la historia estructural y analítica se lo debe a la cuantificación en cuanto su metodología más característica. Aun reconociendo los avances indudables en la cuantificación que ha madurado y se ha establecido como un metodología esencial en muchas áreas de la búsqueda histórica —especialmente la historia demográfica, la historia de la estructura social y de la movilidad social y la historia de los patrones electorales y del comportamiento electoral en los sistemas políticos democráticos—, y reconociendo también que su uso ha mejorado notablemente la calidad del discurso histórico —exigiendo la cita de cifras precisas en lugar de la vaguedad verbal utilizada anteriormente—, sin embargo, y con todo, la cuantificación, afirma, no ha colmado las excesivas esperanzas de hace veinte años. La mayoría de los grandes problemas históricos, añade, permanecen tan insolubles como siempre.

La cuantificación, en fin, nos ha revelado mucho acerca de los problemas del *qué* en demografía histórica, pero hasta ahora relativamente poco sobre los *por qué*.

Insiste Stone sobre el escaso avance en historia cuando afirma: hoy nadie está suficientemente seguro de si la sociedad inglesa era más abierta y móvil que la francesa en los siglos XVII y XVIII y ni aún si la *gentry* o la aristocracia estaban en ascenso o en decadencia en Inglaterra antes de la guerra civil. No estamos mejor ahora, a este respecto, de lo que estaban James Harrington en el siglo XVII o Tocqueville en el XIX.

Aún más, la profecía de Le Roy Ladurie en 1968 de que en los ochenta «el historiador será un programador o no será» no se ha cumplido, y menos aún, subraya Stone, para el profeta mismo.

En su diagnóstico observa el historiador británico que los historiadores han regresado al principio de indeterminación, al reconocimiento de que las variables son tan numerosas que a lo mejor sólo generalizaciones de alcance medio son posibles en historia, como hace tiempo sugirió Robert Merton. El modelo macroeconómico, añade, es un sueño vacío y «la historia científica» un mito. Sencillamente, las explicaciones unicausales no operan.

El uso de modelos de explicación autoalimentados y construidos a partir de las «afinidades electivas» weberianas parecen proveer de mejores herramientas para revelar algo de la verdad huidiza en la causación histórica, especialmente, aclara, si abandonamos cualquier pretensión de que esta metodología es científica en cualquier sentido.

Ha visto también Stone como algo sintomático en la evolución historiográfica los trabajos de historiadores que tenían a Lucien Febvre como maestro que observaba los cambios intelectuales, psicológicos y culturales como variables independientes. Cabe reseñar la importancia que han tenido en estos trabajos las enseñanzas de la antropología, que si bien ha podido ser considerada en la práctica como disciplina ahistórica por su falta de interés en el cambio temporal, ha mostrado cómo un sistema social total y un conjunto de valores pueden ser brillantemente iluminados mediante el método exploratorio de registrar con minucioso detalle un acontecimiento singular, siempre y cuando se ubique muy cuidadosamente en su contexto global en cuanto a su significación cultural. Como ejemplo pueden servir las «thick description» de Clifford Geertz [44].

Aparte de Geertz, también Evans Pritchard, Mary Douglas o Víctor Turner son antropólogos citados cuyas enseñanzas han influido en los nuevos historiadores. A este respecto dice Stone: la causa para el resurgir de la narración entre algunos de los *nuevos historiadores* ha sido la sustitución de la sociología y de la economía por la antropología como la más influyente de las ciencias sociales.

Respecto a la historia de las mentalidades, Stone considera que contar el relato, la narración contextualizada en muchos detalles de uno o más acontecimientos basada en el testimonio de testigos oculares y participantes, es claramente uno de los medios para recobrar algo de las manifestaciones externas de la *mentalité* en el pasado.

Es cierto que el análisis permanece como la parte esencial de la empresa y ésta está basada en una interpretación antropológica de la cultura que pretende ser al mismo tiempo sistemática y científica. Pero esto, advierte, no puede oscurecer el papel del estudio de la *mentalité,* en el resurgimiento del modo narrativo, de contar relatos.

Tras dar ejemplos de trabajos que confirman su hipótesis —los de Brown, Duby, Le Roy Ladurie, Cipolla, Hobsbawn, Thompson, Darnton, Thomas, etc.—, afirma que el nuevo interés en la *mentalité* ha estimulado un retorno a los viejos modos de escribir la historia.

Tales historiadores y otros asociados a la «nueva historia» han planteado nuevos interrogantes, probado nuevos métodos y buscado

---

[44] Se podría traducir por «descripción densa» que Geertz aplicó a una pelea de gallos en Bali; cfr. «Deep Play: Notes on the Balinese cook-fight» y también «thick description: toward an Interpretative Theory of Culture», ambas en *The Interpretations of cultures,* New York, 1975.

nuevas fuentes. Según Stone ahora están volviendo a la narración histórica, aunque se pueden detectar cinco diferencias entre sus historias y la de los historiadores narradores tradicionales:

1. Están preocupados, casi sin excepción, con las vidas, sentimientos y conductas de los pobres y oscuros antes que con las de los grandes y poderosos.
2. El análisis se conserva como algo tan esencial a su metodología como la descripción.
3. Están abriendo nuevas fuentes, a menudo procesos de juzgados penales que usaban procedimientos de Derecho Romano, los cuales contienen transcripciones escritas de testimonios literales de testigos bajo examen e interrogatorio.
4. A menudo cuentan sus historias de una manera diferente a la de Homero, Dickens o Balzac. Bajo la influencia de la novela moderna y de las ideas freudianas exploran cuidadosamente el subconsciente antes que atenerse a los hechos escuetos. Y bajo la influencia de los antropólogos tratan de usar el comportamiento para revelar el significado simbólico.
5. Cuentan la historia de una persona, un juicio o un episodio dramático no por él mismo, sino para arrojar luz sobre los desarrollos internos de culturas y sociedades pasadas.

De ser cierto su diagnóstico, el propio Stone sugiere que el desplazamiento de los «nuevos historiadores» hacia la narración marca el fin del intento de producir una explicación científica coherente del cambio en el pasado.

En ese diagnóstico aparecen cuatro grupos de historiadores en la actualidad: los viejos historiadores narrativos, ante todo biógrafos e historiadores políticos: los cliometras, que continúan trabajando con estadísticas; los historiadores sociales, atareados en el análisis de estructuras impersonales, y los historiadores de las mentalidades, que ahora persiguen ideales, valores, ambientes espirituales y patrones de comportamiento personal íntimo.

La adopción por parte de los historiadores de las mentalidades de una narrativa descriptiva minuciosa o de la biografía individual no carece, sin embargo, de problemas. Se trata de la vieja cuestión de que el argumento apoyado en ejemplos seleccionados no es filosóficamente convincente, es un procedimiento retórico, no una prueba científica.

Al referirnos al «paradigma indiciario» y a la «microhistoria» en el capítulo segundo, decíamos que Ginzburg afirmaba que «el tratamiento cuantitativo y antropocéntrico de las ciencias de la natu-

raleza desde Galileo hacia adelante ha colocado a las ciencias humanas ante un desagradable dilema: o deben adoptar un débil nivel
científico que les permite alcanzar resultados significativos o adoptar
un fuerte nivel científico para alcanzar resultados que carecen de
importancia». Pues bien, de esa misma afirmación de Ginzburg colige Stone que el desencanto con el segundo tratamiento está moti-
vando un desplazamiento hacia el primero. Como resultado, lo que
está ocurriendo ahora es, según él, una expansión de la selección
de ejemplos —a menudo un ejemplo único detallado— en una de
las maneras de escritura corrientes. En cierto sentido, abunda, esto
es sólo la extensión lógica del éxito enorme de los estudios históricos locales que han escogido como tema no una sociedad entera,
sino sólo un fragmento —una provincia, un pueblo, una aldea—. La
historia total, pues, sólo parece posible si se toma como objeto un
microcosmos y los resultados a menudo han hecho más para iluminar y explicar el pasado que todos los estudios anteriores o actuales que se basan en los archivos del gobierno central.

Sin embargo, dice Stone, en otro sentido la nueva tendencia es
la antítesis de los estudios de historia (*history*) local puesto que
abandona la historia total de una sociedad por pequeña que sea como
una imposibilidad y se fija sobre la historia (*story*) de una célula
única.

Para concluir, transcribimos la última idea de Stone en su denso
artículo. Dice Stone: «Está claro que un solo vocablo como *narración* (...) es inadecuado para describir lo que de hecho es una amplia gama de cambios en la naturaleza del discurso histórico. Hay
signos de cambio respecto a la cuestión central en historia, de las
circunstancias; en los problemas estudiados, de lo económico y demográfico a lo cultural y emocional; en las fuentes primordiales de
influencia, de la sociología, la economía y la demografía, a la antropología y la psicología; en el tema, del grupo al individuo; en los
métodos explicativos del cambio histórico, de lo estratificado y unicausal a lo interconectado y multicausal; en la metodología, de la
cuantificación de grupo, al ejemplo individual; y en la conceptualización de la función histórica, de lo científico a lo literario.»

Como cabría suponer, un trabajo como el que acabamos de reseñar suscitaría una amplia controversia. Y así ha sucedido. Mas queremos aclarar, antes de dar cuenta de algunos puntos polémicos,
que el riesgo de errores y de simplificaciones que puede contener
también se debe a su intento, en pocas páginas, por sintetizar y sancionar los distintos modelos que en su tipología, ya de por sí dudosa,
conforman los tipos de historia científica de los últimos cincuenta
años.

Finley, por ejemplo, en la entrevista, en apéndice a F. Haitog (Finley: 1968: 263), dice expresamente refiriéndose al artículo de Stone que lo encuentra superficial y sin interés. En nota (loc. cit) responde que mientras Stone pretende que la ambición más alta de Tucídides era la de componer un relato en prosa elegante y refinada, el propio Tucídices dijo expresamente lo contrario. En efecto, en el primer capítulo hemos referido las propias palabras de Tucídides a ese respecto.

La misma revista *Past and Present* en la que se publicó «The Revival of Narrative: Reflection on a New Old History» dio cabida a dos comentarios críticos a dicho artículo. Uno del historiador Eric Hobsbawn, «The Revival of Narrative: some comments»[45], y otro del sociólogo también historiador Philip Abrams, «History, Sociology, Historical Sociology»[46].

En su respuesta a Stone, Hobsbawn admite, apoyándose en Momigliano[47], que en los veinte años que han seguido a la Segunda Guerra Mundial la historia política y la historia religiosa han declinado rápidamente, que han explicado mucho menos por las «ideas» y que se ha girado netamente hacia la historia socio-económica y hacia la explicación por las «fuerzas sociales». Las llamemos o no «económico-deterministas», estas corrientes de la historiografía, subraya Hobsbawn, han ganado influencia, e incluso han predominado en ciertos casos, en los principales centros de historiografía de Occidente.

Admite también que los últimos años se ha dado una gran diversificación y «a marked revival of interest in themes which were rather more marginal to the main concerns of the historical outsiders who in those years became historical insiders, though such themes were never neglected» (op. cit.: 3). Braudel, por ejemplo, ha escrito sobre Felipe II como sobre el Mediterráneo. Saber si tal cambio corresponde a una vuelta de la *«narrative history»*, tal como la define Stone, es difícil de determinar.

Para Hobsbawn, los historiadores que creen aún en la posibilidad de generalizar acerca de las sociedades humanas y su desarrollo, continúan interesándose en «the big *why* questions», aunque sucede

---

[45] Publicado en el número siguiente al que publicaba el de Stone: *Past and Present,* 86, 1980, pp. 3-9.

[46] En *Past and Present,* 87, 1980, pp. 3-16, y también en su libro *Sociologia Storica,* 1983.

[47] Se refiere al artículo de Arnaldo Momigliano «A Hundred Years after Ranke», *Studies in Historiography* (1966), pp. 108 y 109. Comentarios similares se encuentran también en «L'histoire à l'âge des ideologies», *Le Débat,* 23, 1983, pp. 129-147.

que pongan el acento, a veces, sobre cuestiones diferentes de las que
retenían la atención hace veinte o treinta años. No hay en realidad
ningún signo, dice, que permita afirmar que tales historiadores hayan renunciado a «the attemp to produce a coherent... explanation
of change in past».

Duda también de que dichos historiadores tengan el sentimiento
de estar «forced back upon the principle of indeterminacy» del mismo modo, arguye, que Marx no tuvo el sentimiento de que sus escritos sobre Louis Napoleon eran incompatibles con la concepción
materialista de la historia.

Como posible explicación a los cambios en los intereses y el contenido de la historia, encuentra Hobsbawn la extraordinaria amplia-
ción del campo de la historia, en el curso de los últimos veinte años,
simbolizado por el triunfo de la *social history*, «that shapeless con-
tainer for everything from changes in human physique to symbol
and ritual, and above *all* for the lives of all people from beggans to
emperors» (opc. cit.: 5). O como Braudel ha observado, «l'histoire
obscure de toute le monde» es la historia hacia la que tiende, de
una manera u otra, toda la historiografía actual» [48].

Al referirse a la lucha en Francia contra la «histoire événementielle» reconoce un cierto extremismo al reducir todo a la economía,
aunque, subraya, tal exceso no fue universalmente compartido ni en
la escuela de los *Annales* ni entre los marxistas, quienes, sobre todo
en Inglaterra, no cesaron nunca de interesarse por los acontecimientos o en la cultura y no consideraron que la «superestructura» fuera
siempre y totalmente dependiente de la «base».

Cita Hobsbawn a Le Goff (1985: 167): «La historia política
fue gradualmente recobrando fuerzas al adoptar los métodos, el espíritu y el enfoque teórico de las mismas ciencias sociales que la
habían empujado a segundo plano.» Y es que Hobsbawn piensa que
es posible considerar la historia de los hombres y de las mentalidades, de las ideología y de los acontecimientos como complemen-
taria al análisis de las estructuras y de las corrientes socioeconómi-
cas más que sustituirlas.

Respecto a la «thick description» de Geertz que Stone destaca,
Hobsbawn arguye que ello no implica necesariamente elección entre
lo unicausal y lo multicausal, ni conflicto entre un modelo en el cual
se atribuiría más poder a ciertas determinantes históricas que a
otras.

---

[48] Orientación ésta que sigue, como hemos señalado en el capítulo segundo, la llamada *microhistoria* y especialmente los trabajos de Carlo Ginzburg.

No hay contradicción tampoco entre *Le paysans de Languedoc* de Le Roy Ladurie y *Montaillou,* como tampoco entre los estudios generales de Duby sobre la sociedad feudal y su monografía sobre la batalla de Bouvines, ni tampoco entre *The Making of the English Working Class* y *Whigs and Hunters,* de E. P. Thomson. No hay nada de nuevo, afirma Hobsbawn, en mirar el mundo a través de un microscopio más que a través de un telescopio. Mientras que aceptemos que estudiamos el mismo universo, la elección entre microcosmos y macrocosmos será un problema de selección de la técnica adecuada. Es significativo —dice— que en nuestros días la mayoría de los historiadores han optado por el microcospio, pero esto no quiere decir necesariamente que rechacen el telescopio como un instrumento inactual.

Se puede reconocer que ciertos historiadores han pasado de las «circunstancias» a los «hombres» —lo que incluye a las mujeres—, o que han comprendido que el modelo simple base/superestructura, así como la historia económica, no es suficiente; incluso muchos se han convencido de la incompatibilidad entre su función «científica» y su función literaria. Pero, concluye Hobsbawn, no es necesario analizar los modos actuales de la historia enteramente como el rechazo del pasado y «in so far asthey cannot be entirely analysed in such terms, it will not do» (op. cit.: 8).

En fin, aparte del desacuerdo sobre el «principio de indeterminación» y la generalización en historia, al considerar el razonamiento de Stone falso, el diagnóstico sobre «los cambios en el discurso histórico» que se deriva es necesariamente incorrecto.

Se podrían citar otras críticas como las contenidas en el ya mencionado artículo de Abrams, o como las de Coutau-Begarle [49] y Le Goff [50], o en España las de Fontana [51].

Se puede, como ya hemos dicho, contestar al profesor Stone desde el marxismo, desde la historia económica, o desde la(s) escuela(s)

---

[49] Couteau-Begarie (1983), a lo largo de su trabajo sobre estrategia e ideología de los nuevos historiadores, va contrastando las afirmaciones —excesivas— (*sic*) de Stone. Considera que Stone se excede al minusvalorar innovaciones (*sic*) de la nueva historia. Sobre el diagnóstico general de «Revival ...» coincide con Hobsbawn en calificarlo de impresionista.

[50] Le Goff, defensor de la historia-problema frente a la historia-narración, no podría defender el diagnóstico de Stone. La conclusión dice (1981: 653) es el vértice de la ambigüedad de un análisis ambiguo.

[51] Fontana, en su libro *Historia. Análisis del pasado y proyecto social* dedica una larga nota (1980: 165n y 166n) al artículo de Stone; considera que «como mucho es una descripción de las modas dominantes en los medios universitarios británicos desde 1930 a 1980, y ni siquiera tomado así parece serio». Al artículo de Hobsbawn lo califica de «sensata réplica» (1980: 166n).

de los *Annales*. Mas, en todo caso, y por ello hemos dado noticia de
su artículo y de la crítica de Hobsbawn, queremos subrayar el carácter de síntoma que posee su «The Revival of Narrative», que
en lo que interesa a nuestro planteamiento afecta más que a la
salida a una posible crisis en la historiografía contemporánea, a la
atención prestada al papel de la narración en esa mismo historiografía.

Acaso sea necesario insistir: no se trata de compartir el diagnóstico de Stone, sino de recuperar la atención que merece para él, pero
también para su adversario en la polémica de *Past and Present*, la
narración.

No se trata de defender, por tanto, la historia narrativa, ora como
nueva vieja línea de hacer historia, ora como superadora de métodos
que han podido resultar en algunos casos insatisfactorios. En cualquier caso, hacemos nuestra su consideración de que es «una manera de escribir la historia, pero también es una manera que afecta
y se ve afectada por la historia».

En el actual debate historiográfico que hace referencia al estatuto de la historia se detectan cambios. Algunos datos apuntan a
ello, en efecto: después de insistir sobre la cientificidad se habla
cada vez más sobre lo *vivido*. Después del dominio de la historia
económica y social, los estudios se orientan sobre lo político, lo cultural, lo religioso. Después de una atención privilegiada a la larga
duración, han aparecido intentos por poner una mirada nueva sobre
el acontecimiento, a partir sobre todo de una reflexión de los historiadores sobre los medios de comunicación de masas [52].

Ante este nuevo cambio, Pomian (1982: 1.130) advierte del
riesgo de reavivar la vieja controversia entre los sostenedores de una
historia ciencia y los que defienden el carácter artístico. Por ello
distingue tres niveles de pertinencia en la historia: ciencia que establezca los hechos, un arte de presentarlos y una filosofía que permita comprenderlos.

---

[52] Como inevitable referencia, Pierre Nora, «La vuelta del acontecimiento»,
incluido en Le Goff, Nora (eds.), *Hacer la historia. Nuevos problemas,* 1978,
pp. 221 a 240. Allí se pueden leer afirmaciones del tipo «la modernidad se-
grega el acontecimiento, a diferencia de las sociedades tradicionales, que más
bien tendían a rarificarlo» (p. 231), o «actualmente, cuando la historiografía
entera ha conquistado su modernidad sobre la eliminación del acontecimiento (...) y con él, tal vez, la posibilidad, incluso, de una historia propiamente
contemporánea» (p. 239). Un libro de Eliseo Verón, *Construire l'événement. Les
medias et l'accident de Three Mile Island,* París, Minuit, 1980, muestra cómo
en la unificación imaginaria producida por los discursos de los mass-media se
impone el *acontecimiento* por todas partes en la subjetividad de los actores sociales. Los *media* informativos son el lugar donde las sociedades industriales
producen nuestra realidad.

Pensamos a modo de conclusión que, en efecto, ni se trata de reconocer en el supuesto «retorno a la narratividad» un abandono por la dimensión científica de la historia y su posible desarrollo, ni de ubicar a la historia, entendida como narración, en el campo del arte.

Cuando se dice que la historia es una mezcla de ciencia y arte, podemos comprobar que la segunda dimensión no ha sido atendida, como ha sostenido Hayden White (1978a: 7), suficientemente. Según White (loc. cit.), «mientras recientes filósofos analíticos han conseguido dejar claro hasta qué límite la historia puede ser considerada una especie de ciencia, en cambio poquísima atención ha sido dirigida a sus componentes artísticas».

En su obra *Metahistory* (1973), del que ya dimos noticia en el capítulo primero al referirnos a la diferencia discursiva entre «crónica» e «historia», White aborda lo que él llama «análisis de la estructura profunda de la imaginación histórica», centrándolo en la obra de los principales historiadores del siglo xix: Michelet, Ranke, Tocqueville y Burckhardt. Considerarlos formas representativas de reflexión histórica requirió, según él, una teoría formal de la obra histórica

Así considera la obra histórica tal como se manifiesta: una estructura verbal en forma de discurso narrativo en prosa. Las teorías —y también las filosofías de la historia— combinan un cierto número de «datos», de conceptos teóricos para «explicar» esos datos, y una estructura narrativa para presentarlos como un icono de conjunto de acontecimientos que se presume hayan acaecido en tiempos pasados. Además, afirma, «tienen un contenido estructural profundo que es generalmente poético, y específicamente lingüístico en su naturaleza y que sirve como paradigma, precríticamente aceptado, de lo que debería ser una explicación característicamente *histórica*. Este paradigma *funciona* de elemento *metahistórico* en todas las obras históricas que van más allá de la monografía y de la relación de archivo» (White, 1978a: 5).

Para alcanzar a explicar o más bien para alcanzar un «efecto de explicación», los historiadores pueden elegir entre tres especies de estrategias: explicación según el argumento formal, explicación según la intriga (*emplotment*) y explicación según la implicación ideológica. En el ámbito de cada una de estas diferentes estrategias, White identifica cuatro posibles modos de articulación sobre cuya base los historiadores pueden obtener un efecto explicativo de una determinada especie. Para los argumentos existen los modos del Formalismo, del Organicismo, del Mecanicismo, del Contextualismo; para las intrigas existen los arquetipos de la Novela, de la Comedia, de la Tragedia y de la Sátira; y para la implicación ideológica están las tácticas del Anarquismo, del Conservadurismo, del Radicalismo y del Liberalismo. Una determinada combinación de los modos de articulación comprende lo que White llama el *estilo historiográfico* de un historiador o filósofo de la historia. Ese estilo lo aplica White además de a los cuatro historiadores citados a cuatro filósofos de la historia del siglo XIX: Hegel, Marx, Nietzsche y Croce. Este estilo se obtiene con un acto esencialmente poético, en el que prefigura el campo histórico y lo establece como sector sobre el que hace pesar las determinadas teorías que usará para explicar «qué ha sucedido efectivamente». A su vez este acto de prefiguración asume un cierto número de formas; se refiere a los cuatro tropos del lenguaje poético: Metáfora, Metonimia, Sinecdoque e Ironía.

Como resultado de esta investigación concluye constatando que las obras de los principales filósofos de la historia del siglo XIX difieren de las de sus correspondientes en el campo de la *historia propiamente dicha,* sólo por el énfasis, no por el contenido. A esta conclusión le contesta Le Goff (1981: 579) con las palabras de Taine: «Entre una pérgola de Versailles, un razonamiento filosófico de Malebranche, un precepto de versificación de Boileau, una ley de Colbert sobre hipotecas, una sentencia de Bossuet sobre el reino de Dios, la distancia parece infinita, los hechos son tan disímiles que a primera vista se los juzga aislados y separados. Pero los hechos se comunican entre ellos a través de la definición de los grupos en los que se comprenden.»

White caracteriza a los ocho autores elegidos del modo siguiente: Michelet es el realismo histórico como novela, Ranke el realismo histórico como comedia, Tocqueville el realismo histórico como tragedia, Burckhardt el realismo histórico como sátira, Hegel la poética de la historia y la vía más allá de la ironía, Marx la defensa filosófica de la historia según el método metonímico, Nietzsche la defensa poética de la historia según el modo metafórico y Croce la defensa filosófica de la historia según el modo irónico.

Establece, en fin, siete conclusiones generales sobre la conciencia histórica del siglo XIX, que pueden resumirse en tres: 1, no hay ninguna diferencia fundamental entre historia y filosofía de la historia; 2, la elección de las estrategias de explicación histórica es de orden moral o estético más que epistemológico, y 3, la exigencia de cientificidad de la historia representa solamente la declaración de una preferencia acordada a una determinada modalidad de conceptualización histórica.

La conclusión más general —también más allá de la concepción de la historia del siglo XIX— es que la obra del historiador es una forma de actividad intelectual al mismo tiempo, y aquí creemos que coincide con Pomian (1982), poética, científica y filosófica [53].

La aportación de White en esta investigación, así como su reflexión sobre *The Question of Narrative in Contemporary Historical Theory* (White, 1984: 1-33), que queremos destacar, no se debe tanto a la reivindicación de la *poética de la historia,* a la constitución de una *tropología histórica* o a la reivindicación de lo *narrativo,* cuanto a la atención prestada al mismo discurso que el historiador construye. Es por eso que, como veremos en el siguiente capítulo, focalizar en discursos concretos, o lo que es lo mismo, atender a la construcción de estrategias discursivas en el texto histórico puede, pensamos, aportar una línea de investigación en el terreno historiográfico que vaya más allá de la mera reivindicación de la historia narrativa o de la historia científica, así como una mejor descripción desde los textos mismos de la vieja oposición entre texto de historia y texto de ficción.

---

[53] Lo poético atañe a la composición, lo científico al establecimiento de hechos, y lo filosófico, que White expresamente no distingue de la historia, de la filosofía de la historia, en Pomian se refiere a la comprensión. Pensamos, por el contrario, que puede no dividirse en compartimentos estancos y que en la construcción del discurso, bajo las leyes del relato, se concitan esos tres posibles niveles.

Capítulo IV

ESTRATEGIAS DISCURSIVAS Y PERSUASIVAS EN EL TEXTO DE HISTORIA

> «¿Quién ignora que la primera ley de la historia consiste en no decir nada falso y luego atreverse a decir la verdad?»
>
> CICERÓN

1. La búsqueda de lo verdadero

Ante todo queremos subrayar, también a modo de conclusión, que la atención prestada a, y la preferencia por, la historia, entendida como narración, no quiere en absoluto suponer o implicar la defensa de una historia narrativa, retorne o no. En efecto, nuestra atención no se fija en un tipo de género (que siempre es una institución) de escritura de la historia —narrativa—, sino en la descripción del carácter narrativo de la historia, considerado como un elemento determinante en la construcción de un texto histórico.

A la narración, más que como escritura de la historia, se la puede observar como una forma de *inteligibilidad* que afecta tanto a la producción del texto histórico como a su recepción. En el primer caso, el de la producción histórica, la narración permite, por ejemplo, hacer inteligible un acontecimiento, el más nimio, cuya existencia como acontecimiento histórico viene dada por su inclusión y pertenencia a alguna narración —crónica, leyenda, cartulario, prensa escrita, narración oral, etc.—. En la narración es donde los acontecimientos se seleccionan, y, por tanto, se incluyen, se excluyen, se silencian y donde adquieren su significación. Así, por ejemplo, la significación temporal la adquiere en su incorporación en el eje sintagmático del discurso, estableciéndose serie de acontecimientos, recubrimientos en estructuras y en todo caso, sometiéndose a la ley del relato. También la explicación y comprensión se establece en la *inteligencia sintagmática* del discurso y, finalmente, en su puesta en discurso, sea su resultado una monografía, un relato, unas memorias, un ensayo o un libro de investigación, lo que nos lleva al segundo aspecto de inteligibilidad considerado, esto es, al de su reconocimiento.

En este nivel, simplificando mucho, pensamos que el texto en examen, adopte la forma que adopte, necesita ser reconocido como texto de historia. Hemos visto los esfuerzos de los historiadores a lo largo de la historiografía, por distanciarse del mito, de la poesía, de la mera crónica, etc., etc., ... que llevó a la historia, en general, a intentar diferenciarse de aquellos textos que genéricamente podemos llamar de ficción.

Mas sabemos que la oposición entre texto de ficción y texto histórico, excluyéndose recíprocamente, no es en absoluto nítida. Y se pensó que una diferencia específica debía basarse en la búsqueda de lo verdadero que caracterizaría a los textos históricos frente a los de ficción, que no aspiraban a la verdad, sino, como mucho, a lo verosímil. Sin embargo, y como veremos, será necesario atender a la explicitación de las formas discursivas y su posible tipología para describir esa oposición y esa construcción de verdad que definiría al texto histórico. Veamos algunos ejemplos.

Se puede pensar que, por ejemplo, Hecateo de Mileto quiso alcanzar la verdad histórica al cuestionar los mitos griegos «que eran muchos y ridículos» y declarando expresamente que él contaría la verdad. Como se sabe, y hemos referido, la historiografía jónica de Hecateo de Mileto confiaba a la *historie,* a la propia experiencia y a la recognición personal, el relato de los hechos y la crítica del mito[1]. Sin embargo, como sabemos, a pesar de sus buenas intenciones, Hecateo no ha pasado a la historia de la historiografía como auténtico historiador, y sus textos no han sido considerados exactamente como textos de historia.

También Heródoto de Halicarnaso, como ya hemos repetido, exponiendo los resultados de sus investigaciones (*historie, apodexis*), distingue las noticias que derivan de su observación directa (*opsis*) de las que ha tomado de discursos ajenos, noticias que se siente

---

[1] Momigliano, en *Historiografía sobre tradición escrita e historiografía sobre tradición oral,* en Momigliano (1984: 94 y ss.), dice que «aunque sea ingenuamente y no sistemáticamente, intentó atenuar el elemento maravilloso y sobrenatural de las tradiciones griegas»; «la estructura de la tierra y las leyendas del pasado mítico fueron sus intereses científicos, y el conocimiento de países extranjeros alimentó su escepticismo sobre las tradiciones griegas, proclamadas por él como 'muchas y ridículas'» (op. cit., 95); cfr. también Saitta (1983: 61 y 62), Nestle (1981: 81 y ss.).

obligado a referirlas, pero no a creerlas. Se podría pensar que en Heródoto se delinean las premisas, sea de la crítica de la tradición, sea de la teoría de las causas.

Mas estos apuntes doctrinales deben esperar a Tucídides para convertirse en objeto de una rígida y sistemática teorización hasta el absoluto rechazo de todo elemento no verificable críticamente y, como dicen Gentili y Cerri (1983: 9), la asunción de la idea de lo útil como fin último del discurso historiográfico.

Tucídides, hemos insistido repetidamente en ello, rechaza severamente los elementos míticos y fabulosos, presentes no sólo en los relatos de los poetas, sino también en la historiografía en prosa de, los por él llamados, logógrafos en aras de la verdad histórica, renunciando a deleitar al público. De ese modo, Tucídides inauguraría una era de historia que buscaba la verdad y relegaría, entre otros, a Heródoto y a Hecateo, a una fase previa en que la búsqueda de la verdad coexistía con ficciones, mitos y opiniones no suficientemente probadas.

Recuerdan Gentili y Cerri (loc. cit.) que el cambio radical del pensamiento de Tucídides respecto a la precedente historiografía herodotea, según la explicación tradicional, se debía a que el tiempo de este historiador señalaría el ocaso de una mentalidad de tipo todavía «primitivo» y al afirmarse la racionalidad en el pensamiento humano. Estos autores consideran que tal explicación se mueve todavía sobre el plano de una ingenua transposición entre mentalidad mítica y mentalidad lógica, como momentos progresivos en la evolución del pensamiento y que las modernas investigaciones etnológicas y antropológicas consideran dicha hipótesis insostenible.

La explicación que, por el contrario, propugnan ellos debe buscarse en el ámbito mismo de la tecnología de la comunicación y de la información, en relación al paso, realizado precisamente en la época de Tucídides, de la cultura oral al de la comunicación escrita (Gentili y Cerri, 1983: 9 y 10).

El método analítico y racional que el autor de la *Historia de la Guerra del Peloponeso* exigía del discurso histórico, dicen, no era aplicable en realidad ni a la poesía tradicional ni a la historiografía de los logógrafos, puesto que una cultura oral, precisamente por su relación directa e inmediata con un público destinatario directo e inmediato, que escucha, comporta actitudes mentales y modos expresivos diferentes de la comunicación escrita.

Se trata, dicen (loc. cit.), de una tecnología de escritura que, bajo el perfil psicológico, trata de predisponer, con claridad y concreción de lenguaje, y por figuraciones paratácticas y no hipotácticas, actitudes de pensamiento que sean inmediatamente percibibles por el auditorio y lo encanten en la escucha. Una estructura de dictado que se encuentra en los fragmentos de Hecateo y en las *Historias* de Heródoto, que estaban compuestas para audiciones públicas.

Tucídides, en cambio, ya lo hemos dicho, hizo uso de la escritura, no compuesta para una declamación pública ante un auditorio momentáneo, sino para una lectura mediata, confiada a una perenne adquisición intelectual. La búsqueda de la verdad en este historiador coincide, también lo hemos dicho, con un rechazo del placer, del deleite (hedone) que la palabra unida al canto, al gesto y a la danza puede ejercitar sobre el auditorio y que fue una de las guías de toda la poesía griega de Homero a los trágicos y encontró en el pensamiento de Gorgias su más clara y explícita enunciación [2].

Si nos detenemos en este punto podemos concluir que la diferencia entre Tucídides por una parte y Heródoto y Hecateo por otra, no se debe a su voluntad de búsqueda de verdad, los tres así lo afirmaron, sino a tipos de discursos diferentes: caracterizando, pues, textualmente los discursos, atendiendo a su organización textual —y no a su declarada intención de búsqueda de verdad—. El escribir para siempre (Tucídides) o el escribir para ser declamado ante un público inmediato (Heródoto) requiere discursos diferentes y estrategias diferentes. En Tucídides, ya lo hemos dicho, la conformidad con los hechos, *acribia,* excluye «decires» no comprobados; en Heródoto, contar lo que se dice permite conseguir la atención del destinatario del discurso, que, a través de la *mímesis,* como decía Aristóteles, encontrará el placer.

El placer, en efecto, es uno de los aspectos o funciones de la mímesis para Aristóteles, de quien ya hemos explicado su preferencia por la poesía frente a la historia: diferenciando discursos.

Mímesis o investigación crítica, como se ha dicho, son las orientaciones a las que se puede optar; concepciones discursivas diferentes del texto histórico en su elaboración de la *verdad* histórica.

Así, Polibio (2, 56):

(...) puesto que no igual, sino opuesto, es el fin de la historia y de la tragedia: la tragedia debe, con los discursos más convincentes, impresionar al auditorio y momentáneamente seducirlo; la historia, en cambio, con la verdad de los hechos y de los discursos, debe convencer y ser al mismo tiempo una enseñanza perenne para quien ama el saber: en una, aunque sea falso, tiene su

---

[2] Gorgias, en efecto, que define a la poesía como discurso en forma métrica, afirma que por obra de la palabra el alma prueba como propias las emociones ajenas (cfr. Gentili y Cerri, 1983: 16).

dominio lo verosímil, que ilusiona engañosamente a los espectadores; en la otra lo verdadero, que sea útil a quien ama el saber[3].

Para Polibio, como se sabe, una historia que concretamente quiera adherirse a la verdad de los acontecimientos debe responder a tres fundamentales requisitos metodológicos: estudio cuidado y análisis crítico de los documentos, visita de los lugares en cuestión —*autopsia*—, conocimiento directo de los problemas políticos.

En otro trabajo, Gentili y Cerri (1983: 43) afirman que no se puede hablar de una sola y unívoca historiografía de los griegos y cómo, en cambio, coexistían más direcciones y metodologías no sólo distintas, sino polémicamente contrapuestas entre ellas.

Las diferencias estribaban también en el modo de alcanzar y elaborar la verdad histórica: la explicitación de las formas discursivas permitirá tipologizar discursos de verdad histórica diferentes. No es lo mismo un discurso oral que un discurso escrito: no es lo mismo someterse al dominio de lo verosímil para alcanzar el deleite, que someterse al dominio de lo verdadero para alcanzar la verdad, útil para el saber.

O, como dice Veyne (1984: 20) refiriéndose a la historia antigua, «detrás de los aparentes problemas del método científico se delinea otro, el de la relación del historiador con el público».

A diferencia de nuestra época, viene a decir el autor de *Les Grecs ont-ils cru à leur mythes?*, en que, a través de la universidad, los historiadores escriben para los historiadores, el historiador antiguo se dirige a un variado público: algunos buscan una distracción, otros leen con ojo crítico, otros son profesionales de la política y de la estrategia. El historiador debía optar entre dirigirse a un público en general o especializarse; Tucídides y Polibio, por ejemplo, se especializan en la información técnicamente segura que proporcionará datos progresivamente utilizables por parte de los políticos y de los militares.

La relación con el público que caracteriza al historiador antiguo determina, a su vez, otro aspecto que diferencia al discurso antiguo del moderno: «La verdad misma no se expresa a través de sus líneas; corresponde al lector hacerse la idea de esta verdad» (Veyne, 1984: 19).

---

[3] Este pasaje de Polibio recoge su polémica contra Filarco a propósito de su dramático relato sobre la caída de Mantinea; allí Polibio acusa a Filarco de que «en toda su obra trata de poner delante de los ojos los aspectos impresionantes de cada acontecimiento» y advierte que «el escritor no debe impresionar al público del momento con el relato de hechos prodigiosos, ni conformar los discursos a la opinión corriente (...), sino que debe mencionar, según la verdad, todas las cosas realizadas y dichas, aunque sean del todo comunes.»

Historia, lo hemos dicho, significa investigación, pero para el historiador antiguo, a diferencia del de hoy, no controversia. Por eso, entre otras razones, si cita sus fuentes, lo hace raramente, irregularmente y no por la misma razón por la que hoy puede hacerse.

La preferencia por la historia contemporánea, de la que ya hemos dado referencia en el primer capítulo, puede explicarse también con la afirmación de Veyne, según la cual el historiador mismo es fuente histórica: el pasado tiene sus historiadores mientras la época contemporánea espera que un historiador se convierta en la fuente histórica y establezca la tradición. El historiador mismo, dice Veyne (1984: 14), es fuente y documento; la historia no se elabora a partir de las fuentes; consiste en repetir lo que han dicho los historiadores, corrigiendo, o, eventualmente, completando aquello que ellos ya han hecho conocer.

Si el mito, por ejemplo, es información, ésta, como acto ilocucionario, será creída o no creída por el destinatario independiente de su verdad o falsedad. Como dice Veyne (1984: 150), la palabra del mito habla por sí sola como si tuviera autoridad. Algo parecido sucede, dice también Veyne (loc. cit.), con Tucídides, Polibio o Pausanias: no citan sus fuentes y quieren ser creídos sobre la palabra, puesto que escriben más para el público que para sus colegas.

Ahora bien, si se puede creer en un mito, o, lo que es lo mismo, si se considera verdad un mito, entonces la verdad se incluye en el territorio de la ficción. Y si se cree en lo que Tucídides, por ejemplo, cuenta es porque se cree en la responsabilidad y competencia de Tucídides y, por tanto, en lo que Tucídides cuenta, aunque no esté probado, y a la larga puede ser sancionado como imaginario[4].

Llegados a este punto, podemos pensar que una vez establecidos, incluso pragmáticamente, discursos diferentes en función de destinatarios diferentes, el concepto de verdad histórica dependerá también de la sanción de credibilidad del destinatario, de tal modo que la verdad puede cambiar. De hecho, por decirlo con Veyne, «la verdad cambia de verdad», aforismo que evoca a aquel otro que profiriera en el verano de 1873 Nietzsche en *Introducción teorética sobre la verdad y la mentira en el sentido extramoral:* «Las verdades son ilusiones de las que se ha olvidado que lo son.» Al decir esto no estamos sino defendiendo las tesis de Lotman, mencionadas en el capítulo segundo, referentes a la tipología de las culturas y sus regímenes de

---

[4] Veyne (1984: 17), así como Momigliano (1984), insiste en la responsabilidad personal del historiador, sin necesariamente tener que probar lo que dice; Tucídides refiere sólo lo que piensa que es verdadero, pero se limita a hacer afirmaciones sin referir elementos de prueba: a veces de la versión que considera más exacta.

signicidad: las actitudes ante el Signo (cultural) cambian según los códigos de esas culturas y son, a su vez, diferentes si se observan desde códigos culturales diferentes.

El mito, por ejemplo, nucleado en torno a la palabra originaria, como decía Afanasev, puede ser considerado como un símil metafórico cuyo sentido es poético y, por tanto, no tiene relación alguna con una representación verdadera de la realidad (Potebnja, 1980: 276 y 277). Considerado así, prelógico, el mito es imaginario. Empero si, como dice Veyne (op. cit.), el mito es una información cuya palabra puede ser creída, entonces, al menos para alguien, el mito es verdadero.

En ese sentido es oportuno el propósito del libro de Veyne ¿*Los griegos creían en sus mitos?*. Al final del libro Veyne dice: «Sólo leyendo el título, quien tuviese una mínima cultura histórica habría contestado rápido: ¡Claro que creían en sus mitos!» Sólo hemos querido mostrar que lo que era evidente respecto a *ellos* lo fuese también respecto a nosotros y que se diese vía libre a las implicaciones de esta verdad originaria» (Veyne, 1984: 173). Previamente (p. 172) había dicho: «Sólo la reflexión histórica puede clarificar los programas de verdad.»

Hemos dedicado el capítulo primero a la observación histórica y hemos visto el papel que jugaba, en la búsqueda de la verdad histórica, la visión personal. En un recientísimo trabajo, Hartog (1986: 55 y ss.) afirma que hay una historia de la visión, o, de manera más amplia, de lo visible y de lo invisible, de su organización y de su segmentación, que cambia de una época a otra; historia con múltiples componentes, científica, artística, religiosa, pero también política, económica, social; historia de la verdad también. Y con transparente evocación foucaultiana propone, dentro de esa historia general, una *arqueología de la mirada*. Ese capítulo de arqueología atendería, a partir del ojo y de su lugar, a los distintos regímenes de historicidad que desde la Antigüedad a nuestros días han prevalecido. De ellos nos hemos ocupado en el capítulo primero: la *autopsia* tucidídea, la *auctoritas* medieval, el descubrimiento ocular del mundo a partir del Renacimiento, los realismos del siglo xix, etc. Hartog se refiere también a la visión sinóptica y cuasi divina de un Bossuet, o la visión sinóptica y filosófica de un Voltaire. En todo caso, dice el autor de *Le Miroir d'Herodote*: «Una historia donde lo visible no es dado ni descubierto, sino construido; la inclusión del observador en su observación...; que mostraría cómo, situados ahí donde lo visible y lo invisible se entrecruzan, los historiadores han podido aparecer como maestros de la verdad, devenir maestros de escuela o funcionarios del olvido» (Hartog, 1986: 55).

Hemos visto también cómo Heródoto, que quiere ver por sus propios ojos también escucha y transforma el decir de los testigos en un ver para el lector. Y hemos visto con Barthes (1967), hablando de los *shifters de escucha,* cómo Michelet *oye* las voces de la historia y, más concretamente, la voz de Francia.

Michelet, el resucitador, que llama a la historia *Resurrección,* que vivió durante nueve años a las puertas del cementerio Père-Lachaise, del que escribió y dijo tomarlo «como centro, como texto, como teatro» [5], dice en su *Préface de 1869* (p. XXXVI):

Dans les galeries solitaires des Archives où j'errais vingt années, dans ce profond silence, des murmures cependant venaient à mon oreille. Les souffrances lointaines de tant d'âmes étouffées dans ces vieux âges se plaignaient à voix basse. L'austère réalité réclamait contre l'art, et lui disait parfois des choses amères: «A quoi t'amuses-tu? Est-tu un Walter Scott pour conter longuement le détail pittoresque, les grasses tables de Philippe le Bon, le vain voeu de Faisan? Sais-tu que nos martyrs depuis quatre cents ans l'attendent? Sais-tu que les vaillants de Courtray, de Rosebecque, n'ont pas le monument que leur devait l'histoire? Les chroniqueurs gagés, le chapelain Froissart, le bavard Monstrelet ne leur suffisent pas. C'est dans la ferme foi, l'espoir en la justice qu'ils ont donné leur vie. Ils auraient droit de dire: «Histoire! compte avec nous. Tes créanciers te somment! Nous avons accepté la mort pour une ligne de toi.»

El realismo histórico de Michelet, que, como ya hemos dicho, según White, explica la historiografía como metáfora y usa la intriga de la novela, en este pasaje ofrece también un programa de verdad histórica, resucitando los muertos que permanecen muertos, escuchando sus murmullos. Como dice en otro texto: para alcanzar la verdad histórica hay que «escuchar las palabras que no fueron dichas jamás» [6], o «es necesario hacer hablar a los silencios de la historia esos *points d'orgue,* donde ella ya no dice nada, y que son justamente sus acentos más trágicos» [7]. En su *Journal,* el 27 de octubre de 1834, lo había expresado de otra forma, diciendo que no se puede hacer otra cosa que *biografiar la historia.*

Hemos hablado de realismos —en plural— del siglo XIX. Todos ellos buscaban la verdad histórica, pero sus métodos para alcanzarla eran diferentes. Y, queremos insistir, actitudes ante el discurso histórico, como tal, diferentes; modos distintos de construir los discur-

---

[5] *Journal,* 20 julio, 1834, t. I, p. 120, Gallimard, París, 1976, cfr. Hartog, «Michelet, l'histoire et la 'vraie vie'» (mimeo).
[6] *Journal,* 30 enero, 1842, p. 78, cfr. Hartog (loc. cit.: 8).
[7] Ibid.

sos y modos diversos de elaborar la verdad. En el fondo subyace también una determinada actitud ante la ficción: los hechos, ¿deben hablar ellos solos? O, ¿deben, por el contrario, ser individualizados con la ayuda de la narración? El historiador, ¿debe distanciarse de su objeto?, o ¿pensar como Michelet que «penetrando el objeto cada vez más se lo ama y desde entonces se mira con un interés creciente. El corazón emocionado en la segunda mirada ve mil cosas invisibles al pueblo indiferente. La historia, el historiador, se mezclan en esta mirada»?, etc. Veamos algunas ejemplos.

El gran defensor de la narración histórica Thierry en *Lettres sur l'histoire de France* (lettre V) dice: «C'est une fausse méthode que celle qui tend à isoler les faits de ce qui constitue leur couleur et leur physionomie individuelle; et il n'est pas possible qu'un historien puisse d'abord bien raconter sans peindre, et ensuite bien peindre sans raconter. Ceux qui ont adopté cette manière d'écrire ont presque toujours négligé le récit, qui est la partie essentielle de l'histoire, pour les commentaires ultérieurs qui doivent donner la clé du récit. Le commentaire arrive et n'éclaircit rien, parce que le lecteur ne le rattache point à la narration dont l'écrivain l'a séparé.»

Piensa Thierry que debe unirse narración y comentario. Y, como dice Hartog (1986: 58), para ver y hacer ver, debía tener el ojo del novelista. («Voy a tratar de hacer suceder al razonamiento sobre las cosas, la vista de las cosas mismas.») Thierry, hay que recordarlo, estaba fascinado por Walter Scott.

Caso muy diferente fue, como sabemos, el de von Ranke, quien también se entusiasmó con el autor de *Ivanhoe*. Es más, Ranke caracterizó el método que él mismo fundara como oposición a los principios de representación que se encuentran en las novelas de caballería de sir Walter Scott. Seducido por las descripciones de Scott sobre la Edad de la Caballería, Ranke quiso conocer aquel período y se dirigió a las fuentes de la historia medieval. Descubrió no sólo que las descripciones del novelista británico eran en gran parte, producto de la fantasía, sino también que la vida real en el Medioevo era más fascinante de cuanto pudiera serlo cualquier resumen novelado. Ranke descubrió que la verdad era más extraordinaria que la imaginación y decidió, como ya hemos explicado en el capítulo segundo, referir sólo lo que efectivamente había sucedido en el pasado y mostrar cómo realmente ha sucedido. De ese modo repudió el Romanticismo y pasaría a formar parte de lo que daría en llamarse Historicismo. Y rechazando la ficción, también quiso, incluso, en aras de la verdad histórica, como ya hemos dicho, anular su propia personalidad en la construcción del texto histórico.

Michelet, que llegó a definirse *Moi-Histoire* («Ma vie fut en ce livre elle a passé en lui» y también en el «Préface» de 1869: «C'est que l'histoire, dans le progrès du temps, fait l'historien bien plus qu'elle n'est fait pour lui. Mon livre m'a crée. C'est moi qui fus son oeuvre. Ce fils a fait son père»), representante del Romanticismo, quiso, sin embargo, diferenciar también el método histórico del arte propiamente literario. Así en *Préface,* después de referirse a Juana de Arco, escribe:

> J'ai dans ce grand récit pratiqué et montré une chose nouvelle, dont les jeunes pourront profiter: c'est que la *méthode historique* est souvent l'opposé *de l'art proprement littéraire.* L'écrivain occupé d'agrumenter les effets de mettre les choses en saillie, presque toujours aime à surprendre, à saisir le lecteur, à luis faire crier: «Oh!» il est heureux si le fait naturel apparaît un miracle. Tout au contraire, l'historien a pour spéciale mission d'expliquer ce qui paraît miracle, de l'entourer des précédents, des circonstances qui l'amènent de le ramener à la nature. Ici, je dois le dire, j'y ai eu du mérite. En admirant, aimant cette personalité sublime, j'ai montré à quel point elle était naturelle» (pp: XXXIV y XXXV).

Ambos, Ranke y Michelet, rechazan explícitamente la novela histórica de Walter Scott y ambos también distinguen y oponen, como se ha dicho, método histórico y arte propiamente literario. Sin embargo, es evidente, sus programas de verdad son diferentes.

En el pasaje que hemos transcrito de Michelet podemos observar su diferencia entre el escritor que buscando sorprender, trata de que un hecho natural parezca un milagro, y el historiador que debe explicar lo que parece milagro conduciéndolo a la naturaleza. De modo admirable y admirando, y amando —pues, según Michelet, la historia es el amor de la muerte—, muestra cómo la personalidad sublime de Juana de Arco era natural. Y añade: «Le sublime n'est point hors nature; c'est au contraire le point où la nature est le plus elle-même.» No cabe duda que es diferente la descripción del historiador y del escritor: aquél, permítaseme la reducción, explica; éste busca sorprender y deleitar. En el ejemplo de Michelet ambos procedimientos son opuestos pero, queremos señalar, análogos. Pues, en efecto, ¿cómo se puede explicar lo sublime como natural? ¿Es acaso muy diferente de hacer parecer milagro lo que es natural?

El historiador, dice Michelet ,debe explicar —el milagro— y debe por ello rodearlo de precedentes y de circunstancias. He ahí una diferencia con el literato que, recurriendo a la imaginación, busca sólo sorprender, deleitar. Sin embargo, pensamos que ambos mecanismos pueden ser análogos, aun siendo sus objetivos diferentes. Del mismo modo, apuntamos, que la literatura y la historia no pueden ser definidos por los contenidos que los textos de una y otra vehiculan, sino por la forma del discurso, también ambas pueden recurrir a procedimientos análogos en la búsqueda de sus fines, sin duda diferentes. Por ejemplo, ambos textos, el literario y el histórico, recurren, mediante sus estrategias discursivas, a la persuasión ora para sorprender ora para explicar, por ejemplo, como en el caso señalado, que es verdad que lo sublime es natural, mediante una transformación semántica. Lo verosímil es un efecto que el discurso produce, mas, como veremos más adelante, también la verdad es un efecto de sentido, construido por el propio texto.

Decía Altamira, parafraseando al autor de *Historia social de Inglaterra*, Macaulay, que «la *verdad* es el criterio del estudio histórico, pero su móvil es de orden poético. *Su poesía consiste en hacerse verdad*. Ahí es donde encontramos la síntesis del aspecto científico y literario de la historia» (Altamira, 1948: 297). (Subrayado nuestro.)

Es fácil argüir que se está hablando de una historia poética, de una historia narrativa o, en el caso de Michelet, de un romántico que, como ha demostrado White, recurre a la metáfora y se asemeja por su intriga a un novelista. Aunque sea así no cabe duda que en cuanto búsqueda de lo verdadero, el historiador, elija la forma expresiva que elija, no puede evitar persuadir, aunque sea para mostrar que su intento no es persuadir, sino simplemente decir la verdad; debe persuadir para demostrar que él sólo dice la verdad; debe persuadir para demostrar que la verdad que él dice es la verdad de lo que dice. Por su parte, el literato debe persuadir si quiere hacer creíble lo que cuenta, para, siguiendo la propuesta de Michelet, sorprender y hacer creer que lo que es natural parezca milagro. Lo que les distingue es, insistimos, la pretensión del texto de historia por contar la verdad, pretensión que explícitamente no tiene el texto de ficción. ¿Cómo diferenciarlos? Proponemos distinguirlos desde la *forma* del discurso mismo. Por eso consideramos pertinente referirnos a la Enunciación y a las diferencias entre *historia* y *discurso*.

2. La enunciación histórica: «historia» y «discurso»

Nos hemos referido más arriba al nivel pragmático del reconocimiento de un texto como histórico y, por tanto, verdadero: se concede autoridad y competencia a quien escribe, se cree lo que dice —aunque sea falso—, se atribuye intención de veracidad, etc.

Hemos hablado anteriormente de lo que Pomian (1983) llama *marcas de historicidad*, incluso tipográficas, mediante las cuales sabemos que un texto en concreto no es obra de ficción.

Sabemos también, por el contrario, que cierta «historia», en nuestros días, es sancionada, por ejemplo, como *periodismo,* caracterizando a éste, peyorativamente, ora como «divulgativo», ora como «no científico».

(Michelet, cuarenta años después de haber concluido *Histoire de France,* en su *Préface de 1869* a dicha obra, se lamenta de las críticas que, según él, católicos y doctrinarios le profirieron: «Es un escritor, un poeta, un hombre de imaginación.»)

Sin embargo, puede suceder perfectamente que el «periodismo», en ese caso, cuente la verdad sobre determinados acontecimientos. Rápidamente se argumenta que eso no basta. Y en este punto las razones se complican o se ramifican. Habida cuenta que la sanción final, como nos enseñara Kuhn, recae en la *comunidad científica,* también cabe, por ejemplo, la decisión de que algo no es historia, porque quien lo ha producido no es —definición *a priori*— historiador y, por tanto, el resultado no es historia.

También en el mismo nivel, y siguiendo el (los) concepto (s) de *paradigma* de Kuhn, la sanción final podría estar condicionada por la diferencia de paradigmas entre el paradigma del texto sancionado y el paradigma de la comunidad científica [8].

En suma, ora por la sanción de la comunidad científica, ora por pertenecer a un paradigma diferente al aceptado por la *ciencia normal,* también en el sentido kuhniano, una «historia» puede ser *historia* pero no ser reconocida como científica.

Otro argumento, ya lo hemos dicho, es el de la divulgación. Si, según el autor de *La estructura de las revoluciones científicas,* el texto de divulgación avala la incorporación de una teoría o ciencia que en períodos anteriores pudiera no haber alcanzado tal rango, podría pensarse que la divulgación de la historia, el libro de texto, es historia y, sin embargo, sabemos que no siempre es así. Suele recurrirse, a veces, en estos casos a categorías difusas de «más o menos» científico, lo que hace menos nítida aún la frontera entre texto histórico y no-texto histórico.

Podemos, en cambio, distinguir textualmente un texto de historia, ya aceptado como tal (definición extratextual que incluye a su vez definiciones contenidistas y *a priori*) de un texto de divulgación: su diferencia, apuntamos, se refiere al propio sistema de construcción del texto. Y paradójicamente, como veremos, acaso sean los *libros de texto,* de divulgación, los que podrían con más derecho correspon-

---

[8] Sin recurrir al concepto de paradigma, nos hemos referido, siguiendo a Momigliano (1984), al caso de Heródoto, considerado por unos «padre de la historia» y por otros «fabulador» y «mentiroso».

der a la categoría de *historia,* si se sigue la oposición *histoire «versus» discours* que propuso Benveniste.

Debemos al lingüista francés Emile Benveniste un artículo clásico de 1959, «Les relations de temps dans le verbe français» [9], donde expone sus posiciones respecto a la Enunciación y donde trata de la disociación del tiempo del verbo con la experiencia viva del tiempo.

En dicho artículo propone su famosa distinción entre dos sistemas que son la manifestación de dos diversos planos de enunciación que él dio en llamar *historia* y *discurso.* Con esos conceptos básicos, Benveniste afronta la definición de los procedimientos textuales de objetivización y de subjetivización.

La enunciación *histórica,* según él, hoy reservada a la lengua escrita, caracteriza la narración de los acontecimientos pasados. Los tres términos *narración, acontecimiento, pasado,* deben, los tres, ser subrayados. Se trata de la presentación de los hechos acaecidos en un determinado tiempo, sin ninguna intervención del hablante en la narración. Para que puedan ser registrados como hechos acaecidos deben pertenecer al pasado. Sin duda, según Benveniste, sería mejor decir: desde el momento en que son registrados y enunciados en una expresión temporal histórica se encuentran caracterizados como pasados.

Para el lingüista francés, la intención histórica constituye ciertamente una de las grandes funciones de la lengua, pues imprime su temporalidad específica.

Definiremos narración histórica, dice Benveniste, aquel género de enunciación que excluye toda forma lingüística *autobiográfica.* En la historia, el locutor no está implicado: «Nadie habla aquí; los acontecimientos parecen contarse ellos mismos.» El historiador, según él, no dirá jamás *yo,* ni *tú,* ni *aquí,* ni *ahora,* porque no tomará jamás prestado el aparato formal del *discurso,* que consiste ante todo en la relación de persona *yo:tú.* La enunciación del tipo *discours* sería aquella en que el locutor dice /yo/, se dirige al interlocutor como /tú/ y sitúa los hechos, objetos, acontecimientos de que habla respecto al /aquí/ y /ahora/ en que se encuentran ambos. Como se puede ver, el modelo de este tipo de discurso correspondería a la situación de comunicación oral. Junto a estos pronombres y adverbios, denominados *deícticos* [10] aparecerían en la «enunciación discursiva» una serie particular de tiempos verbales.

---

[9] Ahora en «Problemi di linguistica generale» (1966: 283-300).

[10] La *deixis* puede ser definida como la localización y la identificación de las personas, objetos, procesos, acontecimientos y actividades de que se habla por relación al contexto espacio-temporal creado y mantenido por el acto de enunciación. Pero siguiendo a Jakobson, además de los deícticos (los pronombres personales /yo/, /tú/, demostrativos como /esto/, adverbios como /hoy/,

En efecto, cada modo de enunciación tiene un sistema de tiempos: tiempos incluidos y tiempos excluidos.

La *enunciación histórica* o *relato* incluye tres tiempos: el aoristo o pretérito indefinido, el pluscuamperfecto y el imperfecto, y excluye el presente y el futuro como presente a devenir y el perfecto como presente en pasado.

El *discurso* que excluye un tiempo, el aoristo, incluye tres: el presente, el pretérito perfecto y el futuro. El presente es el tiempo de base del discurso porque marca la contemporaneidad entre la cosa enunciada y la instancia del discurso: es, por consiguiente, solidario con el carácter autorreferencial del discurso. Se encuentran en el discurso también todo tipo de modalizaciones que subrayan el aspecto subjetivo: construcciones gramaticales y expresiones que indican interrogación, incertidumbre, certeza, énfasis, etc.

El *relato,* por ejemplo, no puede excluir el presente sin excluir las relaciones de persona: yo - tú. El aoristo, el pretérito indefinido es el tiempo del acontecimiento, fuera de la persona de un narrador.

En la narración rigurosamente *(sic)* histórica podemos, por consiguiente, encontrar sólo formas de «tercera persona»: ningún /yo/ aparece en el texto y, por consiguiente, como hemos dicho, ningún /aquí/ o /ahora/: los hechos y acontecimientos son enunciados «tal y como se han producido en su aparecer en el horizonte de la historia».

Todas las marcas de subjetividad son canceladas de la expresión textual. Los tiempos verbales ya mencionados y también, sugiere Benveniste, un tiempo perifrástico del futuro, llamado *prospectivo,* y un presente atemporal, llamado *presente de definición,* así como el resto de indicadores temporales sitúan los acontecimientos respecto a referencias subjetivas —el tiempo cronológico, las fechas del calendario— señalando las relaciones entre unos acontecimientos y otros por medio de los llamados *anafóricos:* pronombres y adverbios que esta-

---

/aquí/ ...) remiten a la enunciación, el tiempo y el modo del verbo: el tiempo verbal en su funcionamiento deíctico, de localización temporal respecto al momento de la enunciación; el modo en cambio como «reflejo» o manifestación de la actitud o relación del sujeto de la enunciación respecto del enunciado. A cada uno de los deícticos podemos hacer corresponder otro término que no se refiere ya a la situación de discurso, sino a objetos y relaciones de los que se habla (no al proceso o protagonistas de la enunciación, sino del enunciado). Podemos formar dos paradigmas contrapuestos: /ahora/ vs. /entonces/; /hoy/ vs. /el mismo día/; /ayer/ vs. /la víspera/; /mañana/ vs. /el día siguiente/; /yo/ vs. /él/, etc. Los términos segundos de esta serie de oposiciones sitúan el proceso del enunciado respecto a otro proceso del enunciado, son términos *anafóricos,* que establecen una referencia a un elemento textual (C. Peña-Marín, en Lozano, Peña-Marín, Abril [1982: 97 y 98]).

blecen un sistema textual de referencias (/antes de .../, /después de .../, /entonces/). Otro tanto ocurre con las localizaciones espaciales y personales: la tercera persona y los nombres propios sustituyen aquí al *yo - tú.* El sistema de coordenadas sujeto-espacio-tiempo tiene su punto de origen, por contraposición a la enunciación *discursiva,* en el contexto compartido por los interlocutores (*yo - aquí - ahora*); el sujeto enunciador no se manifiesta explícitamente en el texto: la enunciación histórica está pretendidamente exenta de toda subjetividad. Como ejemplificación veamos los siguientes textos:

Puesto que hemos hablado de von Ranke y de su famoso aserto *wie es eigentlich gewesen,* que coincide con la formulación de Benveniste según la cual los hechos y acontecimientos son enunciados «tal y como se han producido en su aparecer en el horizonte de la historia», y hemos referido su explícita voluntad por borrar cualquier marca de subjetividad, nos parece oportuno transcribir algún texto suyo que pueda representarlo a través de su enunciación, en este caso, histórica. Sin embargo, sólo podemos transcribir la traducción a lengua castellana, lo que invalida, al operar lingüísticamente, su validez como texto. Hecha esa advertencia, nos permitimos transcribir, traducidas por Negro Pavón, un pasaje de las lecciones de Ranke, que forman *Sobre las épocas de la historia moderna* (Ranke: 1984). El texto elegido pertenece al capítulo cuarto, «La época hierocrática del siglo XI al siglo XIII», en concreto a la «Décimotercera exposición del 8 de octubre de 1854», que se refiere al «Avasallamiento del poder temporal por el papado» (Ranke, 1984: 140 y 141):

En Inglaterra, que era un país muy lucrativo para la Iglesia romana, subió al trono Enrique III (1216-1272), el hijo de Juan Sin Tierra, el cual gobernó y fue gobernado a través de comisarios papales. En Francia, los Capetos no sólo estaban al lado de los papas, sino que se encontraban en una relación aún más íntima con él. El dominio de los Capetos se había extendido sobre el sur de Francia, no sólo en nombre de la supremacía feudal, sino a consecuencia de una disputa eclesiástica. A saber, había nacido allí la secta de los albigenses, la cual admitía concepciones religiosas que se apartaban de la Iglesia romana y que tenían su apoyo en el conde de Toulouse. Este fue excomulgado por el papa, y el rey Luis VIII de Francia (122-1226) fue el ejecutor de la proscripción papal. De manera que la realeza de Francia expansionó su poder sobre el sur de este país, exclusivamente porque ejecutó las órdenes papales.

En España, los nuevos reinos originarios de Aragón, Castilla y Portugal se fundaron igualmente por entero en las ideas de las cruzadas. Al mismo tiempo se extendió por el norte de Europa la orden religiosa caballeresca de los señores teutones, gracias a la cual se conquistó, se cristianizó y se sometió a la influencia del papado la tierra más allá del Weichsel, Prusia, Curlandia, Livonia. También las ciudades de Italia y Francia, que habían enviado sus mesnadas a las cruzadas bajo la bandera oriflama, estaban bajo la influencia sacerdotal y tenían incluso una especie de constitución religiosa.

La ausencia completa de subjetividad, las referencias espacio temporales, con nombres propios y tiempos cronológicos; los tiempos verbales, pretérito indefinido fundamentalmente: *subió* al trono; los reinos se *fundaron*; la realeza *expansionó*; el rey Luis VIII (...) *fue* el ejecutor, etc., etc., hace que este texto se inscriba exactamente en el tipo de enunciación, que Benveniste llamó relato histórico, o simplemente relato. Queremos insistir que hemos utilizado la traducción castellana: hubiérase requerido la transcripción exacta del original alemán. Hemos querido pese a todo hacer uso de él para mostrar cómo Ranke, que hizo de la «objetividad» histórica su máxima aspiración, en este texto puede comprobarse la realización lingüística de tal anhelo. El texto, en efecto, no muestra a ningún locutor y hace aparecer a los hechos como si fueran ellos mismos los que hablaran.

Otro texto, éste contemporáneo, que se ajusta perfectamente a la *enunciación histórica,* tal como ha sido definido, es el siguiente pasaje de *La burguesía revolucionaria (1808-1869).* Historia de España Alfaguara (1973: 140), del profesor Miguel Artola, se encuentra en el capítulo tercero, «La nueva sociedad», bajo el epígrafe dedicado a «La reforma de la Iglesia»:

Los *efectivos eclesiásticos* experimentaron sensibles pérdidas que afectaron de manera muy especial a los regulares y religiosos. La primera disposición legislativa destinada a reformar la organización fue el decreto napoleónico de 4 de diciembre de 1808, por el que se disponía la reducción a un tercio del número de conventos y el de regulares. Los bienes liberados por este procedimiento se aplicarían a mejorar la congrua de los curas, aparte de servir para garantizar la deuda pública y para atender a los gastos de los ejércitos imperiales. Cuatro meses después el gobierno josefino acordaba subvenciones a los religiosos que, siendo sacerdotes, se exclaustrasen, y en agosto de 1809 decidía la supresión de todas las órdenes regulares, monacales, mendicantes y clericales, asignando a sus individuos funciones junto a los seculares. Las Cortes de Cádiz crearon una comisión eclesiástica y una especial de reforma de regulares, pero únicamente aprobaron un decreto prohibiendo la existencia en un mismo lugar de dos conventos de la misma orden y la supresión de cuantos no reuniesen doce profesos (*).

Las Cortes del Trieio favorecieron la exclaustración de los reliigosos y la concentración de conventos, elevando el mínimo de profesores hasta 20, suprimieron las órdenes monacales y prepararon un proyecto de «arreglo definitivo del clero» que anticipa los resultados consolidados posteriormente por el concordato de 1851 (**).

Siguiendo los mismos criterios, también éste es un texto de *historia*. No sólo hay ausencia de subjetividad, sino que produce un procedimiento de objetivación: aquello de lo que el texto habla, los «objetos», se dotan de existencia mediante la apelación a documentos, decisiones, disposiciones, que a su vez, encuadrados en una organización temporal y espacial, se produce el fenómeno de *referencialización*.

El texto, además, incluye dos notas a pie de página: (*) «En 1787 había una media de 18 profesores por convento», y la otra (**) proporciona bibliografía de otro autor, que se refieren al mismo tema del que se habla. Estas notas, como es evidente, prueban una competencia cognitiva del autor para ratificar la veracidad de su *historia*.

Veamos ahora un tercer ejemplo de *enunciación histórica,* del libro *La República. La Era de Franco,* Historia de España Alfaguara, VI, p. 237.

El alzamiento fracasó en la mayor parte del país, fundamentalmente, por la oposición que la clase obrera mostró en favor del gobierno del Frente Popular. En este sentido, Barcelona, Madrid, la flota y una buena parte de la aviación fueron los cuatro puntos básicos que impidieron el propósito de una rápida victoria de los militares.

En Cataluña, el levantamiento militar se inició el día 19 de julio, en la madrugada, en diversos puntos de Barcelona y con el propósito de controlar rápidamente toda la ciudad. Las operaciones estuvieron bajo el mando de Burriel quien en contacto continuo con el general Goded, que aún estaba en Palma de Mallorca, le comunicó (...).

Este texto, también con relato histórico, es un texto de *divulgación*. El propio autor, Tamames, al final del libro (p. 615) dice: «El presente libro es un ensayo de síntesis histórica, sin ninguna pretensión erudita, y sin investigaciones directas propias salvo en muy contados casos. No otro podía ser el propósito del autor, que no disponía de otra preparación como historiador que la proporcionada por sus trabajos previos en el campo de las ciencias sociales, y más concretamente en el análisis de problemas de estructura económica a nivel nacional e internacional.»

A diferencia de los textos anteriores, históricos creados por historiadores, éste no pertenece a un libro de historia, sino un «ensayo de síntesis histórica» que elude la pretensión erudita y un cierto tipo de investigación. Por otra, erigiendo como destinatario a la comunidad científica, explícitamente reconoce que no es un historiador *sensu stricto*.

¿Es o no es este libro al que hacemos referencia un texto de historia? El propio autor afirma (loc. cit.): «De haber algo positivo en este trabajo, podrá serlo el enfoque general, la sistematización del tema abordado, su periodificación y el intento de llegar a una interpretación global de los hechos acaecidos.»

Asimismo, junto a esas circunstancias, y «sobre todo del propósito del editor de facilitar la difusión de la obra en una presentación sencilla, hubo que prescindir de las notas a pie de página que habían contenido las obligadas referencias a las obras consultadas (...).» Como sustitutivo de esa omisión incluye la referencia de los principales libros y trabajos consultados (pp. 606-619).

Este texto de divulgación es, en una primera aproximación, un relato histórico en el que, sin embargo, están ausentes aquellos mecanismos textuales que manifiestan los procedimientos de investigación que el historiador establece. Además, la ausencia de investigación, marcada textualmente en la forma de notas a pie de página, puede sancionar como historiador no científico, o como texto no científico, al autor y al texto, respectivamente.

Puede ocurrir también que un determinado historiador ya aceptado como tal pueda prescindir de esos mismos mecanismos; nos referimos por el momento sólo a las notas a pie de página, puesto que el historiador como tal es creíble, y en ese caso, la validez de su texto se conformará en la eficacia, por ejemplo, de los argumentos polémicos: se tratará, por ejemplo, de contrastar interpretaciones y no hechos.

Sirva como ejemplo la «Advertencia» de don Claudio Sánchez Albornoz en la cuarta edición de *España, un enigma histórico,* Edhasa, 1973, p. 20:

De intento publico esta obra sin notas. Hasta ahora he apostillado con centenares de citas mis libros y mis monografías. Creo haber ganado autoridad sobrada para que pueda confiarse en el rigor científico de mis afirmaciones. Ni una sola de las que haré en el texto dejará de tener su apoyatura estricta, y claro está que podría fácilmente registrar la procedencia de los pasajes de las fuentes que a las veces reproduzco. Pero por esta vez no me ha venido en gana —la gana hispánica— de abrumar al lector con millares de notas. Porque esos millares de notas habrían hecho fatigosa la lectura de este libro sin conseguirme un mayor crédito entre los estudiosos. Estos saben muy bien de dónde proceden mis noticias y de qué obras he tomado las referencias de autores antiguos o modernos. No he de negarme a satisfacer las preguntas de quienes deseen informarse. Pero me niego a recargar mi esfuerzo y el de la casa editora con la copia y publicación de los títulos de las monografías y los libros consultados y con la cita de la muy larga serie de documentos aprovechados para construir algunos capítulos. Unicamente en los que caen fuera de mi especialidad he reproducido con frecuencia pasajes históricos o literarios en el texto de mi obra. Por dificultades insalvables he debido renunciar a reproducir los nombres arábigos conforme a la grafía técnica moderna. Imagino a los lectores de este libro conocedores del proceso general de la historia de mi patria. Quienes deseen refrescar sus noticias sobre los hechos generales del pasado español, a la espera, si les place, de que me decida a publicar, un día, el breviario que hasta entonces no me he atrevido a dar a la estampa, pueden consultar la excelente *Historia de España* de mi discípulo Luis G. de Valdeavellano.

En este *discurso,* en el sentido de Benveniste, Sánchez Albornoz apela al *crédito* necesario para que un historiador sea considerado que es científico y que, por tanto, cuenta la verdad. Habiendo obtenido ese crédito («Creo haber ganado autoridad sobrada para que pueda confiarse en el rigor científico de mis afirmaciones»), no necesita demostrarlo sucesivamente para aumentarlo entre los estudiosos («sin conseguirme un mayor crédito entre los estudiosos»), clara apelación a la *comunidad científica.* Aunque aclara que sus afirmaciones tienen su apoyatura estricta, y que en todo caso «podría fácilmente registrar la procedencia de los pasajes de las fuentes que`a las veces reproduzco». Por otra parte, apela también a un destinatario que no fuere estudioso, es decir *competente;* haciendo así evita hacer fatigosa la lectura. Dos destinatarios, pues, aquel competente científico al que se le puede demostrar que sus afirmaciones se apoyan con rigor, y otro, al que en otro pasaje les supone «conocedores del proceso general de la historia de [su] patria», al que no se debe fatigar con aquellos elementos textuales que garantizan el rigor de una obra de historia.

Pero volvamos al texto anterior, de divulgación. Si utilizáramos exclusivamente la oposición discurso/historia, pertenecería a este último, como hemos dicho, el libro de texto de historia divulgativo, y si concibiéramos que ambas enunciaciones se oponen rígidamente, entonces podríamos concluir, como ya apuntábamos más arriba, que sólo el texto de divulgación podría corresponder con rigor a la categoría de historia. ¿Por qué? Porque *sólo* el texto divulgativo excluye expresamente, por divulgación, aquellos mecanismos bien de demostración, bien de explicación o de posición del historiador frente a otras interpretaciones que requieren de la enunciación discursiva.

Cabe señalar en este punto que los estudios de Enunciación posteriores a Benveniste [11] han mostrado que la mayoría de los textos no presentan formas puras de «discurso» o de «historia», sino que alternan ambas para producir efectos de objetivización o subjetivización

---

[11] C. Peña-Marín (1982: 89-170).

del discurso. En ese sentido, el libro de texto de historia, en que el autor no quisiera manifestar su opinión, su comentario o interpretación sobre los hechos que narra como si él no los narrara, pudiera al menos en hipótesis ajustarse a la definición estricta de «historia».

Por eso es fácil encontrar textos históricos que alternen ambas enunciaciones. Como ya hemos visto hablando del *Discours de l'histoire* de Barthes (1967), se llama «conmutación» *(shifting)* a partir de Jakobson al cambio de un tipo de enunciación al otro en el interior de un mismo texto [12].

Véase, en este sentido, un texto histórico que incluye enunciación discursiva, del profesor José María Jover Zamora, «Edad Contemporánea» en A. Ubieto, J. Reglá, J. M. Jover, C. Seco, *Introducción a la Historia de España,* Teide, octava edición, 1971, p. 525:

En fin, en el estado actual de la historiografía —española y europea— relativa al tema de la guerra de la Independencia, es indispensable bosquejar un balance de la misma que establezca las consecuencias reales de aquel acontecimiento en el desarollo de nuestra historia posterior. Recientemente (1965) el profesor Corona se ha referido en un artículo a «La guerra de la Independencia, gran catástrofe nacional»; y la expresión va pareciendo cada vez menos exagerada, según vamos conociendo nuevos datos de la historia económica, social y cultural de España en la primera mitad del siglo XIX. El desmantelamiento económico del país fue pavoroso, en tanto ingleses y franceses —con sus respectivas zonas industriales intactas y a salvo— libraban su contienda sobre una Península abierta a sus ejércitos. Parece demostrado que ambos contendientes aprovecharon su intervención en la guerra peninsular para destruir los prometedores comienzos de una industria textil que a finales del siglo XVIII bastaban para alinear a España junto a los pioneros de la reciente revolución industrial (Fontana, Jutglar).

En este texto histórico, escrito por un historiador, encontramos, en efecto, enunciación de tipo discurso, que contiene modalizaciones [13], o, lo que es lo mismo, enunciados marcados por una actitud del sujeto que la enuncia, incluso en aquellos enunciados de historia: por ejemplo, /El desmantelamiento económico del país fue «pavoro-

---

[12] En la teoría semiótica de Greimas se habla de dos procedimientos: *embrayage,* conmutación del enunciado a la enunciación, y *débrayage,* conmutación de la enunciación al enunciado.

[13] En el análisis del discurso, las modalizaciones se engloban en la teoría modal, de larga tradición en la lingüística y en la lógica, y que recientemente ha incorporado la teoría semiótica, que lo ha desarrollado en la cualificación del «sujeto», definiendo la *competencia modal* de éste a través de verbos modales: saber, poder, querer y deber-hacer. Asimismo los «objetos» poseen valores «modales» como necesario, probable, deseable, etc. Cfr. el capítulo II: «Cualificaciones y transformaciones modales» de Lozano, Peña-Marín, Abril (1982, 56-89).

so», en tanto ingleses y franceses —con sus respectivas zonas industriales intactas y a salvo— libraban su contienda sobre una península abierta a sus ejércitos/ (entrecomillado nuestro). *Pavoroso* supone una valoración subjetiva (comentario) de un acontecimiento histórico (narrado). En otros enunciados, modalizaciones del tipo /en el estado actual de la historiografía (...) es «indispensable» bosquejar (...)/ (entrecomillado nuestro), señala una actitud del sujeto enunciante, que comenta —en este caso el estado actual de la historiografía ...—, valora y además instituye una situación de locución desde donde orienta cognitivamente al lector.

Creemos necesario en este punto diferenciar lo que Weinrich (1968) ha llamado *mundo comentado* y *mundo narrado* para mejor describir el pasaje anterior del profesor Jover. Habla Weinrich, refiriéndose a la situación de locución, de la diferencia entre «contar» y «comentar» dos actitudes de locución diferentes, caracterizado el relato por la distensión y el comentario por la tensión. Weinrich (1968: 44), en efecto, dice que el locutor, usando los tiempos de comentario, da a entender que para él es oportuno que el receptor, al recibir aquel texto en cuestión, asuma una actitud de *tensión,* mientras que con los tiempos narrativos da a entender, por oposición, que el texto en cuestión puede ser recibido en estado de distensión.

El texto del profesor Jover, por el tipo de relación que entabla con el destinatario, y a través de las modalizaciones, /la expresión va pareciendo cada vez menos exagerada/, /según vamos conociendo nuevos datos/, /parece demostrado/, /es indispensable/, etc., pertenece, en la dicotomía de Weinrich, al mundo comentado.

Para el autor de *Tempus,* representativos del grupo de los tiempos comentado pueden ser, por ejemplo: el diálogo dramático, el memorándum del hombre político, el editorial, el testamento, la conferencia científica, el ensayo filosófico, el comentario jurídico y toda forma de discurso ritual, formalizado o performativo [14].

---

[14] A partir de Austin (1971) se diferencian enunciados «constatativos» y enunciados «performativos». Tradicionalmente se ha considerado que los enunciados representan o describen algún acontecimiento o estado de cosas, y que de esta propiedad deriva su *valor lógico:* un enunciado es verdadero si su descripción corresponde adecuadamente a aquello que describe, y falso en el contrario. Austin denomina *constatativos* a ambos tipos de enunciados, pero propugna que determinadas expresiones no son analizables en estos términos, ya que no describen nada —aquí precisaremos: nada exterior al propio acto de enunciarlas— y poseen la función específica de *cumplir una acción.* Austin denomina «performativos» a esta segunda clase de enunciados cuya formulación *equivale* a cumplir una acción, que acaso no se podría efectuar de otro modo. Gonzalo Abril (1982: 174).

Quien expone un texto así, dice Weinrich (1968: 47), está en estado de tensión y su discurso es agudo, porque se trata de cosas que lo afectan directamente y, en consecuencia, también quien escucha debe acogerlo con sentido de participación: locutor y receptor están implicados: deben actuar y reaccionar y *el discurso mismo es un fragmento de acción* (subrayado nuestro).

Pertenecería al mundo narrado, a su vez: un cuento, una leyenda, una novela, un episodio histórico *(sic)*. Debe aclararse que no se trata de diferencia de género, sino de situación de locución, como ya hemos dicho.

En esta sugerente propuesta de Weinrich, la función del pretérito como tiempo verbal no es la de marcar el pasado, sino la de señalar que hay relato.

Con esas características podemos avanzar más en la descripción del discurso histórico. Así lo expresa Weinrich (1968: 89 y 90), refiriéndose a la relación del historiador con el pasado: «Por una parte —el historiador— es un narrador de hechos pasados (...), un narrador de historias, y quien no sabe contar es un mal historiador, pero al mismo tiempo es un estudioso. No se contenta, por consiguiente, con contar el pasado; él quiere también comprenderlo, explicarlo, interpretarlo, enseñarlo (...); por decirlo brevemente, él quiere comentarlo.» De ese modo concluye (loc. cit.) afirmando: «Todo tratado histórico presenta este doble aspecto: contar y, conjuntamente, comentar.» Creemos que se ajusta a las propuestas de Weinrich el texto elegido.

Añade Weinrich que no siempre en las exposiciones históricas se encuentran pasajes narrativos y comentativos alternándose con mayor o menor regularidad. «Al estilo personal del historiador se le concede un amplio margen; en la historiografía se puede reconocer, sin embargo, en líneas generales, una estructura expositiva según la cual la narración aparece inserta en el comentario» (Weinrich, 1968: 91).

Si incorporamos estas aportaciones en el campo de la enunciación, podemos ver entonces que los procedimientos de localización, las formas verbales, las modalizaciones, no sólo «informan» acerca de los lugares y tiempos donde se localizan los acontecimientos o acerca de las opiniones del autor; cumplen, sobre todo, otra función: la que Weinrich llama *función señalética,* y que consiste en definir el tipo de comunicación y la relación interlocutiva que el texto establece. Dicho de otro modo, se establece también el «marco» *(frame)* [15] de la comunicación entre los interlocutores textuales.

---

[15] Concepto que acuñó Bateson en *Pasos para una ecología de la mente,* Buenos Aires: Carlos Lohlé, 1976, y que desarrolló Goffman, en *Frame Analy-*

Otra característica de la distinción entre «mundo comentado» y «mundo narrado» concierne a sus respectivos estatus de verdad. Según el lingüista alemán, «el mundo comentado tiene su propia verdad (su contrario es el error y la mentira) y el mundo narrado tiene su propia verdad, cuyo opuesto es la ficción» (Weinrich, 1968: 23).

Si introducimos estas consideraciones en una posible tipología de los discursos históricos podríamos observar que un texto histórico de divulgación correspondería a una enunciación histórica que formaría parte del «mundo narrado» según lo ha definido Weinrich; sus enunciados serían en tercera persona, privilegiando como tiempo verbal el pretérito indefinido, excluyendo el presente y cualquier tipo de modalización y lo presentaría como un texto «objetivo» y «verdadero» cuya *verdad* se opone a la de un texto de ficción, que, como hemos dicho, excluye como pretensión la de alcanzar la verdad, entendida como verdad histórica.

Por eso, expresiones como /Erase una vez .../ /Once upon a time .../ /Il était une fois .../, etc., que se encuentran en las fábulas, relatos de ficción, aparte de preparar, en términos de Weinrich, la actitud de distensión en el destinatario, también quiere decir no otro tiempo, sino otro mundo. *Erase una vez* cumple la función de señalar la entrada en el mundo del relato, un *mundo posible* [16] si utilizamos la terminología lógica de S. Kripke, que contiene sus propias reglas, sus propios tiempos (la variante en español *Erase que se era* supone incluso una burla, dice Weinrich), y su propia *verdad:* la de la fábula; verdad diferente de la del mundo «real» histórico.

Por su parte, el texto de historia «científico» utiliza el comentario mediante el cual el historiador muestra su actitud y posición, frente, por ejemplo, a otras interpretaciones —«comentarios»— sobre los mismos hechos que narra, sanciona resultados, orienta al lector sobre el significado de los hechos y de las interpretaciones, modaliza expresiones que apuntan a la certeza, la duda, la incertidumbre, y alterna enunciados constatativos y enunciados performativos [17], va-

---

sis, New York: Harper and Row, 1974, así como la psicología cognitiva y la Inteligencia Artificial: el *situar* los enunciados con respecto a un *marco* permite establecer la relación de coherencia entre los enunciados de un texto al remitirlos a lo que convencionalmente caracteriza ese marco (*frame*); la narración propiamente dicha y la instancia donde ésta se produce, real o ficticiamente, son dos *marcos* diferentes.

[16] Se refiere a un campo incluido en la lógica modal, que opera con una semántica intensional, incluso en la llamada *free logic* que no requiere de términos con existencia real para su descripción.

[17] Cfr. n. 14.

riando la fuerza ilocucionaria de los enunciados [18], según sus afirmaciones y argumentaciones.

Cuando el historiador narra hechos, su verdad se contrasta con
la ficción; cuando comenta, su verdad se opone al error y a la mentira: universos cognitivos diferentes que coexisten en un mismo
texto.

3. Estrategias de veridicción

Hemos insistido a lo largo de este trabajo en la idea de que la
verdad era aspiración máxima en el discurso histórico. Cuando la historia se incluía bajo el dominio de la *autopsia,* el ojo estaba en el
centro y aquel que podía decir *yo he visto* era creído, puesto que lo
que decía lo había visto; cuando se recurre al *he oído* como sustituto
de la percepción inmediata se confía la verdad del relato a aquel informador que sí lo ha visto y, por tanto, dice la verdad.

La escritura puede fijar la verdad, mientras que la declamación,
atenta al deleite, puede alterarla cuando no olvidarla. Hemos hablado
de «programas de verdad» y cómo «la verdad cambia de verdad». El
historiador, cuando se dirige al pasado, que ya no puede aprehender
directamente, convierte al documento, como indicio, como monumento o como texto de cultura en el espacio textual donde hallar la
verdad y la falsedad. Pero un problema emerge cuando el documento, falso, no contiene la verdad: Maravall (1954) nos habla, por
ejemplo, del *Libre de feyts d'armes de Catalunya,* presentado como
escrito por un cierto Bernart Boades y terminada en 1420. En realidad, asegura Maravall (1954: 87), es obra compuesta en el siglo XVII
por un clérigo de Blanes, Juan Gaspar Roig, «falsificador tan inteli-
gente que su engaño, a pesar de la crítica caída sobre los falsos cro-
nicones en los últimos siglos, no ha sido descubierto hasta fecha reciente». En efecto, como señala Maravall (1954: 18), hasta que se
descubrió su autenticidad fue utilizado como fuente fidedigna por
numerosos historiadores.

Y es que todo relato verdadero o no, y en este caso mientras no
se demuestre su inautenticidad puede ser activo, o, lo que es lo mismo, como enunciado puede funcionar independientemente de su va-

---

[18] A la luz de la hipótesis «hablar es hacer» el uso del lenguaje consiste en
una actividad que incluye: el acto *de* decir algo, el que tiene lugar *al* decir
algo y el que acaece *por* decir algo. Austin los denominaba, respectivamente,
acto *locucionario, ilocucionario* y *perlocucionario.*

El ejecutar un locucionario conlleva la realización de un acto *ilocucionario,*
acto al que corresponde la función performativa: Gonzalo Abril (loc. cit., p. 188).

lor de verdad. Ya hemos hablado de los esfuerzos de un Bayle, «microscopio de la historia» le denominaba Ortega, que se esmeró más en detectar los errores, las mentiras y las falsedades, para dar paso a la verdad, que en buscar directamente a esta última. Mientras no se certifica la autenticidad de un documento, aunque falso, puede ser recibido como verdadero.

Mientras se creyó en la verdad de los hechos, hasta que fue aceptado que «hechos» y «acontecimientos» eran construidos por el historiador, dotándolos de sentido en la elaboración del relato histórico, se pensó en la posibilidad, para conseguir el máximo de objetividad, de separarse del objeto, hacer que los acontecimientos hablaran por ellos mismos y dejar hablar al «horizonte de la historia», ausentándose el historiador. Una vez visto la imposibilidad de cumplir tal anhelo, si continúa la misma actitud podemos pensar que se trata de una estrategia del enunciador en la elaboración del relato, más que la aceptación de un programa, ya imposible, de objetividad.

En los avances de la *narratología* (Barthes, Genette, Greimas, etcétera...) se ha podido constatar que un relato sin narrador es simplemente imposible; sería un enunciado sin enunciación y, por consiguiente, sin acto de comunicación.

Desde una perspectiva culturológica, M. Bajtin (1979; 1982), que concibe todo conocimiento como *dialógico,* refiriéndose a la *comprensión creativa,* dice que ésta no renuncia a sí misma, al propio lugar en el tiempo, a la propia cultura, y no la olvida.

Es una gran cosa para la comprensión, dice, este «encontrarse fuera» del investigador —en el espacio, en el tiempo, en la cultura— respecto a lo que él quiere creativamente comprender. Así hace frente Bajtin a la idea «muy tenaz, pero unilateral y por consiguiente errada» según la cual para tener la mejor comprensión de una cultura ajena se debe como transferirse a ella y, olvidada la propia, mirar al mundo con los ojos de esa cultura ajena. Naturalmente, añade, una cierta identificación en una cultura ajena, la posibilidad de mirar al mundo con sus ojos, es un momento necesario en el proceso de su comprensión, pero si la comprensión se agota en ese momento sería una mera duplicación y no aportaría ninguna novedad y enriquecimiento (Bajtin, 1979; XV). En los términos que anteriormente hablábamos podemos suponer que la opción de Batjin, para una *comprensión creativa,* lleva consigo un conocimiento verdadero y un comentario capaz de explicar y de oponerse al error y a la falsedad.

No es ajena esta posición a lo que creemos que sea un discurso de historia «científica»: un conocimiento verdadero de hechos verdaderos y un comentario capaz de explicarlos y de defender la verdad, frente a otras interpretaciones que pueden errar.

Sería ingenuo pensar que en el estado actual de la historiografía el historiador se limitara a contar hechos acaecidos sin comentarios y sin polemizar con otras interpretaciones: el historiador no escribe sólo *sobre* ciertos acontecimientos, sino también *contra* otras interpretaciones que pueden ir desde el error hasta la falta de comprensión o a la ausencia de una explicación veraz. (Montaigne ya decía: «Il y a plus affaire à intérpreter les interprétations qu'à intérpreter les choses.») El mismo von Ranke hacía notar:

> La historia se parafrasea continuamente... Cada época y su tendencia principal se la apropian y trasladan a ella sus propias ideas. Después de esto se hace el reparto de las alabanzas o de los vituperios. Todo se arrastra entonces tan lejos, que uno ya no conoce en absoluto la realidad misma. Lo único útil en ese momento es volver a la información original. Pero sin el impulso del presente ¿acaso se la estudiaría? ¿Es posible una historia completamente verdadera? (cfr. Elias, 1982, 13).

En este punto debemos recordar la perspectiva de tipologías de las culturas tal como la han desarrollado Lotman y la semiótica de la cultura, especialmente la escuela de Tartu, de la que hemos dado cuenta: por ejemplo, un texto reonocido como religioso en la Edad Media es recibido hoy como texto literario; en el régimen de signicidad medieval de elevada semioticidad, aquel texto era verdadero, puesto que era religioso, mientras que hoy, al ser considerado literario se encuadraría bajo el dominio de la ficción. Dicho de otro modo, la cualificación del objeto estudiado evoluciona al mismo tiempo que los sistemas axiológicos de los que depende.

Se ha visto también, a partir de los estudios recientes sobre enunciación, que no hay enunciado sin enunciación: ésta actúa como sistema de referencia para situar la verdad del enunciado. Sin esa referencia, nivel pragmático si se prefiere, no se puede en rigor hablar de verdad o falsedad del enunciado.

La cancelación del enunciador, ya lo hemos dicho, forma parte de una estrategia discursiva mediante la cual sólo en el enunciado se podría detectar la veracidad a través de aserciones. Sin embargo, en cuanto que el texto de historia pretendidamente científica incluye en el relato el comentario, se introducen modalizaciones que desvían de la supuesta aserción a la *modalidad* la verdad del discurso histórico.

Las llamadas *modalidades* [19] que, basándose en la oposición «dictum» *vs* «modus», son definidas de modo genérico en lingüística como «lo que modifica el predicado» de un enunciado, señalan la actitud del sujeto respecto al propio enunciado, a diferencia de una aserción o enunciado descriptivo en el que no se encontraría indica-

---

[19] Cfr. n. 13.

dor alguno que permitiera descubrir la actitud del sujeto enunciante: nadie habla, sólo la tercera persona, que en palabras de Benveniste es la «no-persona».

Una tradición que ha seguido la lógica modal opone, en efecto, la aserción a la modalidad, considerando al mismo tiempo la aserción como «modalidad de grado cero» que indica, como acabamos de decir, la ausencia de subjetividad o de marcas que señalen una determinada actitud del sujeto respecto a su enunciado. Sin embargo, también se ha podido comprobar que tal oposición no es definitoria desde el momento en que una aserción puede equivaler a la comunicación de una certeza, que es una modalidad [20]. Si no se modaliza un enunciado descriptivo, se presenta a éste como si no hubiera enunciador, lo que, como ya hemos dicho, sólo es explicable como estrategia del enunciante.

Un enunciado asertivo proyectaría un valor de verdad como si ésta estuviera contenida en el propio enunciado. Un enunciado modalizado reenvía la verdad a la instancia de la Enunciación, desde donde el enunciador, modificando el predicado, presenta el objeto-enunciado como necesario, posible, cierto, incierto ... que son todas ellas modalidades.

Desde la lógica modal se pueden distinguir varios tipos de modalidades. Por ejemplo, las *aléthicas* [21], que desarrollan la categoría de lo /necesario/, de lo /posible/, de lo /imposible/ y lo /contingente/, que pueden representarse:

Asimismo, las modalidades *epistémicas* [22]: /cierto/, /improbable/, /probable/, /incierto/, representadas del siguiente modo:

Junto a estas modalidades relevantes para la lógica modal, nos referiremos a las modalidades llamadas de *veridicción,* que han sido

[20] Por ejemplo, podemos sostener que «asertar *p* es ante todo, para el locutor, hacer saber al receptor que *p* es verdad», o también que «asertar una proposición, *p,* es hacerse garante de la verdad de *p*».

[21] De *aletheia,* verdad. También son llamadas «aristotélicas».

[22] De *episteme,* conocimiento. También se podrían incluir, además de las aléticas y epistémicas, las deónticas: obligatorio, prohibido, permitido, facultativo, etc.

postuladas por la semiótica narrativa y discursiva, poniendo en juego las categorías de /ser/ y /parecer/ entendidas no como categorías ontológicas, sino como predicados mínimos [23], que relacionados con sus negaciones engendran los términos modales de la *verdad* entendida como la conjunción del /ser/ y del /parecer/; de la *mentira:* conjunción del /parecer/ y del /no-ser/; de la *falsedad:* conjunción del /no-ser/ y del /no-parecer/, y del *secreto:* conjunción del /no-parecer/ y del /ser/:

Al cuadrado $\begin{smallmatrix} s & p \\ p & s \end{smallmatrix}$ (— : negación) se le llama *cuadrado de veridicción.* Debe quedar claro que no hace referencia a la *verdad* de las cosas, sino que con dicho cuadrado se pretende reconocer los juegos y los mecanismos del *decir verdad,* productores de la *verdad* enunciada, concebida como un efecto de sentido, entre otros. El modelo de veridicción ha sido construido para dar cuenta de los modos de circulación de los objetos cognitivos en el interior de los discursos.

Recientemente, Bertrand (1984: 22 y ss.) ha relacionado los tres tipos de modalidades que hemos referido atendiendo a la focalización de los actantes [24] y al estatuto del saber.

Las modalidades aléthicas, epistémica y de veridicción focalizan de modo diferente las relaciones entre el objeto cognitivo y el sujeto cognoscente. Las modalidades aléthicas, dice Bertrand, definen el estatuto óntico del objeto en tanto que es objeto de conocimiento; formuladas en los términos del sintagma modal conciernen al deber-ser (y sus variaciones lógicas) del objeto. Así *necesario* equivale a «deber-ser»; *imposible,* a «deber-no ser»; *posible,* «no deber-no ser», y *contingente,* «no deber-ser»: el sujeto está ausente de la construcción.

---

[23] Son modalidades del enunciado de estado, en la teoría greimasiana. Cfr. Greimas y Courtés (1979).

[24] El término se debe al lingüista Tesnière: los actantes son los seres o las cosas que bajo cualquier título y de cualquier manera, incluso a título de meros figurantes y de la manera más pasiva, participan en el proceso, y que lo ha retomado la teoría semiótica.

Las modalidades epistémicas, en cambio, tomarán en consideración la relación cognitiva que mantiene el sujeto con el objeto: el /creer/ del sujeto que concierne al /ser/ del objeto. Así *cierto* equivale a «creer-ser»; *improbable,* a «creer-no ser»; *probable,* «no creer-no ser»; *incierto,* «no creer-ser»; Hay, pues, una dimensión subjetiva.

En cuanto a las modalidades de veridicción, realizan un desplazamiento suplementario: están centradas sobre la interacción cognitiva de los sujetos en relación a un mismo objeto de conocimiento, que en tanto que tal está ausente en el modelo. El «secreto», por ejemplo, no puede ser secreto para un sujeto a no ser que sea «verdad» o «mentira» para otro sujeto. Hay, pues, intersubjetividad y, por tanto, como dice Bertrand (loc. cit.), lo polémico se encuentra en el centro de su problemática.

Conviene señalar también, paralelamente a ese desplazamiento focal, como lo llama Bertrand, la preeminencia, que se ha observado en los análisis semióticos, de las modalidades epistémicas sobre las aléthicas: la aserción de la «necesidad» de un objeto, bajo la forma de una evidencia «objetiva», reenvía inevitablemente, dice Bertrand, a la asunción subjetiva, de una «certeza» en cuanto a esta necesidad. Esta consideración nos parece relevante para el discurso histórico, así como para el discurso científico. En éste, por ejemplo, la astucia mayor del sujeto de la enunciación consiste precisamente en hacer como si no estuviera, como si la «ciencia» fuera ella sola el sujeto-objeto de un saber que se construye por sí solo.

En la siguiente figura Bertrand (1984: 24) representa las relaciones establecidas anteriormente:

Modalidad	Focalización actancial	Estatuto del saber
De veridicción $S_1 \longrightarrow S_2$ $\downarrow \quad \uparrow$ Epistémica	Dimensión intersubjetiva	Polemicidad del saber
$S \longrightarrow O$ $\downarrow \quad \uparrow$ Aléthica	Dimensión subjetiva	Asunción del saber
«O»	Dimensión objetiva	Ontologización del saber

En este esquema propuesto por Bertrand (loc. cit.), siguiendo la teoría bosquejada por Greimas, nos interesa remarcar que las modalidades de veridicción pueden englobar a las modalidades aléthicas y epistémicas, puesto que éstas son analizables —semióticamente— como puesta en escena de la veridicción. Greimas, por ejemplo, lo ha mostrado en expresiones del tipo /nos *parece* más que probable/ (Greimas y Landowski, 1979: 45), donde lo epistémico *probable* se engloba en la isotopía del *parecer,* modalidad de veridicción.

Asimismo queremos subrayar también la dimensión intersubjetiva que hará que la *verdad* y *falsedad,* etc., se establezcan en el *contrato de veridicción,* del que hablaremos más adelante.

Al proponer la interpretación semiótica de «verdadero» *versus* «falso» según las articulaciones del cuadrado semiótico de la veridicción, Greimas ha tratado no solamente de «liberar esta categoría modal de sus relaciones con el referente no semiótico» (cfr. Lozano, Peña-Marín, Abril, 1982: 79), sino, sobre todo, sugerir que la veridicción constituye una isotopía [25] narrativa independiente, susceptible de establecer su propio nivel referencial, que Greimas ha llamado «la verdad intrínseca del ralato» (loc. cit.).

Al usar el término de *veridicción* (veri-dicción, decir verdad) para designar un tipo de operación cognitiva, se intenta subrayar que los enunciados de estado [26] no tienen verdad «en sí», sino que ésta es construida —por un sujeto enunciante— y aparece como *efecto* de un proceso semiótico que el análisis describe por la combinación de los planos de la manifestación y de la inmanencia [27].

Desde el momento en que la *verdad* en el discurso no es una representación de una verdad exterior, sino una construcción, no basta con describir las marcas de inscripción de la verdad en el discurso. Para que la «verdad» pueda ser dicha y asumida debe desplazarse, como ya hemos dicho, a la instancia del enunciador y a la de su simétrico, el enunciatario.

Entonces la operación cognitiva, producción de verdad, realizada por el enunciador, consiste más que en *producir* discursos verdaderos, en generar discursos que produzcan un efecto de sentido, al que pode-

---

[25] Concepto que utilizan Greimas y Courtés (1979) y que de modo genérico podemos definir como «conjunto redundante de categorías semánticas», o permanencia recurrente de esas categorías a lo largo del discurso concediéndole coherencia.

[26] Definidos por la conjunción o disyunción del sujeto con el objeto, y representados, respectivamente, como $(S \cup O)$ y $(S \cap O)$.

[27] El plano de la manifestación corresponde al /parecer/ y al /no parecer/; el de la inmanencia al /ser/ y al /no ser/.

mos llamar «verdad». Desde este punto de vista, Greimas ha indicado que la producción de verdad corresponde al ejercicio de un hacer cognitivo, *hacer parecer verdadero;* es decir, se trata de la construcción de un discurso cuya función no es el decir-verdad, sino el *parecer verdadero* (Greimas, 1980:80; Lozano, 1982: 79).

Como posible ejemplificación de lo que estamos diciendo puede servir el siguiente texto de *Historia de España* dirigida por Ramón Menéndez Pidal, vol. II, Espasa Calpe, 1935; se encuentra en la parte «La conquista de España por Roma» redactada por Pedro Bosch y Pedro Aguado, p. 211. El texto viene precedido por el epígrafe «Sertorio en Lusitania. La cierva blanca».

La marcha audaz y afortunada de Sertorio desde Belo a Lusitania, a través del valle del Betis, fascinó a los iberos. Cierto día un cazador lusitano la regaló una tierna cierva, blanca como la nieve. Sertorio la crió y el animal se hizo tan dócil que acudía a las llamadas de su dueño, le seguía a todas partes y ni siquiera se asustaba del estrépito guerrero. Es posible que Sertorio, en el cual podemos suponer algo de la deisidaimonía de los sabinos, creyera él mismo en la procedencia divina del animal; pero aunque así no fuera, supo convencer de ello a los iberos. Y el caso de creencia, sincera o simulada, en la ayuda divina no era nuevo; se encuentra antes en otros jefes de ejército: Escipión el Antiguo, Mario, Sila, Lúculo. Precisamente en tiempo de Sertorio era cuando esta credulidad estaba más difundida. Sertorio, conocedor del fondo crédulo y supersticioso de todo ibero, les contó que la cervatilla se la había enviado la diosa de la caza (*). Al recibir la nueva de una victoria, ocultó al mensajero que se la había traído y la comunicó a su gente, haciendo aparecer a la cierva adornada con una corona. Si un espía le traía una noticia importante, él la extendía como una adivinación del animal. La cierva lusitana acompañó a Sertorio en todas sus campañas y jugó un papel importante hasta la batalla de Valencia. Después ya no se hace mención de ella, acaso porque cuando a Sertorio le abandona la fortuna se va con ella también la fe en sus dioses. Todos los historiadores de la antigüedad —Plutarco, Apiano, Valerio Máximo, Frontino, Plinio, etc.— hablan de la cierva blanca de Sertorio. Es, por lo tanto, un hecho perfectamente testimoniado. Pero debía de tratarse, mejor que de una verdadera cierva, de un gamo hembra, especie en la que no es raro el color blanco y muy fácil de domesticar. En cambio, es difícil domesticar a los verdaderos ciervos, aunque no imposible —en la historia antigua se registran diversos ejemplos (**)—, y entre ellos el color blanco es rarísimo. Es muy comprensible la creencia de los iberos, y particularmente de los lusitanos, en la cierva de Sertorio. Entre ellos, como entre tantos otros pueblos primitivos, estaba muy extendida la creencia en animales sagrados: el toro, el cerdo, la cabra y en especial el ciervo y la cierva, acaso por influjo celta. De una cierva se dice que dio de mamar al mítico rey de Tartessos, Halis. Disfrazarse de ciervo en un año nuevo era costumbre que no había desaparecido del norte de España en el siglo IV de la era de Cristo.

Atribuir cualidades excepcionales, como divinas, a los animales blancos es hecho bien conocido y estudiado de los etnólogos. El gallo blanco se empleaba en la Hélada para purificar los viñedos; los caballos blancos, entre los germanos, para profetizar; del ciervo blanco habla una famosa poesía de Uhland; de la serpiente blanca, las leyendas de Grimm. Pero esta predilección parece acentuada entre los celtas. Y entre los iberos siempre se creyó que los dioses podían enviar a sus elegidos un animal sagrado o cualquier otro objeto; por ejemplo, a Olónico, su lanza de plata.

Sertorio supo ganarse a los lusitanos sirviéndose tanto de su orgullo como de su superstición, y entre ellos encontró sus más leales y valientes soldados.

Después de la primera frase /La marcha ... a los iberos/ comienza, tras una localización atemporal /cierto día/ que sugiere la introducción de una fábula, un relato en el que se observa lo que hemos llamado «efecto de realidad»: /el animal se hizo tan dócil que acudía a las llamadas de su dueño, le seguía a todas partes y ni siquiera se asustaba del estrépito guerrero/ como si el narrador hubiera visto al animal y nos proyectara su visión: podemos imaginarnos perfectamente a la cierva blanca. Una modalidad aléthica /Es posible/ sugiere deisidaimonía en Sertorio. Puesto que no es suficiente tamaña conjetura, en la argumentación se introducen adversativas del tipo /pero, aunque así no sea/ que mitigan la insuficiencia cognitiva y permite adelantar lo que pretende ser la conclusión: supo convencer de ello a los iberos y que será retomado anafóricamente en la conclusión final: /Sertorio supo ganarse a los lusitanos, sirviéndose tanto de su orgullo como de su superstición, y entre ellos encontró sus más leales y valientes soldados/. En medio, la argumentación, y la demostración de la competencia de Sertorio, para alcanzar con eficacia, la credulidad y, por tanto, la confianza de los iberos, con el uso de la cervatilla blanca. Esta cobra existencia en el relato: /acompañó a Sertorio en todas sus campañas y jugó un papel importante hasta la batalla de Valencia/, lo que prueba su existencia, máxime que /Después ya no se hace mención de ella/ clara presuposición de que *antes* existía. Mas no sólo existe en el relato, sino, prueba de autoridad. /Todos los historiadores de la antigüedad —Plutarco, Apiano, Valerio Máximo, Frontino, Plinio, etc.—, hablan de la cierva blanca de Sertorio/: lo que permite sancionar cognitivamente tal proposición erradicando cualquier duda y certificándolo como verdad histórica: /Es, por tanto, un hecho perfectamente testimoniado/. Erradicada la duda, establecida la verdad histórica, como investigador puede revisarla: /Pero debía de tratarse, mejor que de una verdadera cierva, de un gamo hembra/ ajustándose mejor a las características del animal descrito en el relato porque es /especie en la que no es raro el color blanco y muy fácil de domesticar/. /En cambio, es difícil domesticar a los verdaderos ciervos .../. Argumenta lo comprensible de la creencia de los íberos en la cierva de Sertorio, tanto por la credulidad primitiva como por la atribución generalizada de las cualidades excepcionales a los animales blancos y concluye como ya dijimos y él anunció: /Sertorio supo ganarse a los lusitanos .../.

¿Se tiene certeza de la existencia de la cierva blanca o, en su defecto, de un gamo hembra? ¿Son suficientes las citas de autoridad de los historiadores de la antigüedad? Creemos que en el texto elegido, la estrategia de veridicción consiste, como hemos dicho, en un parecer verdadero, que, interesado en producir el efecto de sentido *verdad,* tiende en la comunicación, o intercambio cognitivo a hacer su discurso eficaz.

Como hemos señalado (Lozano, Peña-Marín, Abril, 1982:80) para que resulte tal intercambio eficaz, el enunciante entablará con el enunciatario un contrato de tipo cognitivo, que Greimas ha llamado *contrato de veridicción,* mediante el cual destinador y destinatario manipulan estados de veridicción.

En palabras de Greimas y Courtés (1979: 419), «la categoría de la veridicción se presenta como el cuadro en cuyo interior se ejerce la actividad cognitiva de naturaleza epistémica que, con la ayuda de diferentes programas modales, tiende a alcanzar una posición veridictoria, susceptible de ser sancionada por un juicio epistémico definitivo».

4. Estrategias de credibilidad

Cuando *ver* equivalía a *saber,* el que veía era creído en su decir, puesto que decía lo que había visto; pero Heródoto fue considerado mentiroso y Marco Polo, que garantizaba en *El Millón* la veracidad de su observación directa, no fue creído. Establecer una diferencia entre *hacer saber* y *hacer creer* es una cuestión difícil.

Sabemos, por otra parte, que dos observadores pueden no *ver* lo mismo si sus condiciones de experimentación son diferentes: presupuestos teoréticos diferentes conducen a observaciones diferentes.

El historiador que construye un texto histórico aspira a que, sanción última, ese texto sea reconocido como verdadero y, por tanto, histórico. Para conseguirlo no sólo *hace saber* la verdad sobre acontecimientos pretéritos (y/o sobre las interpretaciones de acontecimientos pretéritos), sino que prueba que es verdad: cuando la percepción inmediata no es posible, los documentos lo probarán y la explicación lo certificará. El historiador tiene que *hacer creer* que lo que dice es verdad.

Mas la verdad histórica no puede ceñirse a la antigua concepción de la *correspondencia:* correspondencia entre palabras y cosas, correspondencia entre lo que se dice y un referente externo. La verdad histórica es, lo hemos dicho, un efecto de sentido, construido por el texto histórico.

Hemos hablado de «ilusión referencial», de «efecto de sentido», de «efecto de verdad», que corresponden a estrategias para hacer creer que habla el «horizonte de la historia»: estrategia del enunciador para ausentarse del texto.

Un diario, unas memorias, un relato autobiográfico, implican por definición referencia a un sujeto que escribe *su* historia, la historia en la que ha sido testigo, espectador, actor. Es una historia singular referencializada a un sujeto singular que se inscribe en el relato mismo como productor del relato y de la acción que el relato narra [28]. En este tipo de relatos, la narratividad está subordinada a la posición explícita, en el relato mismo, de un sujeto narrador que dice «yo».

Esa misma característica excluye a esos relatos de la categoría de textos históricos propiamente dichos. En éstos, en los textos no «autobiográficos», se plantean una serie de interrogantes que requieren de estrategias de credibilidad, pues, en efecto, ¿cómo un relato histórico puede hacer creer una referencia?, ¿cómo, leyendo un texto histórico, se acepta, se supone o se presupone que lo que allí se dice es verdad independientemente del sujeto que lo enuncia, y que es verdad para todo el mundo universalmente?

Es necesario distinguir el proceso de investigación del historiador, interminable, del resultado final, que es necesariamente un texto y como tal un todo coherente de significación, clausurado y sometido a las leyes del discurso.

En el punto anterior hemos hablado del *contrato de veridicción,* mediante el cual se manipulan estados de veridicción. En la manipulación discursiva el hacer del destinador se dirigirá a garantizar la adhesión de su interlocutor: a tal hacer del destinador lo llama Greimas *hacer persuasivo* basado en hacer creer (verdad); al *hacer persuasivo* se le atribuye la función de establecer, precisamente, el contrato de veridicción.

No es sostenible ya en los estudios de comunicación una visión ideal de un hacer emisivo y un hacer receptivo, que corresponden, respectivamente, a destinador y destinatario, sino que este último interpreta el discurso que recibe, por lo que se puede hablar más correctamente de un *hacer persuasivo* y de un *hacer interpretativo;* el

---

[28] Cfr. Louis Marin (1979: 27 y ss.).

resultado del proceso sería que el destinatario cree que es verdad lo que el destinador ocupado en hacer creer ha dicho.

En la «introducción» a *Du Sens II*, Greimas (1983), al hacer balance del desarrollo de la teoría semiótica, que incluye la consideración que acabamos de apuntar, propone la sustitución del concepto fundamental de *verdad* por el de *eficacia*. Allí dice «la comunicación no es un simple *transfert* de saber, sino una empresa de persuasión y de interpretación situada en el interior de una estructura polémico-contractual, fundada sobre la relación fiduciaria dominada por las instancias más explícitas del hacer creer y del creer, donde la confianza en los hombres y en su decir cuenta ciertamente más que las frases 'bien hechas' o su verdad concebida como una referencia externa» (Greimas, 1983: 17).

Con esta declaración, Greimas no propone otra cosa que situar la verdad y sus valores en el interior del discurso en que ellas representan uno de los campos de articulación modal, el del saber.

El historiador en su comunicación textual no se limita a transmitir un «objeto» cognitivo de saber verdadero, sino que debe conseguir la adhesión del destinatario para que acepte que es verdadero. Como todo proceso de comunicación, la transmisión de información requiere de persuasión o, lo que es lo mismo, un hacer creer para que el destinatario crea.

Cuando un texto falso es recibido como verdadero, es creído; cuando se demuestra que no es verdadero es necesario hacer creer que es verdad que es falso; en todos los casos está implícito un acto de creer que, pensamos, es una operación cognitiva particular. El que un documento falso funcione como verdadero, se crea verdadero, prueba que en cuanto que funciona es activo, y su *eficacia* lo convierte en verdadero; se puede, pues, como sugiere Greimas en este sentido, sustituir el concepto de verdad por el de eficacia.

Se puede argüir que la búsqueda de adhesión del destinatario no excluye, por ejemplo, la argumentación; pero la argumentación, o lo que es lo mismo, el intento, por el discurso, de llevar a un destinatario a cierta acción, también es una tarea de persuasión si para conseguir sus propósitos la argumentación debe incorporar una representación del destinatario, y tenderá a evocar sus valores ideológicos [29].

Puede ejemplificar lo que decimos un curioso libro, *Examen de los delitos de infidelidad a la patria, imputados a los españoles some-*

---

[29] Cfr., por ejemplo, los trabajos sobre argumentación que están desarrollando el grupo de trabajos semiológicos y lógicos de Neuchâtel, que dirige el profesor J. B. Grize. De él mismo se puede consultar «L'argumentation: explication ou séduction», en A.A. V.V. *L'argumentation*, Lyon, Presses Universitaires (1981: 29 y ss.).

tidos bajo la dominación francesa[30]. Su autor, Félix José Reinoso,
trata de defender a los «afrancesados». En el sentido que decíamos
más arriba, Reinoso trata de argumentar, estableciendo en su estrategia una premisa para su discurso «supuesto el sometimiento de un
pueblo al usurpador, a ningún habitante puede separadamente acu-
sarle de infidelidad». El prólogo comienza así:

Lanzado del trono de España Josef Bonaparte, y rotos y fugados los
exércitos que agostaron su fecundo suelo, regado por seis años de lágrimas y
empapado en la sangre de sus hijos y de sus tiranos, bien merecía esta nación desafortunada y valerosa gozar el costoso fruto de la libertad en la dicha y alegría común de sus moradores. Ningún español hizo la enagenación
del cetro; ninguno la conquista del territorio. Fuerzas superiores, desgracias
irresistibles sometieron casi toda la península baxo la diestra del invasor: los
pueblos le reconocieron, arrebatados por él á su gobierno antiguo, y sus ve-
cinos todos le obedeciéron y obsequiáron por necesidad .Innumerables de
ellos tuviéron parte en el régimen y administración pública: innumerables
otros hubiéron de contraer relaciones con los vencedores, de quienes dependían, con quienes vivían y conversaban. Redimidos todos del yugo por un
prodigio, que aun entrando en los cálculos de la prudencia humana, sería una
equivocación pero no un delito no esperar, á ninguno de sus hijos debió la
patria negar su seno maternal, que ninguno de sus hijos había despedazado.
Pero los pocos hombres que halláron un asilo contra la opresión enemiga,
ansiosos del mando y de las rentas, procuráron seducir al pueblo con la fan-
tasma de una justicia absurda y funesta: y el gobierno desalumbrado fomen-
tó con sus decretos y su conducta el descrédito de los que sufrieron el dominio extrangero, y la persecución de los favorecidos por el conquistador; y
encendió los odios, y renovó las lágrimas, y ahuyentó á millares de infelices,
y pobló de otros innumerables la monarquía (...).

En un pasaje del libro dice: «La invasión de la España y la ocu-
pación de su trono son las ofensas que se han hecho a la nación y al
príncipe. Los españoles que fueron cómplices de estas ofensas serían
infieles y traidores a la patria y al rey. Mas para ser cómplices de
ellas es necesario haber influido en esa invasión y usurpación: (...).»
Lo que nos interesa subrayar es la estrategia de Reinoso, consis-
tente en argumentar a lo largo de un denso libro que los «afrancesados» no eran traidores y no se les puede imputar delito de infidelidad.
Como estrategia discursiva debe, para su empeño, proceder mediante transformación semántica a convertir al «afrancesado» traidor
en un español más con ciertas cualificaciones ideológicas, progresis-

---

[30] Hemos utilizado también la «edición española» *Ecsamen de los delitos de
infidelidad a la Patria,* Madrid: Oficina del Establecimiento Central, 1842.

tas, etc. El procedimiento discursivo consiste en dotar de una cierta competencia modal al actante colectivo «afrancesado» capaz de ser un español más y no un traidor. Al mismo tiempo, para el destinatario, que polémicamente puede refutar tal descripción, elabora argumentos como el que acabamos de transcribir, en el que, para ser aceptado, comparte presupuestos cognitivos con el destinatario «los españoles que fueron cómplices de estas ofensas, serían infieles y traidores a la patria y al rey». En efecto, funciona como una proposición, cuyo contenido es compartido y aceptado por el destinatario: la estrategia consiste en incluir la adversativa «mas» para conectar otra proposición: «para ser cómplices de ellas, es necesario haber influido en esa invasión y usurpación». Con la adversativa *mas* fija el discurso el contenido informativo de la proposición que orientará la explicación que aceptará el destinatario; «P pero Q» sería la ecuación argumentativa: P es compartida por enunciador y destinatario, «*pero*» guía el contenido informativo de Q y Q puede ser aceptado y, por tanto, creído.

Con este ejemplo no pretendemos nada más que, como decíamos, poder incluir la argumentación en las estrategias de persuasión, que finaliza en la obtención del *creer*.

Como verbo modal, «creer» adopta posiciones modales diferentes: puede ser considerado tanto como una categoría *aléthica,* donde el creer adopta la categoría de la posibilidad, de la imposibilidad, etcétera, como una categoría *epistémica,* sinónimo de *certeza.*

Mientras que las modalidades aléticas: «posible» *vs* «imposible» se presentan como parejas de *contradictorios,* las oposiciones de los términos epistémicos: cierto, incierto, probable, improbable, no son sino polarizaciones de un continuum: cierto-incierto (más o menos cierto, más o menos incierto ...), permitiendo así la manifestación de un gran número de posiciones intermedias: lo que permite también la negociación en el contrato de veridicción. En este caso, la estrategia de credibilidad, conllevaría un reconocimiento como afirmación o, en su caso de rechazo, la admisión o la duda, pudiéndose establecer, siguiendo a Greimas (1983), la siguiente representación:

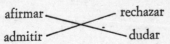

que equivaldría al cuadrado siguiente:

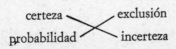

Se puede dudar (incerteza) más o menos, admitir (probabilidad) más o menos, pero no se puede afirmar (certeza) o rechazar (excluir) más o menos. Unas categorías parecen articuladas por oposiciones nítidas; otras, en cambio, son graduales; no es lo mismo presentar en el discurso un hecho o una explicación como cierto que como probable, pero la elección de una u otra modalidad no revierte sólo sobre el enunciado, sino que permite descubrir la estrategia del enunciador, presentándolo al destinatario para su adhesión; presentar algo como probable reduce la certidumbre, pero evita el rechazo o la exclusión en la interpretación del destinatario. Un discurso como el histórico que quiere probar que lo que dice es verdad, presentará el efecto verdad, modalizando los enunciados; atender a ellos y observar sus transformaciones puede permitirnos descubrir las estrategias de un enunciador que se empeña en ocultarse.

BIBLIOGRAFIA

ABRAMS, P.
  1980 «History, Sociology, Historical Sociology», *Past and Present*, 87.
  1983 *Sociologia Storica,* Bologna: Il Mulino.
ABRIL, G.
  1982 «La acción discursiva» en Lozano, Peña-Marín, Abril, 1982.
AGUSTÍN, San
  1941 *Confesiones,* Madrid: Aguilar:
AL-AZMEH, A., y otros
  1984 *Historia y diversidad de las culturas,* Barcelona: Serbal/UNESCO.
ALSINA, J.
  1981 *Tucídides: Historia, Etica y Política,* Madrid: Rialp.
ALTAMIRA Y CREVEA, A.
  1948 *Proceso histórico en la historiografía humana,* México: El Colegio
        de México.
ANKERSMIT, F. R.
  1983 *Narrative Logic. A Semantic Analysis of the Historian's Language,*
        La Haya: Nijhoff.
ARISTÓTELES
  1971 *Retórica,* Madrid: Instituto de Estudios Políticos.
  1974 *Poética,* Madrid: Gredos.
ARON, R.
  1970 *La philosophie critique de l'histoire,* París: Seuil.
  1981 «Quelques remarques sur la compréhension et l'explication», *Revue
        européenne des sciences sociales,* tomo XIX, 54-55.
  1983 *Dimensiones de la conciencia histórica,* México: Fondo de Cultura
        Económica.

ATKINSON, R. F.
   1978   *Knowledge and Explanation in History. An Introduction to the Phi-losophy of History*, London: The MacMillan Press.
AUSTIN, J. L.
   1971   *Palabras y acciones. Cómo hacer cosas con palabras*, Buenos Aires: Paidós.
BAJTIN, M.
   1974   *La cultura popular en la Edad Media y Renacimiento*, Barcelona: Barral.
   1979   *Estetica e Romanzo*, Turín: Einaudi.
   1982   *Estética de la creación verbal*, México: Siglo XXI.
BARRACLOUGH, G.
   1981   «Historia» en Freedman, M., y otros, *Corrientes de la investigación en las ciencias sociales*, Madrid: Tecnos/UNESCO.
BARTHES, R.
   1967   «Le discours de l'histoire», en *Social Science Information. Informa-tion sur les sciences sociales*, VI, 4.
   1970   «Introducción al análisis estructural» en Barthes y otros, *Análisis estructural del relato*, Buenos Aires: Tiempo Contemporáneo.
   1984   *Essais critiques IV. Le bruissement de la langue*, París: Seuil.
BASTIDE, F.
   1981   «La démonstration. Analyse de la structure actantielle du faire-croi-re», *Documents de Recherche*, eII, 28.
BASTIDE, R.
   1980   «Evénement», *Encyclopaedia Universalis*, vol. 6.
BATESON, G.
   1976   *Pasos para una ecología de la mente*, Buenos Aires: Carlos Lohlé.
BENJAMIN, W.
   1970   «Tesis de filosofía de la historia», en *Angelus Novus*, Barcelona: Edhasa.
   1973   «El narrador», *Revista de Occidente*, 129.
BENVENISTE, E.
   1970   «L'appareil formal de l'énonciation», *Langages*, 17.
   1971   *Problemi di Linguistica Generale*, Milán: II Saggiatore.
   1983   *Vocabulario de las Instituciones Indoeuropeas*, Madrid: Taurus.
BERLIN, I.
   1957   *Lo inevitable en la historia*, Buenos Aires: Galatea Nueva Visión.
BERTRAND, D.
   1984   «Narrativité et discursivité», *Actes sémiotiques*, VI, 59.
BIANCO, F. (ed.)
   1978   *Il dibattito sullo storicismo*, Bologna: Il Mulino.
BLOCH, M.
   1974   *Apologie pour l'histoire ou le métier d'historien*, París: Armand Colin.
BOOTH, W. C.
   1974   *La retórica de la ficción*, Barcelona: Bosch.
BOURDÉ, G., y MARTIN, H.
   1983   *Les écoles historiques*, París: Seuil.

BRAUDEL, F.
1949 *La Mediterranée et le monde méditerranéen à l'époque de Philippe II*, París: Armand Colin.
1968 *La historia y las ciencias sociales*, Madrid: Alianza.
1973 *Las civilizaciones actuales*, Madrid: Tecnos.
1985 *La dinámica del capitalismo*, Madrid: Alianza.
1982 (ed.) *La storia e le altre scienze sociali*, Bari: Laterza.

BURKE, P.
1972 *Sociologia e storia*, Bolonia: II Mulino.

CABRERA DE CÓRDOBA, L. (1611)
1948 *De historia para entenderla y escribirla*, Madrid: Instituto de Estudios Políticos.

CACCIATORE, G.
1983 «Dilthey e la storiografia tedesca dell'Ottocento», *Studi Storici*, 1/2.

CANTILLO, G.
1983 «Conoscenza storica e teoria della storia: Dilthey e Droysen», *Studi Storici*, 1/2.

CANTIMORI, D.
1985 *Los historiadores y la historia*, Barcelona: Península.

CARR, E. H.
1978 *¿Qué es la historia?*, Barcelona: Seix Barral.

CASSIRER, E.
1984 *La filosofía de la Ilustración*, México: Fondo de Cultura Económica.

CASTELNUOVO, E.
1980 «Attribution», *Encyclopaedia Universalis*, vol. 2.

CHABOD, F.
1969 *Lezioni di metodo storico*, Bari: Laterza.

CHÂTELET, F.
1978 *El nacimiento de la historia*, Madrid: Siglo XXI.

CICOUREL, A. V.
1982 «El material histórico y el análisis de contenido», en *El método y la medida en sociología*, Madrid: Editora Nacional.

CIORANESCU, A.
1980 «De la Edad Media al Renacimiento: El descubrimiento de América y el arte de la descripción», en A.A. V.V., *Historia y crítica de la literatura española*, II, Barcelona: Crítica.

COLLINGWOOD, R. G.
1977 *Idea de la historia*, México: Fondo de Cultura Económica.

CORTI, M.
1978 «Modelli e antimodelli nella cultura medievale», *Strumenti critici*, XII, 35.

COUTAU-BEGARIE, H.
1983 *Le phénomène «Nouvelle Histoire»*, París: Economica.

CROCE, B.
1927 *Teoria e storia della storiografia*, Bari: Laterza.

Chaunu, P.
   1968   «L'histoire quantitative ou l'histoire serielle», *Cahiers Vilfredo Pareto*.
Danto, A. C.
   1965   *Analytical Philosophy of History*, Cambridge: Cambridge University Press.
De Certau, M.
   1973   *L'operazione storica*, Urbino: Argalía.
   1975   *L'écriture de l'histoire*, París: Gallimard.
   1985a   «Le croyable, ou l'institution du croire». *Semiotica* 54-1/2.
   1985b   «Le croyable. Préliminaires à une anthropologie des croyances», *Recueil d'hommages pour Algirdas Julien Greimas*, Amsterdam: John Benjamins.
Denzin, N. K.
   1985   «Towards an Interpretation of Semiotics and History», *Semiotica*, 54, 3/4.
Desanti, J.-T.
   1984   «Sobre el tiempo, la historia, la historicidad» en Al-Azmeh y otros.
Descartes, R.
   1968   *Discurso del método*, Madrid: Espasa-Calpe.
Detienne, M.
   1980   «Une mythologie sans illusion», *Le Temps de la Réflexion*, 1.
   1985   *La invención de la mitología*, Barcelona: Península.
Dilthey, W.
   1944   *Introducción a las ciencias del espíritu*, México: Fondo de Cultura Económica.
Draus, F.
   1985   «La structure, le sens et la méthode de l'histoire selon l'historisme», *Revue européenne des sciences sociales*, XXIII, 75.
Dray, W.
   1957   *Laws and Explanation in History*, Oxford: Oxford University Press.
   1966   (ed.) *Philosophical Analysis and History*, New York: Harper and Row.
Droysen, J. G.
   1983   *Histórica. Lecciones sobre la enciclopedia y metodología de la historia*, Barcelona: Alfa.
Dumézil, G.
   1984   «Del mito a la historia» en Al-Azmeh y otros.
Ebel, M.
   1979   «Narration et histoire: versions actives et récit vrai», *Revue européenne des sciences sociales*, XVII, 45.
Eco, U.
   1984   *Semiotica e filosofia del linguaggio*, Turín: Einaudi.
Eco, U., y Sebeok, Th. A. (eds.)
   1983   *Il Segno dei Tre. Holmes, Dupin, Peirce*, Milán: Bompiani.
Elias, N.
   1982   *La sociedad cortesana*, México: Fondo de Cultura Económica.

ELTON, G. R.
    1972 *The Practice of History*, London: Fontana.
FACANI, R.
    1975 «Appunti in margine ad alcuni saggi di Ju. M. Lotman» en J. Lotman y M. Uspenskij.
FEBVRE, L.
    1970 *Combates por la historia*, Barcelona: Ariel.
FERRATER MORA, J.
    1979 *Diccionario de filosofía*, Madrid: Alianza.
FEYERABEND, P.
    1981 *Contra el método*, Barcelona: Ariel.
    1984 *Adiós a la razón*, Madrid: Tecnos.
FINLEY, M. I.
    1979 *Uso y abuso de la historia*, Barcelona: Crítica.
    1981 *Mythe, Mémoire, Histoire*, París: Flammarion.
FONTANA, J.
    1982 *Historia. Análisis del pasado y proyecto social*, Barcelona: Crítica.
FORNER, J. P.
    1973 *Discurso sobre el modo de escribir y mejorar la historia de España*, Barcelona: Labor.
FOUCAULT, M.
    1971 *L°Archeologia del Sapere*, Milán: Rizzoli.
    1973 *El orden del discurso*, Barcelona: Tusquets.
    1980 *Le souci de soi*, París: Gallimard.
FUETER, E.
    1914 *Histoire de l'historiographie moderne*, París: Alcan.
FURET, F.
    1978 «Lo cuantitativo en historia» en Le Goff, Nora (eds.).
    1981 «En marge des *Annales*. Histoire et sciences sociales», *Le Débat*, 17.
    1982 *L'atelier de l'historien*, París: Flammarion.
GADAMER, H. G.
    1977 *Verdad y método*, Salamanca: S'gueme.
GALLIE, W. B.
    1968 *Philosophy and Historical Understanding*, New York: Schocken Books.
GARCÍA CALVO, A.
    1983 *Historia contra tradición*, Madrid: Lucina.
GARCÍA GUAL, C.
    1981 *Mitos, viajes, héroes*, Madrid: Taurus.
GARDINER, P.
    1959 *Theories of History*, Nueva York: The Free Press.
    1961 *La naturaleza de la explicación histórica*, México: U. N. A. M.
GARGANI, A. (ed.)
    1979 *Crisi della ragione*, Turín: Einaudi.
GARIN, E.
    1981 *Medioevo y Renacimiento*, Madrid: Taurus.

GEERTZ, C.
1975 «Thick Description: Toward an Interpretative Theory of Culture», en *The Interpretations of Cultures,* New York: Basik Books.

GENETTE, G.
1969 *Figures II,* París: Seuil.
1972 *Figure III,* Turín: Einaudi.

GENTILI, B., y CERRI, G.
1983 *Storia e biografia nel pensiero antico,* Bari: Laterza.

GINBURG, C.
1976 *Il formaggio e i vermi,* Turín: Ginaudi.
1979 «Spie. Radici di un paradigma indiziario» in Gargani (ed.).
1980 «Morelli, Freud and Scherlock Holmes: Clues and Scientific Method», *History Workshop,* 9.

GINZBURG, C., y PONI, C.
1981 «La micro-histoire», *Le Débat,* 17.

GOFFMAN, E.
1974 *Frame Analysis,* New York: Harper and Row

GOOCH, G. P.
1977 *Historia e historiadores en el siglo XIX,* México: Fondo de Cultura Económica.

GREIMAS, A. J.
1976 «Sur l'histoire événementielle et l'histoire fondamentale», en *Semiotique et sciences sociales,* París: Seuil.
1983 *Du Sens II - Essais sémiotiques,* París: Seuil.

GREIMAS, A. J., y COURTÉS, J.
1979 *Sémiotique. Dictionnaire raisonné de la Théorie du langage,* París: Hachette.

GREIMAS, A. J., y LANDOWSKI, E. (eds.)
1979 *Introduction à l'analyse du discours en sciences sociales,* París: Hachette.

GUENÉE, B.
1973 «Les genres historiques au Moyen Ages», *Annales E. S. C.,* julio-agosto.
1980 *Histoire et culture historique dans d'Occident médieval,* París: Aubier.

GUILLÉN, C.
1985 *Entre lo uno y lo diverso,* Barcelona: Crítica.

HABERMAS, J.
1982 *Conocimiento e interés,* Madrid: Taurus.

HAIDU, P.
1985 «Considérations théoriques sur la semiotique socio-historiques» en Recueil d'hommages pour Algirdas Julien Greimas, Amsterdam: John Benjamins.

HANSON, N. R.
1958 *Patterns of Discovery: An Inquiry into the Conceptual Foundation of Science,* Cambridge: Cambridge University Press.

HARTOG, F.
   1980   *Le miroir d'Hérodote*, París: Gallimard.
   1982   «L'oeil de Thucydide et l'histoire 'veritable'», *Poetique*, 49.
   1983   «Michelet, l'histoire et la 'vraie vie'» mimeo.
   1986   «L'oeil de l'historien et la voix de l'histoire», *Communications*, 43.
HEGEL, G. W.
   1974   *Lecciones sobre la filosofía de la historia universal*, Madrid: Revista de Occidente.
HEMPEL, C. H.
   1979   «La función de las leyes generales de la historia», *La explicación científica*, Buenos Aires: Paidós.
HERODOTO
   1960   *Historias*, Barcelona: Alma Mater.
HEXTER, J. H.
   1977   «La retórica de la historia», *Enciclopedia Internacional de las Ciencias Sociales*, t. V, Madrid: Aguilar.
HINTIKKA, J., y otros.
   1980.   *Ensayos sobre explicación y comprensión*, Madrid: Alianza.
HOBSBAWN, E. J.
   1980   «The Revival of Narrative: Some Comments», *Past ond Present*, 86.
ISIDORO DE SEVILLA, San
   1982   *Etimologías*, Madrid: Editorial Católica.
IVANOV, LOTMAN, PJATIGORSKIJ, TOPOROV y USPENSKIJ
   1980   *Tesi sullo studio semiotico della cultura*, Parma: Pratiche Editrice.
JACOB, P.
   1985   «Voit-on ce qu'on croit?», *Philosophie*, 7.
JAKOBSON, R.
   1966   *Saggi di linguistica generale*, Milán: Feltrinelli.
JALDÚN, A.
   1963   *Teoría de la sociedad y de la historia*, Caracas: Universidad Central de Venezuela.
JANSSENS, P.
   1981   «Comment vérifier l'explication historique?», *Revue européenne des sciences sociales*, XIX, 54-55.
JARRETY, M.
   1982   «Valery: l'histoire, écriture d'une fiction», *Poetique*, 49, 1982.
KANT, E.
   1984   *Filosofía de la historia*, Madrid: Fondo de Cultura Económica.
KRIPPENDORFF, K.
   1983   *L'analisi di contenuto*, Turín: ERI.
KUHN, T. S.
   1979   *La estructura de las revoluciones científicas*, México: Fondo de Cultura Económica.
LA CAPRA, D.
   1985   *History and Criticism*, Ithaca: Cornell University Press.
LACOMBE, P.
   1948   *La historia considerada como ciencia*, Madrid: Espasa-Calpe.

LAVAGNINI, B.
  1933   *Saggio sulla storiografia greca,* Bari: Laterza.
LEFEBVRE, G.
  1974   *El nacimiento de la historiografía moderna,* Barcelona: Martínez Roca.
LE GOFF, J.
  1978   «Documento/Monumento», *Enciclopedia Einaudi,* vol. V.
  1980   «Passato/Presente», *Enciclopedia Einaudi,* vol. X.
  1981   «Storia», *Enciclopedia Einaudi,* vol. XIII.
  1985   «¿Es la política todavía el esqueleto de la historia?», en *Lo maravilloso y lo cotidiano en el Occidente Medieval,* Barcelona: Gedisa.
LE GOFF (ed.)
  1980   *La nuova storia,* Milano: Mondadori.
LE GOFF, J., y NORA, P. (eds.)
  1974   *Faire de l'histoire. Nouveaux objets,* París: Gallimard.
  1978   *Hacer la historia. Nuevos problemas,* Barcelona: Laia.
  1979   *Hacer la historia. Nuevos enfoques,* Barcelona: Laia
LE ROY LADURIE, E.
  1973   *Le territoire de l'historien,* París: Gallimard.
LÉVI-STRAUSS, C.
  1962   *La pensée sauvage,* París: Plon.
LOTMAN, J.
  1967   «Metodi esatti nella scienza letteraria sovietica», *Strumenti Critici,* anno I, fas. II.
  1977   «La cultura come mente colettiva e il problema della intelligenza artificiale», *Documento di Lavoro,* 66.
LOTMAN, J. M., y USPENSKIJ, B. A.
  1975   *Tipologia della cultura,* Milano: Bompiani.
  1980   «Il ruolo dei modelli duali nella dinamica della cultura rusa (fino alla fine del XVIII secolo)», *Strumenti Critici,* 42-43.
LOTMAN, J. M., y Escuela de Tartu
  1979   *Semiótica de la cultura,* Madrid: Cátedra.
LOUIS, P.
  1975   «Le mot *historia* chez Aristote», *Revue de Philologie,* XXIX.
LOZANO, J.
  1979   «Introducción, selección y notas» a Lotman, J. M., y Escuela de Tartu.
LOZANO, J.; PEÑA-MARÍN, C., y ABRIL, G.
  1982   *Análisis del discurso. Hacia una semiótica de la interacción textual.* Madrid: Cátedra.
LÖWITH, K.
  1973   *El sentido de la historia,* Madrid: Aguilar.
LLEDÓ, E.
  1978   *Lenguaje e historia,* Barcelona: Ariel.
MACINTYRE, G.
  1980   «Causalidad e historia» en Hintikka y otros.

MAIRET, G.
1974   *Le discours et l'historique*, París: Mame.

MACCHIAVELLI, N.
1916   *Il Principe*, Milano: Hopli.

MARAVALL, J. A.
1954   *El concepto de España en la Edad Media*, Madrid: Instituto de Estudios Políticos.
1958   *Teoría del saber histórico*, Madrid: Revista de Occidente.
1973   *Estudios de historia del pensamiento español*, Madrid: Ed. Cultura Hispánica.

MARCO POLO
1934   *El millón*, Madrid: Espasa-Calpe.

MARIN, L.
1979   «Pouvoir du récit et récit de pouvoir», *Actes de la Recherche en Sciences Sociales*, 25.
1980   «Le roi, son confident et la reine ou les séductions du regard», *Traverses*, 18.

MARROU, H. I.
1975   *De la connaissance historique*, París: Seuil.

MAZZARINO, S.
1966   *Il pensiero storico classico*, Bari: Laterza.

MEINECKE, F.
1983   *El historicismo y su génesis*, Madrid: Fondo de Cultura Económica.

MENÉNDEZ Y PELAYO
1893   «Discurso leído ante la Real Academia de la Historia» el 13 de mayo.

MEYER, E.
1983   *El historiador y la historia antigua*, Madrid: Fondo de Cultura Económica.

MICELI, S.
1982   *In nome del Segno*, Palermo: Sallerio.

MICHELET, J.
1974   «Préface de l'histoire de France» (1869), *Oeuvres complètes*, t. 4, París: Flammarion.

MIGNOLO, W. D.
1981   «El metatexto historiográfico y la historiografía indiana», *Modern Languages Notes*, vol. 96.

MOMIGLIANO, A.
1983a   «L'histoire à l'âge des ideologies», *Le Débat*, 23.
1983b   *Problèmes d'historiographie ancienne et moderne*, París: Gallimard.
1984   *La historiografía griega*, Barcelona: Crítica.

MOROSETTI, A.
1976   *Storia, le teorie, i metodi, il genere* ,Bologna: Zanichelli.

NESTLE, W.
1981   *Historia del espíritu griego*, Barcelona: Ariel.

NORA, P.
1980   «La vuelta del acontecimiento» en Le Goff, J., y Nora, P. (eds.).

OAKESHOTT, M.
  1983 *On history and other essays*, Oxford: Basil Blackwell.
OBELKEVICH, J.
  1981 «Past and Present. Marxisme et histoire en Grand Bretagne depuis
        la guerre», *Le Débat*, 17.
PAGÉS, P.
  1983 *Introducción a la historia. Epistemología, teoría y problemas de mé-
        todo en los estudios históricos*, Barcelona: Barcanova.
PAPINEAU, D.
  1985 «Teoria e osservazione», *Prometeo*, 11, 1985.
PASALIU, J.
  1985 «Structure and History. Michel Foucault's textualism», *Revue Rou-
        maine de Linguistique*, XXX, 3.
PEIRCE, C. S.
  1983 *Semiotica*, Torino: Einaudi.
PEÑA-MARÍN, C.
  1982 «Sujeto, espacio y tiempo en el discurso» en Lozano, Peña-Marín,
        Abril, 1982.
PLUTARCO
  1941 *Vidas paralelas*, Buenos Aires: Espasa-Calpe.
POLIBIO
  1914 *Historia universal durante la república romana*, Madrid: Hernando.
POMIAN, K.
  1975 «L'histoire de la science et l'histoire de l'histoire», en *Annales. Eco-
        nomies, Sociétés, Civilisations*, XXX, 5.
  1982 «Natura, storia, conoscenza», *Enciclopedia Einaudi*, vol. XV.
  1983 «Le passé: de la foi à la connaissance», *Le Débat*, 23.
  1984 *L'ordre du temps*, París: Gallimard.
POPPER, K.
  1973 *La lógica de la investigación científica*, Madrid: Tecnos.
POTEBNJA, A. A.
  1980 «Mito e Parola», *Strumenti Critici*, 42, 43.
POUILLON, J.
  1980 «La fonction mythique», *Le temps de la réflexion*, 1.
RANKE, L. von
  1984 *Sobre las épocas de la historia moderna*, Ed. Dalmacio Negro, Ma-
        drid: Editora Nacional.
RICOEUR, P.
  1983 *Temps et Récit I*, París: Seuil.
  1984 *Temps et Récit II*, París: Seuil.
RICOEUR, P., y otros
  1980 *La narrativité*, París: Editions du CNRS.
RICUPERATTO, G.
  1983 «Linguaggio e mestiere dello storico nel primo sttecento», *Studi Sto-
        rici*, 1/2.
ROBIN, R.
  1973 *Histoire et Linguistique*, París: Armand Colin.

ROMERO, J. L.
    1952   De Heródoto a Polibio. El pensamiento histórico de la cultura grie-
           ga, Buenos Aires: Austral.
ROMILLY, J.
    1980   «Thucydide», Encyclopaedia Universalis, t. XVIII.
SAITTA, A.
    1983   Guida critica alla storia e alla storiografia, Bari: Laterza.
SALMON, P.
    1972   Historia y crítica. Introducción a la metodología histórica, Barcelo-
           na: Teide.
SAN JOSÉ, Fray Jerónimo de (1651)
    1886   Genio de la historia, Barcelona.
SCHÜTZ, A.
    1972   «El mundo de los predecesores y el problema de la historia», en
           Fenomenología del mundo social, Buenos Aires, Paidós.
    1974   «El forastero. Ensayo de psicología social», en Estudios sobre teoría
           social, Buenos Aires: Amorrortu.
SEGRE, C.
    1981   Semiótica, historia y cultura, Barcelona: Ariel.
    1985   Principios de análisis del texto literario, Barcelona: Crítica.
SEARLE, J. R.
    1978   «Statuto logico della finzione narrativa», Versus, Quaderni di Studi
           Semiotici, 19/20.
SCHAFF, A.
    1977   Historia y verdad, Barcelona: Grijalbo.
SHOTWELL, J. T.
    1982   Historia de la historia en el mundo antiguo, Madrid: Fondo de Cul-
           tura Económica.
SIMMEL, G.
    1950   Problemas de filosofía de la historia, Buenos Aires: Nova.
STEINER, G.
    1983   «Les rêves participent-ils de l'histoire?», Le Débat, 25.
STERN, F. (ed.)
    1970   The Varieties of History. From Voltaire to the Present, London:
           Mac Millan.
STONE, L.
    1979   «The revival of 'Narrative': Reflections on a New Old History»,
           Past and Present, 85.
STONE, P. L.; DUMPHY, D. C.; SMITH, M. S., y OGILVIE, D. M.
    1966   The General Inquirer: A Computer Approach to Content Analysis,
           Cambridge: M. I. T. Press.
TAINE, H.
    1895   Histoire de la littérature anglaise, París: Hachette.
TEGGART, J.; COHEN, M. R., y MANDELBAUM, M.
    1959   La causalidad en la historia, Madrid: Instituto de Estudios Políticos.
TESSIER, G.
    1952   La diplomatique, París: P. V. F.

Thom, R.
1980 *Parabole e catastrofi,* Milano: Il Saggiatore.
Thompson, E. P.
1981 *Miseria de la teoría,* Barcelona: Crítica.
Topolsky, J.
1982 *Metodologia de la historia,* Madrid: Cátedra.
1984 «El relato histórico y las condiciones de su validez» en Al-Azmeh y otros.
Toporov, V. N.
1976 «Les sources cosmologiques des prémiers descriptions historiques» in Ecole de Tartu, *Travaux sur les sistèmes de signes,* Bruselles: Complexe.
Tortarolo, E.
1983 «Sul linguaggio della storiografia illuministica», *Studi Storici,* 1/2.
Tucídides
1973 *Historia de la guerra del Peloponeso,* Madrid: Hernando.
Uspenskij, B. A.
1979 «Historia sub specie semioticae» en Lotman y Escuela de Tartu.
Valle Inclán, R. del
1970 «Breve noticia», en *La Media Noche. Visión estelar de un momento de guerra,* Madrid: Espasa-Calpe.
Vernant, J. P.
1979 *Religions, histoires, raisons,* París: Maspero.
1980 «Le mythe au réfléchi», *Le temps de la réflexion,* 1.
1983 *Mito y pensamiento en la Grecia antigua,* Barcelona: Ariel.
Verón, E.
1980 *Construire l'événement. Les medias et l'accident de Three Mile Island,* París: Minuit.
Veyne, P.
1972 *Cómo se escribe la historia,* Madrid: Fragua.
1978 «La historia conceptualizante» en Le Goff, J., y Nora, P.
1980 «La métamorphose de l'histoire», *Enciclopedia Universalis,* vol. 17.
1981 «Foucault e la storia», *Aut Aut,* 181.
1984 *I greci hanno creduto ai loro miti?,* Bologna: Il Mulino.
Vogt, I.
1974 *El concepto de la historia de Ranke a Toynbee,* Madrid: Guadarrama.
Voltaire
1957 «Nouvelles considérations sur l'histoire», en *Oeuvres historiques,* París: Biblithèque de la Pleiade.
Walsh, W. H.
1978 *Introducción a la filosofía de la historia,* México: Siglo XXI.
Weber, M.
1984 *La acción social: Ensayos metodológicos,* Barcelona: Península.
Weinrich, H.
1968 *Tempus. Le funzioni dei tempi nel testo,* Bologna: Il Mulino.

WILLIAMS, B.
1985 «What has history to do with semiotics?», *Semiotica,* 54, 3/4.
WHITE, H.
1978a *Retorica e Storia,* vols. 1 y 2, Napoli: Guida (título original, *Meta-history*).
1978b *Tropics of Discourse. Essays in cultural criticism,* Baltimore: The Johns Hopkins University Press.
1984 «The Question of Narrative in Contemporary historical theory», *History and Theory,* 23.
WILKINS, B. T.
1983 *¿Tiene la historia algún sentido?,* México: Fondo de Cultura Económica.
WRIGHT, G. H. von
1977 *Spiegazione e comprensione,* Bologna: Il Mulino.
ZÓLKIEWSKI, S.
1971 «Sociologie de la culture et semiotique» in J. Kristeva, J. Rey Debove, D. J. Umiker (eds.), *Studies in Semiotics,* París: Mouton.
1973 «Des principes de classements des textes de culture», *Semiotica,* VII, 1.
1974 «Quelques problèmes de semiotique de la culture chez les auteurs est-européens», comunicación en el primer congreso de la I. A. S. S., Milán: mimeo.